曾庆鸿 编著

XINGSHIZHENGJU SHENCHA
SHIWUZHIYIN

刑事证据
审查实务指引

中国政法大学出版社

2022·北京

声　　明　　1. 版权所有，侵权必究。

2. 如有缺页、倒装问题，由出版社负责退换。

图书在版编目（ＣＩＰ）数据

刑事证据审查实务指引/曾庆鸿编著.—北京：中国政法大学出版社，2022.9
ISBN 978-7-5764-0656-6

Ⅰ.①刑… Ⅱ.①曾… Ⅲ.①刑事诉讼－证据－研究－中国 Ⅳ.①D925.213.4

中国版本图书馆 CIP 数据核字(2022)第 169389 号

出　版　者	中国政法大学出版社
地　　　址	北京市海淀区西土城路 25 号
邮寄地址	北京 100088 信箱 8034 分箱　邮编 100088
网　　　址	http://www.cuplpress.com（网络实名：中国政法大学出版社）
电　　　话	010-58908586(编辑部) 58908334(邮购部)
编辑邮箱	zhengfadch@126.com
承　　印	固安华明印业有限公司
开　　本	720mm×960mm　1/16
印　　张	21.5
字　　数	350 千字
版　　次	2022 年 9 月第 1 版
印　　次	2022 年 9 月第 1 次印刷
定　　价	99.00 元

序
PREFACE

曾庆鸿律师编著的《刑事证据审查实务指引》一书是在"以审判为中心"的司法改革背景下推出的一本具有实用价值且操作性很强的工具书。本书既为公检法办案人员和律师办理刑事案件提供了证据审查判断的依据及证据指引,又为广大法学或法律工作者学习查阅刑事证据的有关知识提供了便利。该书凸显的特点:

一是指导性。根据现行施行的《刑事诉讼法》有关规定,汇集了最新有效的有关刑事证据的司法解释以及公安机关等部门办理刑事案件的有关规定,并选编了部分省级公检法部门适用的规范性文件。

二是主题鲜明。以刑事证据为中心,按法律规定的刑事证据先后顺序进行排列,服务于刑事司法(执法)实践。

三是证据审查依据与证据理论探析并重。本书在汇集司法解释及规范性文件的基础上,结合作者多年的办案实践感悟对刑事证据审查裁判的相关问题进行了理论探讨与分析,提出了自己的观点与见解,这是十分珍贵的经验成果,真可谓"理论来源于实践又服务于实践"。

办理刑事案件关乎公民的人身权益和财产权益,关乎法治的正义,这就要求对被告人定罪处刑必须做到事实清楚、证据充分,以证据证明案件事实,以证据说服案件事实,使案件事实奠定在证据充分的基础上,这既是司法(执法)公正的必然要求,也是维护社会公平正义的期盼。

曾庆鸿律师是江西警察学院法律专业的毕业生,在多年司法实践历练中成长成才,我作为他的老师为他的进步感到高兴,为他出版的著作写序感到欣慰,期盼他在刑事证据理论研究中推出更多的成果。

江西警察学院原法律系主任、教授 邓国良
2022 年 2 月 25 日

自 序
AUTHOR'S PREFACE

俗话说："打官司，就是打证据"。证据裁判原则作为刑事诉讼的基石，是对侦查、起诉、审判各环节统一适用的要求。证据是刑事案件定罪量刑的唯一材料，审查证据是摆在办案人员面前的重要任务，要想吃透证据，离不开对证据法原理和证据法规的熟练掌握。刑事辩护中，证据辩护作为一种辩护模式，在业界备受青睐。可见，证据在刑事诉讼中具有基础性地位，无论如何重视与研究都不为过。

四年前，我参加了"庭立方"在江西省南昌市举行的质证专项培训，由此萌发了编写本书的想法：一是市场上缺少刑事证据审查的实用工具书籍；二是通过汇编，可系统性学习证据规定，从而更好地精细化审查，以提高质证水平。陈瑞华老师说过，要想对证据开展充分的辩护，律师必须具备四个方面的"撒手锏"，首当其冲的就是齐全的证据法文本。但是，我国没有证据法典，证据法散见于各大诉讼法及其司法解释中。就此，我在办案过程中边收集法条边总结质证经验，慢慢积累书稿。

本书目录按照《最高人民法院关于适用〈中华人民共和国刑事诉讼法〉的解释》中证据种类的排序设置，节选了公、检、法三部门的配套规定，相关证据专门性规定（地方性规定仅作办案参考），并对法条进行了关键词提炼，便于查阅。同时，为了让读者更好地理解、运用、审查证据，我对每类证据都进行了研究，理论与实务相结合，形成文章置于每章首部。

由于法律修订频繁，工具类书籍一经定稿，就需要不断更新。2018年10月，全国人民大表大会常务委员会通过《刑事诉讼法》修正案，标志新一轮的刑事证据法条的目次随之调整，截至2021年2月，公、检、法与《刑事诉讼法》配套的司法解释或规定全部更新。同时，这三年来，公安部、最高人民检察院、最高人民法院也出台了诸多司法解释，其中不少与证据相关，如《人民检察院办理网络犯罪案件规定》《公安机关办理刑事案件电子数据取证

自 序

规则》《最高人民法院、最高人民检察院、公安部办理跨境赌博犯罪案件若干问题的意见》等，这些证据新规将影响日后的司法实务。期待本书成为刑事证据审查的工具书，律师开展证据辩护的参考用书。

最后，感谢中国政法大学出版社台前幕后编辑们的反复改稿，正是有了编辑们的辛勤付出，本书才得以出版面世。由于我的写作水平有限，有不当之处，敬请诸位不吝指正。

曾庆鸿
2022 年 9 月 15 日

目 录 CONTENTS

序 ·· 001
自　序 ·· 002

第一章　证据规则在审查物证、书证中的运用 ································ 001
第二章　证人证言、被害人陈述的审查与判断 ································ 032
第三章　犯罪嫌疑人、被告人供述与辩解 ·· 049
　　第一节　犯罪嫌疑人、被告人供述和辩解的审查与判断 ·········· 049
　　第二节　口供补强规则的辩护运用 ·· 055
第四章　鉴定意见 ·· 088
　　第一节　伤情鉴定意见的审查与判断 ·· 088
　　第二节　法医尸体检验鉴定常见问题 ·· 091
　　第三节　精神病司法鉴定的程序和常见问题 ···························· 093
　　第四节　价格鉴定结论书审查与判断 ·· 095
　　第五节　毒品理化检验报告审查与判断 ···································· 102
　　第六节　常见行政鉴定证据在刑事诉讼中的使用 ···················· 105
第五章　勘验、检查、辨认、侦查实验等笔录 ································ 136
　　第一节　勘验、检查笔录的审查与判断 ···································· 136
　　第二节　辨认笔录的审查与判断 ·· 140
　　第三节　侦查实验笔录的审查与判断 ·· 143

第六章　视听资料、电子证据 … 194
第一节　视听资料的审查与判断 … 194
第二节　电子数据的审查与判断 … 197

第七章　技术侦查证据的审查与判断 … 236

第八章　非法言词证据排除 … 246
第一节　非法言词证据排除的实务运用 … 246
第二节　瑕疵证据排除规则的理解与运用 … 250

第九章　证据的综合审查与运用 … 277
第一节　证据裁判原则的理解与适用 … 277
第二节　程序法定原则的理解与运用 … 280
第三节　印证规则的理解与运用 … 281
第四节　排除合理怀疑的理解与适用 … 284
第五节　意见证据排除规则的理解与运用 … 286
第六节　间接证据定案的实务运用 … 289
第七节　推定规则中主观明知的理解与运用 … 292

参考文献 … 335

附　录　本书所涉法律法规索引 … 336

第一章 证据规则在审查物证、书证中的运用

物证、书证属于客观性证据,也称实物证据,具有较强的稳定性。物证的证明力具有间接性,通常需要借助一定的科技手段检验。书证通常作为待证事实的直接证据,真实性较强。物证、书证在所有证据种类中具有优先适用的地位,对案件的其他证据起到引出和印证功能。笔者将从证据规则的视角审查物证、书证,解读其证据能力与证明力。

一、物证、书证的关联性规则

关联性规则,是指只有与诉讼中待证事实有关联性的证据才可以被采纳,没有关联性的证据不予采纳。所谓关联性,一般是指特定证据对待证事实的证明关系,或者证据所说明的事实问题与实体法律问题之间的"实质性"或"因果性"关系。关联性规则是一项贯穿整个证据规则体系的基本原则,可决定一个证据能否被采信为诉讼中的证据。

例如,在"肖某某寻衅滋事罪案"中,公诉人指控肖某某与被害人存在果园租赁合同纠纷,肖某某纠集村民堵路拦车,不让被害人装运脐橙的货车通行,被害人迫于脐橙需及时保鲜的压力向肖某某支付人民币2万元后才被放行。庭审时,公诉人向法庭提交了证明上述事实的视频、证人证言、被告人口供等证据材料,同时向法庭提交了肖某某与村支书故意伤害纠纷的证据,证明肖某某的品行恶劣。法院审理后认为,公诉人提交的关于肖某某的品行证据与指控事实及罪名没有关联性,相关证据不予采纳。

二、物证、书证的鉴真规则

所谓鉴真,具有"确认""证明……为真实"或者"确认……具有同一性"的意思。《中华人民共和国刑事诉讼法》(以下简称《刑事诉讼法》)及

其司法解释规定物证、书证来源及收集提取过程有疑问、不能作出合理解释的，该物证、书证不得作为定案依据。这种鉴别实物证据的真实性和同一性的审查规则被称为鉴真规则。

鉴真实物证据时，需要作出两方面的同一性认定：一是外部载体的同一性，即法庭上出示的实物证据与举证方声称的实物证据的同一性鉴别，通常体现为侦查人员所制作的勘验笔录、检查笔录、搜查笔录、扣押清单、提取笔录、辨认笔录等笔录类证据，对证据的来源、收集、提取、保管等环节完成证据保管链条完整性的证明；二是内部载体的同一性，即法庭上出示的实物证据所记载的内容与案发事实信息的同一性判断，强调对实物证据原始存储形式的提取，并加以封存固定，对独特性的确认主要通过鉴定或检查手段对证据的内部信息作出真实性鉴别。因此，"保管链条完整性的证明""独特性的确认"是实物证据鉴真的两种基本方法。

实务中，存在对物证、书证的来源、收集、提取和保管过程重视不够，由于过程性笔录缺乏或不规范导致证据保管链条完整性的证明存疑，影响其证明力的情况。例如，在"杜某武杀妻案"中，对于提取"刹车踏板""油门踏板"的泥土来源和提取经过，侦查人员在勘查、检查笔录中并没有任何记载，泥土的来源不明，因而法院否定了该物证的证据能力。

三、物证、书证的排除规则

物证、书证无法满足法定的鉴真规则时，会被视为真伪不明或虚实难辨的证据，不得作为定案的根据。刑事证据法中有以下排除规则：一是在勘查、检查、搜查过程中提取、扣押的物证、书证，未附相关笔录或者清单，不能证明其来源的，不得作为定案的根据；二是对物证、书证的来源、收集程序有疑问，不能作出合理解释的，不得作为定案的根据；三是送检材料、样本来源不明，或者因污染不具备鉴定条件的，该检材所作的鉴定意见不得作为定案的根据。

例如，在"吴某义故意杀人案"中，人民法院经复核认为，本案的关键物证"血掌印"的来源不清，虽然鉴定结论能够证明在案的掌印系被告人所留，但不能证明该检材就是现场床帮上的"血掌印"；现场勘查中记载的其他"血掌印"未通过鉴定等形式予以固定，不能完全排除其他人作案的可能；在案的证人证言亦不能证明被告人作案。可见，物证来源不明的，不得作为定案的根据。

四、物证、书证的瑕疵补正规则

《刑事诉讼法》对非法取得的书证、物证不是采用强制性的排除方式，而是采取补证或合理解释等相应的补救措施，消除其违法性或瑕疵性，从而恢复其证据能力，作为定案根据。实务中，由于瑕疵证据补证规定具有模糊性，为加强对瑕疵物证、书证的审查，防止瑕疵证据补正规定的滥用，需要从以下几方面加以明确与强化：一是解释和补证情况应接受法庭调查且查证属实。补证和解释程序公开透明，防止由单方操作带来的弄虚作假，保障各方诉讼权利。二是严格限定补证和解释的事项。补证和解释的对象限于对取证程序的非实质性瑕疵进行补救，对于通过严重程序违法、故意违法取证、恶意规避程序、影响证据来源真实性的程序、侵犯基本人权等取得的物证、书证，禁止补证或解释。三是正确把握补证或合理解释的标准。为规范法官的自由裁量权，需要明确补证的标准，解释应当合情合理、符合经验和逻辑，通过补证或解释，法官对证据来源及内容可靠性、真实性已经形成内心确信。四是不得以重新取证的方式取得补证。如果允许重新取证，实质上是对程序违法的宽容，有损司法公正，因为之前不规范的取证已经对证据构成破坏或污染，重新取证无法保障证据的真实性。例如，勘验、检查、扣押等侦查取证笔录是对收集物证、书证的过程记载，包括时间、地点、主体、对象、名称、数量、规格等要素，为防止疏漏和遗忘，法律规定均要求笔录制作的现场性，不允许事后凭回忆补证制作笔录。

五、物证、书证的最佳证据规则

最佳证据规则主要适用于物证、书证的原物、原件，我国现行的法律规定体现了该规则的精神，定案的物证、书证以原物、原件为原则，核对无异的复制品、复印件为例外。《最高人民法院关于适用〈中华人民共和国刑事诉讼法〉的解释》第83条规定："据以定案的物证应当是原物。原物不便搬运、不易保存、依法应当返还或者依法应当由有关部门保管、处理的，可以拍摄、制作足以反映原物外形和特征的照片、录像、复制品。必要时，审判人员可以前往保管场所查看原物。物证的照片、录像、复制品，不能反映原物的外形和特征的，不得作为定案的根据。物证的照片、录像、复制品，经与原物核对无误、经鉴定或者以其他方式确认真实的，可以作为定案的根据。"第84条规定："据以定案的书证应当是原件。取得原件确有困难的，可以使用副本、复制件。对书证的更改或者更改迹象不能作出合理解释，或者书证的副本、复制件不能反映原件及其内容的，不得作为定案的根据。书证的副本、复制件，经与原件核对无误、经鉴定或者以其他方式确认真实的，可以作为定案的根据。"由于主客观方面的原因，物证、书证复制品、照片，书证副本、节录本在诉讼活动中十分常见，审查其证明力至关重要。以上原则在民事诉讼和行政诉讼中同样适用。需要注意的是，如何解释"取得原件确有困难"，可以参照《最高人民法院关于适用〈中华人民共和国民事诉讼法〉的解释》第111条的规定："民事诉讼法第七十三条规定的提交书证原件确有困难，包括下列情形：（一）书证原件遗失、灭失或者毁损的；（二）原件在对方当事人控制之下，经合法通知提交而拒不提交的；（三）原件在他人控制之下，而其有权不提交的；（四）原件因篇幅或者体积过大而不便提交的；（五）承担举证证明责任的当事人通过申请人民法院调查收集或者其他方式无法获得书证原件的。前款规定情形，人民法院应当结合其他证据和案件具体情况，审查判断书证复制品等能否作为认定案件事实的根据。"因此，符合上述情形之一的，当事人可以提交复印件或复制品，但必须经过人民法院核对与原件、原物无异后才能确定其证明力。

例如，在"王某某等人持械聚众斗殴案"中，侦查机关未及时提取斗殴时所用械具，仅在审查起诉阶段补拍了一张锄头的照片，公诉人认为这就是作案工具的物证，辩护人则认为该照片为复制件，被告人对照片的内容未辨认确定，不足以认定照片显示的锄头是斗殴时所用械具，侦查机关无正当理由未提取作案工具，只提交照片违反了最佳证据规则，指控的持械行为证据不足。

综上，证据规则是证据审查的指导原则和理念，掌握关联性规则、鉴真规则、排除规则、瑕疵补正规则、最佳证据规则在审查物证、书证中的运用，并与具体的各类证据规范相结合，可提升审查证据的能力与水平。

第一章 证据规则在审查物证、书证中的运用

【本章相关法律规定节选】

◆ 最高人民法院关于适用《中华人民共和国刑事诉讼法》的解释

（2021年1月26日　法释〔2021〕1号）

第四章　证　据

第二节　物证、书证的审查与认定

第八十二条【审查内容】〔1〕对物证、书证应当着重审查以下内容：

（一）物证、书证是否为原物、原件，是否经过辨认、鉴定；物证的照片、录像、复制品或者书证的副本、复制件是否与原物、原件相符，是否由二人以上制作，有无制作人关于制作过程以及原物、原件存放于何处的文字说明和签名；

（二）物证、书证的收集程序、方式是否符合法律、有关规定；经勘验、检查、搜查提取、扣押的物证、书证，是否附有相关笔录、清单，笔录、清单是否经调查人员或者侦查人员、物品持有人、见证人签名，没有签名的，是否注明原因；物品的名称、特征、数量、质量等是否注明清楚；

（三）物证、书证在收集、保管、鉴定过程中是否受损或者改变；

（四）物证、书证与案件事实有无关联；对现场遗留与犯罪有关的具备鉴定条件的血迹、体液、毛发、指纹等生物样本、痕迹、物品，是否已作DNA鉴定、指纹鉴定等，并与被告人或者被害人的相应生物特征、物品等比对；

（五）与案件事实有关联的物证、书证是否全面收集。

第八十三条【原物规则】据以定案的物证应当是原物。原物不便搬运、不易保存、依法应当返还或者依法应当由有关部门保管、处理的，可以拍摄、制作足以反映原物外形和特征的照片、录像、复制品。必要时，审判人员可以前往保管场所查看原物。

物证的照片、录像、复制品，不能反映原物的外形和特征的，不得作为定案的根据。

物证的照片、录像、复制品，经与原物核对无误、经鉴定或者以其他方

---

〔1〕 为方便查阅，笔者编写条文主旨，仅供参考。

式确认真实的，可以作为定案的根据。

第八十四条【原件规则】 据以定案的书证应当是原件。取得原件确有困难的，可以使用副本、复制件。

对书证的更改或者更改迹象不能作出合理解释，或者书证的副本、复制件不能反映原件及其内容的，不得作为定案的根据。

书证的副本、复制件，经与原件核对无误、经鉴定或者以其他方式确认真实的，可以作为定案的根据。

第八十五条【全面移送】 对与案件事实可能有关联的血迹、体液、毛发、人体组织、指纹、足迹、字迹等生物样本、痕迹和物品，应当提取而没有提取，应当鉴定而没有鉴定，应当移送鉴定意见而没有移送，导致案件事实存疑的，人民法院应当通知人民检察院依法补充收集、调取、移送证据。

第八十六条【排除情形】 在勘验、检查、搜查过程中提取、扣押的物证、书证，未附笔录或者清单，不能证明物证、书证来源的，不得作为定案的根据。

物证、书证的收集程序、方式有下列瑕疵，经补正或者作出合理解释的，可以采用：

（一）勘验、检查、搜查、提取笔录或者扣押清单上没有调查人员或者侦查人员、物品持有人、见证人签名，或者对物品的名称、特征、数量、质量等注明不详的；

（二）物证的照片、录像、复制品，书证的副本、复制件未注明与原件核对无异，无复制时间，或者无被收集、调取人签名的；

（三）物证的照片、录像、复制品，书证的副本、复制件没有制作人关于制作过程和原物、原件存放地点的说明，或者说明中无签名的；

（四）有其他瑕疵的。

物证、书证的来源、收集程序有疑问，不能作出合理解释的，不得作为定案的根据。

◆ **人民检察院刑事诉讼规则**

（2019年12月30日　高检发释字〔2019〕4号）

第七十条【收集程序审查】 收集物证、书证不符合法定程序，可能严重

第一章 证据规则在审查物证、书证中的运用

影响司法公正的,人民检察院应当及时要求公安机关补正或者作出书面解释;不能补正或者无法作出合理解释的,对该证据应当予以排除。

对公安机关的补正或者解释,人民检察院应当予以审查。经补正或者作出合理解释的,可以作为批准或者决定逮捕、提起公诉的依据。

第二百零九条【原物原件规则】 调取物证应当调取原物。原物不便搬运、保存,或者依法应当返还被害人,或者因保密工作需要不能调取原物的,可以将原物封存,并拍照、录像。对原物拍照或者录像应当足以反映原物的外形、内容。

调取书证、视听资料应当调取原件。取得原件确有困难或者因保密需要不能调取原件的,可以调取副本或者复制件。

调取书证、视听资料的副本、复制件和物证的照片、录像的,应当书面记明不能调取原件、原物的原因,制作过程和原件、原物存放地点,并由制作人员和原书证、视听资料、物证持有人签名或者盖章。

第三百三十六条【证据存疑处理】 人民检察院对物证、书证、视听资料、电子数据及勘验、检查、辨认、侦查实验等笔录存在疑问的,可以要求调查人员或者侦查人员提供获取、制作的有关情况,必要时也可以询问提供相关证据材料的人员和见证人并制作笔录附卷,对物证、书证、视听资料、电子数据进行鉴定。

第四百零九条【示证规则】 公诉人向法庭出示物证,一般应当出示原物,原物不易搬运、不易保存或者已返还被害人的,可以出示反映原物外形和特征的照片、录像、复制品,并向法庭说明情况及与原物的同一性。

公诉人向法庭出示书证,一般应当出示原件。获取书证原件确有困难的,可以出示书证副本或者复制件,并向法庭说明情况及与原件的同一性。

公诉人向法庭出示物证、书证,应当对该物证、书证所要证明的内容、获取情况作出说明,并向当事人、证人等问明物证的主要特征,让其辨认。对该物证、书证进行鉴定的,应当宣读鉴定意见。

◆ **公安机关办理刑事案件程序规定**

(2020年7月20日　公安部令第159号修正)

第六十二条【调证通知书】 公安机关向有关单位和个人调取证据,应当

经办案部门负责人批准,开具调取证据通知书,明确调取的证据和提供时限。被调取单位及其经办人、持有证据的个人应当在通知书上盖章或者签名,拒绝盖章或者签名的,公安机关应当注明。必要时,应当采用录音录像方式固定证据内容及取证过程。

第六十四条【原物规则】 收集、调取的物证应当是原物。只有在原物不便搬运、不易保存或者依法应当由有关部门保管、处理或者依法应当返还时,才可以拍摄或者制作足以反映原物外形或者内容的照片、录像或者复制品。

物证的照片、录像或者复制品经与原物核实无误或者经鉴定证明为真实的,或者以其他方式确能证明其真实的,可以作为证据使用。原物的照片、录像或者复制品,不能反映原物的外形和特征的,不能作为证据使用。

第六十五条【原件规则】 收集、调取的书证应当是原件。只有在取得原件确有困难时,才可以使用副本或者复制件。

书证的副本、复制件,经与原件核实无误或者经鉴定证明为真实的,或者以其他方式确能证明其真实的,可以作为证据使用。书证有更改或者更改迹象不能作出合理解释的,或者书证的副本、复制件不能反映书证原件及其内容的,不能作为证据使用。

第六十七条【复制件制作要求】 物证的照片、录像或者复制品,书证的副本、复制件,视听资料、电子数据的复制件,应当附有关制作过程及原件、原物存放处的文字说明,并由制作人和物品持有人或者物品持有单位有关人员签名。

◆ **最高人民法院关于全面推进以审判为中心的刑事诉讼制度改革的实施意见**

(2017 年 2 月 17 日 法发〔2017〕5 号)

27. **【关联性确定】** 通过勘验、检查、搜查等方式收集的物证、书证等证据,未通过辨认、鉴定等方式确定其与案件事实的关联的,不得作为定案的根据。

第一章 证据规则在审查物证、书证中的运用

◆ 最高人民法院、最高人民检察院、公安部办理毒品犯罪案件毒品提取、扣押、称量、取样和送检程序若干问题的规定

（2016年5月24日 公禁毒〔2016〕511号）

第一章 总 则

第一条【立法目的】 为规范毒品的提取、扣押、称量、取样和送检程序，提高办理毒品犯罪案件的质量和效率，根据《中华人民共和国刑事诉讼法》《最高人民法院关于适用〈中华人民共和国刑事诉讼法〉的解释》《人民检察院刑事诉讼规则（试行）》《公安机关办理刑事案件程序规定》等有关规定，结合办案工作实际，制定本规定。

第二条【工作原则】 公安机关对于毒品的提取、扣押、称量、取样和送检工作，应当遵循依法、客观、准确、公正、科学和安全的原则，确保毒品实物证据的收集、固定和保管工作严格依法进行。

第三条【合法性审查】 人民检察院、人民法院办理毒品犯罪案件，应当审查公安机关对毒品的提取、扣押、称量、取样、送检程序以及相关证据的合法性。

毒品的提取、扣押、称量、取样、送检程序存在瑕疵，可能严重影响司法公正的，人民检察院、人民法院应当要求公安机关予以补正或者作出合理解释。经公安机关补正或者作出合理解释的，可以采用相关证据；不能补正或者作出合理解释的，对相关证据应当依法予以排除，不得作为批准逮捕、提起公诉或者判决的依据。

第二章 提取、扣押

第四条【扣押对象】 侦查人员应当对毒品犯罪案件有关的场所、物品、人身进行勘验、检查或者搜查，及时准确地发现、固定、提取、采集毒品及内外包装物上的痕迹、生物样本等物证，依法予以扣押。必要时，可以指派或者聘请具有专门知识的人，在侦查人员的主持下进行勘验、检查。

侦查人员对制造毒品、非法生产制毒物品犯罪案件的现场进行勘验、检查或者搜查时，应当提取并当场扣押制造毒品、非法生产制毒物品的原料、配剂、成品、半成品和工具、容器、包装物以及上述物品附着的痕迹、生物

样本等物证。

提取、扣押时，不得将不同包装物内的毒品混合。

现场勘验、检查或者搜查时，应当对查获毒品的原始状态拍照或者录像，采取措施防止犯罪嫌疑人及其他无关人员接触毒品及包装物。

第五条【扣押清单】 毒品的扣押应当在有犯罪嫌疑人在场并有见证人的情况下，由两名以上侦查人员执行。

毒品的提取、扣押情况应当制作笔录，并当场开具扣押清单。

笔录和扣押清单应当由侦查人员、犯罪嫌疑人和见证人签名。犯罪嫌疑人拒绝签名的，应当在笔录和扣押清单中注明。

第六条【毒品分组】 对同一案件在不同位置查获的两个以上包装的毒品，应当根据不同的查获位置进行分组。

对同一位置查获的两个以上包装的毒品，应当按照以下方法进行分组：

（一）毒品或者包装物的外观特征不一致的，根据毒品及包装物的外观特征进行分组；

（二）毒品及包装物的外观特征一致，但犯罪嫌疑人供述非同一批次毒品的，根据犯罪嫌疑人供述的不同批次进行分组；

（三）毒品及包装物的外观特征一致，但犯罪嫌疑人辩称其中部分不是毒品或者不知是否为毒品的，对犯罪嫌疑人辩解的部分疑似毒品单独分组。

第七条【毒品编号】 对查获的毒品应当按其独立最小包装逐一编号或者命名，并将毒品的编号、名称、数量、查获位置以及包装、颜色、形态等外观特征记录在笔录或者扣押清单中。

在毒品的称量、取样、送检等环节，毒品的编号、名称以及对毒品外观特征的描述应当与笔录和扣押清单保持一致；不一致的，应当作出书面说明。

第八条【体内藏毒提取】 对体内藏毒的案件，公安机关应当监控犯罪嫌疑人排出体内的毒品，及时提取、扣押并制作笔录。笔录应当由侦查人员和犯罪嫌疑人签名；犯罪嫌疑人拒绝签名的，应当在笔录中注明。在保障犯罪嫌疑人隐私权和人格尊严的情况下，可以对排毒的主要过程进行拍照或者录像。

必要时，可以在排毒前对犯罪嫌疑人体内藏毒情况进行透视检验并以透视影像的形式固定证据。

体内藏毒的犯罪嫌疑人为女性的，应当由女性工作人员或者医师检查其身体，并由女性工作人员监控其排毒。

第九条【封装规范】 现场提取、扣押等工作完成后，一般应当由两名以上侦查人员对提取、扣押的毒品及包装物进行现场封装，并记录在笔录中。

封装应当在有犯罪嫌疑人在场并有见证人的情况下进行；应当使用封装袋封装毒品并加密封口，或者使用封条贴封包装，作好标记和编号，由侦查人员、犯罪嫌疑人和见证人在封口处、贴封处或者指定位置签名并签署封装日期。犯罪嫌疑人拒绝签名的，侦查人员应当注明。

确因情况紧急、现场环境复杂等客观原因无法在现场实施封装的，经公安机关办案部门负责人批准，可以及时将毒品带至公安机关办案场所或者其他适当的场所进行封装，并对毒品移动前后的状态进行拍照固定，作出书面说明。

封装时，不得将不同包装内的毒品混合。对不同组的毒品，应当分别独立封装，封装后可以统一签名。

第十条【过程拍录】 必要时，侦查人员应当对提取、扣押和封装的主要过程进行拍照或者录像。

照片和录像资料应当反映提取、扣押和封装活动的主要过程以及毒品的原始位置、存放状态和变动情况。照片应当附有相应的文字说明，文字说明应当与照片反映的情况相对应。

第十一条【专门保管】 公安机关应当设置专门的毒品保管场所或者涉案财物管理场所，指定专人保管封装后的毒品及包装物，并采取措施防止毒品发生变质、泄漏、遗失、损毁或者受到污染等。

对易燃、易爆、具有毒害性以及对保管条件、保管场所有特殊要求的毒品，在处理前应当存放在符合条件的专门场所。公安机关没有具备保管条件的场所的，可以借用其他单位符合条件的场所进行保管。

第三章 称 量

第十二条【称量场所】 毒品的称量一般应当由两名以上侦查人员在查获毒品的现场完成。

不具备现场称量条件的，应当按照本规定第九条的规定对毒品及包装物封装后，带至公安机关办案场所或者其他适当的场所进行称量。

第十三条【称量笔录】 称量应当在有犯罪嫌疑人在场并有见证人的情况

下进行，并制作称量笔录。

对已经封装的毒品进行称量前，应当在有犯罪嫌疑人在场并有见证人的情况下拆封，并记录在称量笔录中。

称量笔录应当由称量人、犯罪嫌疑人和见证人签名。犯罪嫌疑人拒绝签名的，应当在称量笔录中注明。

第十四条【衡器要求】称量应当使用适当精度和称量范围的衡器。称量的毒品质量不足一百克的，衡器的分度值应当达到零点零一克；一百克以上且不足一千克的，分度值应当达到零点一克；一千克以上且不足十千克的，分度值应当达到一克；十千克以上且不足一百千克的，分度值应当达到十克；一百千克以上且不足一吨的，分度值应当达到一百克；一吨以上的，分度值应当达到一千克。

称量前，称量人应当将衡器示数归零，并确保其处于正常的工作状态。

称量所使用的衡器应当经过法定计量检定机构检定并在有效期内，一般不得随意搬动。

法定计量检定机构出具的计量检定证书复印件应当归入证据材料卷，并随案移送。

第十五条　对两个以上包装的毒品，应当分别称量，并统一制作称量笔录，不得混合后称量。

对同一组内的多个包装的毒品，可以采取全部毒品及包装物总质量减去包装物质量的方式确定毒品的净质量；称量时，不同包装物内的毒品不得混合。

第十六条【多个包装】多个包装的毒品系包装完好、标识清晰完整的麻醉药品、精神药品制剂的，可以按照其包装、标识或者说明书上标注的麻醉药品、精神药品成分的含量计算全部毒品的质量，或者从相同批号的药品制剂中随机抽取三个包装进行称量后，根据麻醉药品、精神药品成分的含量计算全部毒品的质量。

第十七条【体内毒品称量】对体内藏毒的案件，应当将犯罪嫌疑人排出体外的毒品逐一称量，统一制作称量笔录。

犯罪嫌疑人供述所排出的毒品系同一批次或者毒品及包装物的外观特征相似的，可以按照本规定第十五条第二款规定的方法进行称量。

第十八条【固液毒品称量】对同一容器内的液态毒品或者固液混合状态

毒品，应当采用拍照或者录像等方式对其原始状态进行固定，再统一称量。必要时，可以对其原始状态固定后，再进行固液分离并分别称量。

第十九条【称量后封装】现场称量后将毒品带回公安机关办案场所或者送至鉴定机构取样的，应当按照本规定第九条的规定对毒品及包装物进行封装。

第二十条【称量过程拍录】侦查人员应当对称量的主要过程进行拍照或者录像。

照片和录像资料应当清晰显示毒品的外观特征、衡器示数和犯罪嫌疑人对称量结果的指认情况。

第四章 取 样

第二十一条【取样地点】毒品的取样一般应当在称量工作完成后，由两名以上侦查人员在查获毒品的现场或者公安机关办案场所完成。必要时，可以指派或者聘请具有专门知识的人进行取样。

在现场或者公安机关办案场所不具备取样条件的，应当按照本规定第九条的规定对毒品及包装物进行封装后，将其送至鉴定机构并委托鉴定机构进行取样。

第二十二条【取样规范】在查获毒品的现场或者公安机关办案场所取样的，应当在有犯罪嫌疑人在场并有见证人的情况下进行，并制作取样笔录。

对已经封装的毒品进行取样前，应当在有犯罪嫌疑人在场并有见证人的情况下拆封，并记录在取样笔录中。

取样笔录应当由取样人、犯罪嫌疑人和见证人签名。犯罪嫌疑人拒绝签名的，应当在取样笔录中注明。

必要时，侦查人员应当对拆封和取样的主要过程进行拍照或者录像。

第二十三条【委托取样】委托鉴定机构进行取样的，对毒品的取样方法、过程、结果等情况应当制作取样笔录，但鉴定意见包含取样方法的除外。

取样笔录应当由侦查人员和取样人签名，并随案移送。

第二十四条【单个包装取样方法】对单个包装的毒品，应当按照下列方法选取或者随机抽取检材：

（一）粉状。将毒品混合均匀，并随机抽取约一克作为检材；不足一克的全部取作检材。

（二）颗粒状、块状。随机选择三个以上不同的部位，各抽取一部分混合作为检材，混合后的检材质量不少于一克；不足一克的全部取作检材。

（三）膏状、胶状。随机选择三个以上不同的部位，各抽取一部分混合作为检材，混合后的检材质量不少于三克；不足三克的全部取作检材。

（四）胶囊状、片剂状。先根据形状、颜色、大小、标识等外观特征进行分组；对于外观特征相似的一组，从中随机抽取三粒作为检材，不足三粒的全部取作检材。

（五）液态。将毒品混合均匀，并随机抽取约二十毫升作为检材；不足二十毫升的全部取作检材。

（六）固液混合状态。按照本款以上各项规定的方法，分别对固态毒品和液态毒品取样；能够混合均匀成溶液的，可以将其混合均匀后按照本款第五项规定的方法取样。

对其他形态毒品的取样，参照前款规定的取样方法进行。

第二十五条【多个包装取样方法】对同一组内两个以上包装的毒品，应当按照下列标准确定选取或者随机抽取独立最小包装的数量，再根据本规定第二十四条规定的取样方法从单个包装中选取或者随机抽取检材：

（一）少于十个包装的，应当选取所有的包装；

（二）十个以上包装且少于一百个包装的，应当随机抽取其中的十个包装；

（三）一百个以上包装的，应当随机抽取与包装总数的平方根数值最接近的整数个包装。

对选取或者随机抽取的多份检材，应当逐一编号或者命名，且检材的编号、名称应当与其他笔录和扣押清单保持一致。

第二十六条【精麻药品取样方法】多个包装的毒品系包装完好、标识清晰完整的麻醉药品、精神药品制剂的，可以从相同批号的药品制剂中随机抽取三个包装，再根据本规定第二十四条规定的取样方法从单个包装中选取或者随机抽取检材。

第二十七条【检材封装要求】在查获毒品的现场或者公安机关办案场所取样的，应当使用封装袋封装检材并加密封口，作好标记和编号，由取样人、犯罪嫌疑人和见证人在封口处或者指定位置签名并签署封装日期。犯罪嫌疑人拒绝签名的，侦查人员应当注明。

从不同包装中选取或者随机抽取的检材应当分别独立封装，不得混合。

对取样后剩余的毒品及包装物，应当按照本规定第九条的规定进行封装。选取或者随机抽取的检材应当由专人负责保管。在检材保管和送检过程中，应当采取妥善措施防止其发生变质、泄漏、遗失、损毁或者受到污染等。

第二十八条【取样后毒品封装要求】委托鉴定机构进行取样的，应当使用封装袋封装取样后剩余的毒品及包装物并加密封口，作好标记和编号，由侦查人员和取样人在封口处签名并签署封装日期。

第二十九条【毒品保管与处理】对取样后剩余的毒品及包装物，应当及时送至公安机关毒品保管场所或者涉案财物管理场所进行妥善保管。

对需要作为证据使用的毒品，不起诉决定或者判决、裁定（含死刑复核判决、裁定）发生法律效力后方可处理。

第五章 送 检

第三十条【送检人员和时限】对查获的全部毒品或者从查获的毒品中选取或者随机抽取的检材，应当由两名以上侦查人员自毒品被查获之日起三日以内，送至鉴定机构进行鉴定。

具有案情复杂、查获毒品数量较多、异地办案、在交通不便地区办案等情形的，送检时限可以延长至七日。

公安机关应当向鉴定机构提供真实、完整、充分的鉴定材料，并对鉴定材料的真实性、合法性负责。

第三十一条【送检所需材料】侦查人员送检时，应当持本人工作证件、鉴定聘请书等材料，并提供鉴定事项相关的鉴定资料；需要复核、补充或者重新鉴定的，还应当持原鉴定意见复印件。

第三十二条【委托办理】送检的侦查人员应当配合鉴定机构核对鉴定材料的完整性、有效性，并检查鉴定材料是否满足鉴定需要。

公安机关鉴定机构应当在收到鉴定材料的当日作出是否受理的决定，决定受理的，应当与公安机关办案部门签订鉴定委托书；不予受理的，应当退还鉴定材料并说明理由。

第三十三条【含量鉴定】具有下列情形之一的，公安机关应当委托鉴定机构对查获的毒品进行含量鉴定：

（一）犯罪嫌疑人、被告人可能被判处死刑的；

（二）查获的毒品系液态、固液混合物或者系毒品半成品的；

（三）查获的毒品可能大量掺假的；

（四）查获的毒品系成分复杂的新类型毒品，且犯罪嫌疑人、被告人可能被判处七年以上有期徒刑的；

（五）人民检察院、人民法院认为含量鉴定对定罪量刑有重大影响而书面要求进行含量鉴定的。

进行含量鉴定的检材应当与进行成分鉴定的检材来源一致，且一一对应。

第三十四条【原植物鉴定】 对毒品原植物及其种子、幼苗，应当委托具备相应资质的鉴定机构进行鉴定。当地没有具备相应资质的鉴定机构的，可以委托侦办案件的公安机关所在地的县级以上农牧、林业行政主管部门，或者设立农林相关专业的普通高等学校、科研院所出具检验报告。

第六章 附 则

第三十五条【毒品含义】 本规定所称的毒品，包括毒品的成品、半成品、疑似物以及含有毒品成分的物质。

毒品犯罪案件中查获的其他物品，如制毒物品及其半成品、含有制毒物品成分的物质、毒品原植物及其种子和幼苗的提取、扣押、称量、取样和送检程序，参照本规定执行。

第三十六条 本规定所称的"以上""以内"包括本数，"日"是指工作日。

第三十七条【程序告知】 扣押、封装、称量或者在公安机关办案场所取样时，无法确定犯罪嫌疑人、犯罪嫌疑人在逃或者犯罪嫌疑人在异地被抓获且无法及时到场的，应当在有见证人的情况下进行，并在相关笔录、扣押清单中注明。

犯罪嫌疑人到案后，公安机关应当以告知书的形式告知其扣押、称量、取样的过程、结果。犯罪嫌疑人拒绝在告知书上签名的，应当将告知情况形成笔录，一并附卷；犯罪嫌疑人对称量结果有异议，有条件重新称量的，可以重新称量，并制作称量笔录。

第三十八条【见证人要求】 毒品的提取、扣押、封装、称量、取样活动有见证人的，笔录材料中应当写明见证人的姓名、身份证件种类及号码和联系方式，并附其常住人口信息登记表等材料。

第一章 证据规则在审查物证、书证中的运用

下列人员不得担任见证人：

（一）生理上、精神上有缺陷或者年幼，不具有相应辨别能力或者不能正确表达的人；

（二）犯罪嫌疑人的近亲属，被引诱、教唆、欺骗、强迫吸毒的被害人及其近亲属，以及其他与案件有利害关系并可能影响案件公正处理的人；

（三）办理该毒品犯罪案件的公安机关、人民检察院、人民法院的工作人员、实习人员或者其聘用的协勤、文职、清洁、保安等人员。

由于客观原因无法由符合条件的人员担任见证人或者见证人不愿签名的，应当在笔录材料中注明情况，并对相关活动进行拍照并录像。

第三十九条 本规定自 2016 年 7 月 1 日起施行。

◆ 公安机关办理刑事案件适用查封、冻结措施有关规定

（2013 年 9 月 1 日 公通字 [2013] 30 号）

第二条【涉案财物】 根据侦查犯罪的需要，公安机关依法对涉案财物予以查封、冻结，有关部门、单位和个人应当协助和配合。

本规定所称涉案财物，是指公安机关在办理刑事案件过程中，依法以查封、冻结等方式固定的可用以证明犯罪嫌疑人有罪或者无罪的各种财产和物品，包括：

（一）犯罪所得及其孳息；

（二）用于实施犯罪行为的工具；

（三）其他可以证明犯罪行为是否发生以及犯罪情节轻重的财物。

第三条【原则条款】 查封、冻结以及保管、处置涉案财物，必须严格依照法定的适用条件和程序进行。与案件无关的财物不得查封、冻结。查封、冻结涉案财物，应当为犯罪嫌疑人及其所扶养的家属保留必要的生活费用和物品。

严禁在立案之前查封、冻结财物。对于境外司法、警察机关依据国际条约、协议或者互惠原则提出的查封、冻结请求，可以根据公安部的执行通知办理有关法律手续。

查封、冻结的涉案财物，除依法应当返还被害人或者经查明确实与案件无关的以外，不得在诉讼程序终结之前作出处理。法律和有关规定另有规定

的除外。

第五条【查扣对象】 根据侦查犯罪的需要，公安机关可以依法查封涉案的土地、房屋等不动产，以及涉案的车辆、船舶、航空器和大型机器、设备等特定动产。必要时，可以一并扣押证明其财产所有权或者相关权益的法律文件和文书。

置于不动产上的设施、家具和其他相关物品，需要作为证据使用的，应当扣押；不宜移动的，可以一并查封。

第六条【相关部门协助手续】 查封涉案财物需要国土资源、房地产管理、交通运输、农业、林业、民航等有关部门协助的，应当经县级以上公安机关负责人批准，制作查封决定书和协助查封通知书，明确查封财物情况、查封方式、查封期限等事项，送交有关部门协助办理，并及时告知有关当事人。

涉案土地和房屋面积、金额较大的，应当经设区的市一级以上公安机关负责人批准，制作查封决定书和协助查封通知书。

第七条【查封期限】 查封期限不得超过二年。期限届满可以续封一次，续封应当经作出原查封决定的县级以上公安机关负责人批准，在期限届满前五日以内重新制作查封决定书和协助查封通知书，送交有关部门协助办理，续封期限最长不得超过一年。

案件重大复杂，确需再续封的，应当经设区的市一级以上公安机关负责人批准，在期限届满前五日以内重新制作查封决定书和协助查封通知书，且每次再续封的期限最长不得超过一年。

查封期限届满，未办理续封手续的，查封自动解除。

公安机关应当及时将续封决定告知有关当事人。

第二十三条【冻结对象】 根据侦查犯罪的需要，公安机关可以依法冻结涉案的存款、汇款、证券交易结算资金、期货保证金等资金，债券、股票、基金份额和国务院依法认定的其他证券，以及股权、保单权益和其他投资权益等财产。

第二十六条【冻结期限】 冻结存款、汇款、证券交易结算资金、期货保证金等资金，或者投资权益等其他财产的期限为六个月。需要延长期限的，应当经作出原冻结决定的县级以上公安机关负责人批准，在冻结期限届满前五日以内办理续冻手续。每次续冻期限最长不得超过六个月。

对重大、复杂案件，经设区的市一级以上公安机关负责人批准，冻结存款、汇款、证券交易结算资金、期货保证金等资金的期限可以为一年。需要延长期限的，应当按照原批准权限和程序，在冻结期限届满前五日以内办理续冻手续。每次续冻期限最长不是超过一年。

冻结债券、股票、基金份额等证券的期限为二年。需要延工冻结期限的，应当经作出原冻结决定的县级以上公安机关负责人批准，在冻结期限届满前五日以内办理续冻手续。每次续冻期限最长不得超过二年。

冻结期限届满，未办理续冻手续的，冻结自动解除。

第二十七条【相当原则】 冻结涉案账户的款项数额，应当与涉案金额相当。不得超出涉案金额范围冻结款项。

第二十八条【冻结股权程序】 冻结股权的，应当经设区的市一级以上公安机关负责人批准，冻结上市公司股权应当经省级以上公安机关负责人批准，并在协助冻结财产通知书中载明公司名称、股东姓名或者名称、冻结数额或者股份等与登记事项有关的内容。冻结股权期限为六个月。需要延长期限的，应当按照原批准权限和程序，在冻结期限届满前五日以内办理续冻手续。每次续冻期限最长不得超过六个月。

第二十九条【冻结保单权益程序】 冻结保单权益的，应当经设区的市一级以上公安机关负责人批准，冻结保单权益期限为六个月。需要延长期限的，应当按照原批准权限和程序，在冻结期限届满前五日以内办理续冻手续。每次续冻期限最长不得超过六个月。

冻结保单权益没有直接对应本人账户的，可以冻结相关受益人的账户，并要求有关单位协助，但不得变更受益人账户，不得损害第三方利益。

人寿险、养老险、交强险、机动车第三者责任险等提供基本保障的保单原则上不得冻结，确需冻结的，应当经省级以上公安机关负责人批准。

第三十条【不得冻结情形】 对下列账户和款项，不得冻结：

（一）金融机构存款准备金和备付金；

（二）特定非金融机构备付金；

（三）封闭贷款专用账户（在封闭贷款未结清期间）；

（四）商业汇票保证金；

（五）证券投资者保障基金、保险保障基金、存款保险基金；

（六）党、团费账户和工会经费集中户；

（七）社会保险基金；

（八）国有企业下岗职工基本生活保障资金；

（九）住房公积金和职工集资建房账户资金；

（十）人民法院开立的执行账户；

（十一）军队、武警部队一类保密单位开设的"特种预算存款"、"特种其他存款"和连队账户的存款；

（十二）金融机构质押给中国人民银行的债券、股票、贷款；

（十三）证券登记结算机构、银行间市场交易组织机构、银行间市场集中清算机构、银行间市场登记托管结算机构、经国务院批准或者同意设立的黄金交易组织机构和结算机构等依法按照业务规则收取并存放于专门清算交收账户内的特定股票、债券、票据、贵金属等有价凭证、资产和资金，以及按照业务规则要求金融机构等登记托管结算参与人、清算参与人、投资者或者发行人提供的、在交收或者清算结算完成之前的保证金、清算基金、回购质押券、价差担保物、履约担保物等担保物，支付机构客户备付金。

（十四）其他法律、行政法规、司法解释、部门规章规定不得冻结的账户和款项。

第三十一条【不得整体冻结】 对金融机构账户、特定非金融机构账户和以证券登记结算机构、银行间市场交易组织机构、银行间市场集中清算机构、银行间市场登记托管结算机构、经国务院批准或者同意设立的黄金交易组织机构和结算机构、支付机构等名义开立的各类专门清算交收账户、保证金账户、清算基金账户、客户备付金账户，不得整体冻结，法律另有规定的除外。

第三十五条【及时解封】 公安机关在采取查封、冻结措施后，应当及时查清案件事实，在法定期限内对涉案财物依法作出处理。

经查明查封、冻结的财物确实与案件无关的，应当在三日以内解除查封、冻结。

第三十六条【随案移送】 对查封、冻结的涉案财物及其孳息，应当制作清单，随案移送。对作为证据使用的实物应当随案移送，对不宜移送的，应当将其清单、照片或者其他证明文件随案移送。对于随案移送的财物，人民检察院需要继续查封、冻结的，应当及时书面通知公安机关解除原查封、冻结措施，并同时依法重新作出查封、冻结决定。

第三十七条【不诉涉案财物处理】 人民检察院决定不起诉并对涉案财物解除查封、冻结的案件，公安机关应当在接到人民检察院的不起诉决定和解除查封、冻结财物的通知之日起三日以内对不宜移送而未随案移送的财物解除查封、冻结。对于人民检察院提出的对被不起诉人给予行政处罚、行政处分等检察意见中涉及查封、冻结涉案财物的，公安机关应当及时予以处理或者移送有关行政主管机关处理，并将处理结果通知人民检察院。

第三十八条【撤案或终结侦查涉案财物处理】公安机关决定撤销案件或者对犯罪嫌疑人终止侦查的，除依照法律和有关规定另行处理的以外，应当在作出决定之日起三日以内对侦查中查封、冻结的涉案财物解除查封、冻结。需要给予行政处理的，应当及时予以处理或者移交有关行政主管机关处理。

第三十九条【解封程序】解除查封的，应当在三日以内制作协助解除查封通知书，送交协助查封的有关部门办理，并通知所有权人或者使用权人。张贴制式封条的，启封时应当通知当事人到场；当事人经通知不到场，也未委托他人到场的，办案人员应当在见证人的见证下予以启封。提取的有关产权证照应当发还。必要时，可以予以公告。

第四十条【解冻程序】解除冻结的，应当在三日以内制作协助解除冻结财产通知书，送交协助办理冻结的有关单位，同时通知被冻结财产的所有人。有关单位接到协助解除冻结财产通知书后，应当及时解除冻结。

第四十一条【集中解冻】需要解除集中冻结措施的，应当由作出冻结决定的公安机关出具协助解除冻结财产通知书，银行业金融机构应当协助解除冻结。

上级公安机关认为应当解除集中冻结措施的，可以责令下级公安机关解除。

第六章 执法监督与法律责任

第五十一条【控告与申诉】当事人和辩护人、诉讼代理人、利害关系人对于公安机关及其侦查人员有下列行为之一的，有权向该机关申诉或者控告：

（一）对与案件无关的财物采取查封、冻结措施的；

（二）明显超出涉案范围查封、冻结财物的；

（三）应当解除查封、冻结不解除的；

（四）贪污、侵占、挪用、私分、调换、抵押、质押以及违反规定使用、处置查封、冻结财物的。

受理申诉或者控告的公安机关应当及时进行调查核实，并在收到申诉、控告之日起三十日以内作出处理决定，书面回复申诉人、控告人。发现公安机关及其侦查人员有上述行为之一的，应当立即纠正。

当事人及其辩护律师、诉讼代理人、利害关系人对处理决定不服的，可以向上级公安机关或者同级人民检察申诉。上级公安机关发现下级公安机关存在前款规定的违法行为或者对申诉、控告事项不按照规定处理的，应当责令下级公安机关限期纠正，下级公安机关应当立即执行。必要时，上级公安机关可以就申诉、控告事项直接作出处理决定。人民检察院对申诉查证属实的，应当通知公安机关予以纠正。

第五十二条【追偿】 公安机关办理刑事案件适用查封、冻结措施，因违反有关规定导致国家赔偿的，应当承担相应的赔偿责任，并依照《国家赔偿法》的规定向有关责任人员追偿部分或者全部赔偿费用，协助执行的部门和单位不承担赔偿责任。

第五十三条【协助查封不担责】 国土资源、房地产管理等有关部门根据有关国家机关的协助查封通知书作出的协助查封行为，公民、法人或者其他组织不服提起行政诉讼的，人民法院不予受理，但公民、法人或者其他组织认为协助查封行为与协助查封文书内容不一致的除外。

第五十四条【协助不利的责任】 根据本规定依法应当协助办理查封、冻结措施的有关部门、单位和个人有下列行为之一的，公安机关应当向有关部门和单位通报情况，依法追究相应责任：

（一）对应当查封、冻结的涉案财物不予查封、冻结，致使涉案财物转移的；

（二）在查封冻结前向当事人泄露信息的；

（三）帮助当事人转移、隐匿财产的；

（四）其他无正当理由拒绝协助配合的。

第五十五条【阻碍查封的责任】 公安机关对以暴力、威胁等方法阻碍有关部门和单位协助办理查封、冻结措施的行为，应当及时制止。依法查处。

◆ 最高人民法院关于建立健全防范刑事冤假错案工作机制的意见

(2013年10月9日　法发［2013］11号)

9.【同一性认定】现场遗留的可能与犯罪有关的指纹、血迹、精斑、毛发等证据，未通过指纹鉴定、DNA鉴定等方式与被告人、被害人的相应样本作同一认定的，不得作为定案的根据。涉案物品、作案工具等未通过辨认、鉴定等方式确定来源的，不得作为定案的根据。

对于命案，应当审查是否通过被害人近亲属辨认、指纹鉴定、DNA鉴定等方式确定被害人身份。

◆ 最高人民检察院关于适用《关于办理死刑案件审查判断证据若干问题的规定》和《关于办理刑事案件排除非法证据若干问题的规定》的指导意见

(2010年12月30日　高检发研字［2010］13号)

16.【审查要求】对物证、书证以及勘验、检查笔录、搜查笔录、视听资料、电子证据等，既要审查其是否客观、真实反映案件事实，也要加强对证据的收集、制作程序和证据形式的审查。发现物证、书证和视听资料、电子证据等来源及收集、制作过程不明，或者勘验、检查笔录、搜查笔录的形式不符合规定或者记载内容有矛盾的，应当要求侦查机关（部门）补正，无法补正的应当作出说明或者合理解释，无法作出合理说明或者解释的，不能作为证据使用；发现侦查机关（部门）在勘验、检查、搜查过程中对与案件事实可能有关联的相关痕迹、物品应当提取而没有提取，应当要求侦查机关（部门）补充收集、调取；对物证的照片、录像或者复制品不能反映原物的外形和特征，或者书证的副本、复制件不能反映原件特征及其内容的，应当要求侦查机关（部门）重新制作；发现在案的物证、书证以及视听资料、电子证据等应当鉴定而没有鉴定的，应当要求侦查机关（部门）鉴定，必要时自行委托鉴定。

17.【补证审查】对侦查机关（部门）的补正、说明，以及重新收集、制作的情况，应当认真审查，必要时可以进行复核。对于经侦查机关（部门）依法重新收集、及时补正或者能够作出合理解释，不影响物证、书证真实性的，可以作为批准或者决定逮捕、提起公诉的根据。侦查机关（部门）没有依法重新收集、补正，或者无法补正、重新制作且没有作出合理的解释或者说明，无法认定证据真实性的，该证据不能作为批准或者决定逮捕、提起公诉的根据。

18.【隐蔽性实物证据审查】对于根据犯罪嫌疑人的供述、指认，提取到隐蔽性很强的物证、书证的，既要审查与其他证明犯罪事实发生的证据是否相互印证，也要审查侦查机关（部门）在犯罪嫌疑人供述、指认之前是否掌握该证据的情况，综合全案证据，判断是否作为批准或者决定逮捕、提起公诉的根据。

◆ **最高人民法院、最高人民检察院、公安部、司法部关于进一步严格依法办案确保办理死刑案件质量的意见**
（2007年3月9日　法发〔2007〕11号）

10.【证据的收集、保全、固定】加强证据的收集、保全和固定工作。对证据的原物、原件要妥善保管，不得损毁、丢失或者擅自处理。对与查明案情有关需要鉴定的物品、文件、电子数据、痕迹、人身、尸体等，应当及时进行刑事科学技术鉴定，并将鉴定报告附卷。涉及命案的，应当通过被害人近亲属辨认、DNA鉴定、指纹鉴定等方式确定被害人身份。对现场遗留的与犯罪有关的具备同一认定检验鉴定条件的血迹、精斑、毛发、指纹等生物物证、痕迹、物品，应当通过DNA鉴定、指纹鉴定等刑事科学技术鉴定方式与犯罪嫌疑人的相应生物检材、生物特征、物品等作同一认定。侦查机关应当将用作证据的鉴定结论告知犯罪嫌疑人、被害人。如果犯罪嫌疑人、被害人提出申请，可以补充鉴定或者重新鉴定。

22.【证据存疑的处理】人民检察院对物证、书证、视听资料、勘验、检查笔录存在疑问的，可以要求侦查人员提供获取、制作的有关情况。必要时可以询问提供物证、书证、视听资料的人员，对物证、书证、视听资料委托进行技术鉴定。询问过程及鉴定的情况应当附卷。

第一章 证据规则在审查物证、书证中的运用

◆ 浙江省高级人民法院、浙江省人民检察院、浙江省公安厅印发《重大毒品犯罪案件证据收集审查判断工作指引》的通知

(2015年1月5日 浙检发诉三字［2015］1号)

(二) 物证、书证

第二十条【物证固定】 侦查机关查扣毒品、毒资、贩毒工具等物证,应当制作扣押物品清单,详细记录物证的特征、来源、查获过程及见证人等情况,必要时以照片、录像固定。

第二十一条【扣押程序】 扣押涉案物证的侦查人员不得少于二人,并持有相关法律文书及侦查人员工作证件。对于扣押的物证应当会同在场见证人和被扣押物证的持有人进行查点确认,当场开列扣押物品清单,写明物品的名称、编号、规格、数量、质量、特征及来源,由侦查人员、见证人和持有人签名或者盖章后,分别交给持有人、侦查机关保存,并附卷备查。

第二十二条【称量程序】 查扣的毒品应当在持有人在场的情况下,当面称量。查获毒品有多包的,应当采用统一的计量单位逐一称量。毒品的重量应当记录在扣押清单上,由持有人签字确认,并附称量照片。

第二十三条【毒品保管】 对查封、扣押的毒品应当妥善保管,避免受污染,在人民法院终审判决前(死刑案件为最高法院复核终结前)不得销毁。

案件移送审查起诉时,应当随案移送足以反映原毒品外形和特征的照片或录像,并附上制作说明、清单及原物存放地点。

有证据证明毒品可能大量掺假,由于保管不善导致不能鉴定的,应当作出有利于被告人的处理。

第二十四条【重视书证】 应当重视书证在定罪体系中的证明作用,特别注重运用通信记录、银行交易记录、交通通行记录、交通卡口照片、住宿记录等书证证明犯罪。

第二十五条【书证调取】 侦查机关调取通信记录、银行交易记录、住宿记录、交通通行记录等书证,应当调取原件或者足以反映其特征的复印件,并加盖提供单位印章。

第二十六条【通讯记录】 侦查机关提取的犯罪嫌疑人手机通话记录、短信、微信、QQ聊天记录等有关清单,应当有使用者姓名等身份信息,并加盖提供单位印章。

第二十七条【毒品真实性】 检察机关、审判机关应当重视审查在案毒品的真实性。重点审查毒品照片是否附卷，照片中的毒品是否和犯罪嫌疑人（被告人）描述的毒品种类、形状、数量相同，防止与其他案件的毒品混杂。

对于不是从犯罪嫌疑人（被告人）身上当场查获的毒品，应当结合其他证据如毒品包装上是否有犯罪嫌疑人（被告人）的指纹、生物检材等，以确定毒品的真实来源。

◆ 安徽省高级人民法院、安徽省人民检察院、安徽省公安厅关于印发《毒品案件证据收集审查判断规则》的通知

（2014年4月10日）

二、证据分类审查

第二十五条【物证书证】 毒品案件的物证、书证，应当重点审查以下内容：

（一）物证、书证的来源。主要包括物证、书证是何时、何地、何种情况下，以何种方式查获、收集，取得程序是否合法。对物证、书证的来源、收集程序有疑问，且不能作出合理解释的，该物证、书证不能作为定案的根据；

（二）物证、书证的真实性。对于查获的毒品等物证、书证未随案移送的，应当审查物证的照片、录像及书证的副本、复制件与原物、原件是否相符，制作程序是否符合法律和有关规定。物证的照片、录像不能反映原物外形特征的，书证有更改或者更改迹象不能作出合理解释的，或者书证的副本、复制件不能反映原件及其内容的，不能作为定案的根据；

（三）物证、书证的合法性。收集、调取的物证、书证，是否附有相关笔录或者清单；笔录或者清单是否有侦查人员、物品持有人、见证人签名，没有签名的，是否注明原因；对物品的特征、数量、质量、名称等是否注明；具备辨认条件的物证、书证是否交由当事人或者证人进行辨认等。收集物证、书证违反法律、有关规定，可能严重影响司法公正，且不能作出合理解释的，该物证、书证不能作为定案的根据；

（四）物证、书证的收集、移送是否全面。对在勘验、检查、搜查中发现与毒品犯罪事实可能有关联的痕迹和物品应当提取而没有提取，应当检验而

没有检验，导致案件事实存疑的，人民法院应当向人民检察院说明情况，要求人民检察院补充收集、调取证据。

第二十六条【证人证言】 毒品案件的证人证言，应当重点审查以下内容：

（一）证人证言的来源。审查证人对证明的案件事实是来自其直接感知，还是道听途说。证人猜测性、评论性、推断性的证言，不能作为定案的根据；

（二）证人证言的真实性。与被告人和案件处理结果没有利害关系的证人，其证言一般较为客观、真实；对存在利害关系的证人证言，应综合其他证据审查判断其证言的客观真实性；

（三）证人的作证能力。不同的证人，其感知能力、记忆能力和表达能力也有不同，在审查中要细加辨别。处于精神疾患、明显醉酒、麻醉品中毒或者精神药物麻醉状态，不能正确认知、表达的证人所提供的证言，不能作为定案的根据；

（四）证言的收集程序。经审查，对确认或不能排除是采取暴力、威胁等非法方法收集的证人证言，应当排除。证人证言形式要件存在瑕疵，但通过补正或者作出合理解释的，可以采用；不能补正或合理解释的，不能作为定案的根据；

（五）证人翻证的，重点审查证人原证的背景、翻证的理由、翻证的内容是否有其他证据印证等。证人当庭作出的证言与其庭前证言矛盾，证人能够作出合理解释，并有相关证据印证的，应当采信其当庭证言；不能作出合理解释，而其庭前证言有相关证据印证的，可以采信其庭前证言；

经人民法院通知，证人没有正当理由拒绝出庭或者出庭后拒绝作证，法庭对其证言的真实性无法确认的，该证人证言不得作为定案的根据。

第二十七条【被告人供述】 毒品案件的被告人供述，应当重点审查以下内容：

（一）讯问程序的合法性。重点审查讯问被告人是否依法进行，被告人供述有无以刑讯逼供等非法手段获取的情形。对于确认或者不能排除存在采用刑讯逼供或者冻、饿、晒、烤、疲劳审讯等非法方法取得被告人供述的，相关证据应当排除。

除情况紧急必须现场讯问以外，对于在规定的办案场所外讯问取得的被告人供述，未依法对讯问进行全程录音或录像取得的被告人供述，应当排除；

（二）讯问笔录的制作是否符合法律规定。讯问笔录存在填写的讯问起止时间、讯问人、记录人、法定代理人等有误或者存在矛盾的、讯问人没有签名的、首次讯问没有告知被讯问人相关权利和法律规定等瑕疵的，经补正或者作出合理解释的，可以采用；不能补正或者作出合理解释的，不能作为定案的根据；

（三）被告人翻供的，注意审查被告人原供的背景、翻供的原因、翻供时不同阶段的变化、翻供的内容有无其他证据印证等；

对于被告人庭前多次供述一致，庭审中翻供，被告人不能合理说明翻供理由或者其辩解与全案证据相矛盾，而庭前供述与其他证据能够相互印证的，可以采纳被告人庭前供述。被告人庭前口供反复，而庭审中供述与其他证据能够印证的，可以采纳庭审中的供述。被告人庭前口供反复，庭审中翻供且无其他证据与庭前供述印证的，被告人庭前供述不能作为定案的根据。

第二十八条【零物证】 对于毒品、毒资等证据已不存在的毒品犯罪案件，只有被告人的口供与同案其他被告人供述吻合，并且完全排除诱供、逼供、串供等情形，被告人的口供与同案被告人的供述才可以作为定案的根据。

第二十九条【鉴定意见】 毒品案件的鉴定意见，应当重点审查鉴定程序是否合法，形式要件是否完备，检材的来源、取得、保管、送检是否符合法律及有关规定，抽样提取检材的方法和鉴定过程是否符合专业规范要求，检材是否充足、可靠等。

对于鉴定违反程序规定的，鉴定文书缺少签名、盖章必备要件的，抽样检材数量和鉴定过程方法违反专业规范要求的鉴定意见，不能作为定案的根据。

第三十条【勘验检查笔录】 毒品案件的勘验、检查笔录，应当重点审查制作程序是否符合法律和有关规定，笔录上所记载的物证、痕迹、场地环境情况等与现场收集到的实物证据是否吻合；文字记录以及绘图、现场录像、拍照等与所反映的案件事实是否相互对应；现场重要情况有无遗漏，文字表述是否确切，数字是否准确无误；笔录所表述的内容有无推测、臆断；补充勘验、检查的，是否说明再次勘验、检查的理由，前后勘验、检查的情况是否矛盾等。

勘验、检查笔录存在明显不符合法律、有关规定的情形，不能作出合理解释或者说明的，不能作为定案的根据。

第三十一条【辨认要求】 毒品案件的辨认，应当重点审查是否采用混杂辨认的方式。对被告人辨认的,被辨认的人数是否不少于七人;对被告人照片进行辨认的,被辨认的照片是否不少于十人;对物品辨认的,混杂的同类物品是否不少于五件。

辨认的过程、方法以及辨认笔录的制作违反符合法律、有关规定,不能确定辨认笔录真实性的,不能作为定案的根据。

第三十二条【视听资料与电子数据】毒品案件的视听资料、电子数据,应当重点审查以下内容:

(一)视听资料是否载明制作人或者持有人的身份、制作的时间、地点和条件以及制作方法;

(二)调取的视听资料、电子数据是复制件的,是否附有制作过程和原件存放地点的说明,是否有制作人和原视听资料持有人签名或者盖章;内容和制作过程是否真实,有无经过剪辑、增加、删改、编辑等情形。

对视听资料、电子数据有疑问的,应当进行鉴定。视听资料、电子数据经审查或者鉴定无法确定真伪的,不能作为定案的根据。

三、证据综合审查

第三十三条【证明力审查】对证据的证明力,应当根据毒品案件的具体情况,从证据与事实、证据与证据之间的联系等方面进行审查判断。证据之间具有内在联系,共同指向同一待证事实,不存在无法排除的矛盾和无法解释的疑问,才能作为定案的根据。

第三十四条【证据充分标准】全案证据经综合审查,符合以下证明标准的,可以认定被告人有罪:

(一)案件事实均有查证属实的证据证明;

(二)证据之间相互印证,全案证据能形成完整的证明体系;

(三)认定的案件事实已排除合理怀疑,结论具有唯一性。

第三十五条【量刑其他考虑】被告人的量刑证据,除审查毒品的数量、成分和含量外,还应当重点审查以下内容:

(一)被告人是否具有毒品犯罪集团首要分子、武装掩护毒品犯罪、暴力抗拒检查、拘留或者逮捕、参与有组织的国际贩毒活动等情节;

(二)被告人是否具有毒品再犯、累犯、利用、教唆未成年人实施毒品犯罪,或者向未成年人出售毒品等情节;

（三）被告人是否具有多次走私、贩卖、运输、制造毒品，向多人贩卖毒品，在毒品犯罪中诱使、容留多人吸毒，在戒毒监管场所贩毒，国家工作人员利用职务便利实施毒品犯罪，或者职业犯、惯犯、主犯等情节；

（四）被告人的刑事责任年龄，是否怀孕，是否存在自首和立功情节，毒品是否流入社会，被告人是否受人指使或雇佣，是否系特情引诱犯罪，被告人亲属是否协助抓获被告人等情节。

第三十六条【证据存疑有利被告】对被告人定罪的证据确实、充分，但影响量刑的证据存疑的，应当在量刑时作出有利于被告人的处理。

第三十七条【被告人年龄认定】审查被告人犯罪时是否达到法定责任年龄，一般应当以户籍证明为依据；对户籍证明有异议的，应当根据户籍证明、出生证明文件、学籍卡、人口普查登记、无利害关系人的证言等证据综合判断。

证明被告人已满十四周岁、十六周岁、十八周岁或者不满七十五周岁的证据不足的，应当认定被告人不满十四周岁、不满十六周岁、不满十八周岁或者已满七十五周岁。

第三十八条【特情介入】运用特情侦破的毒品案件，应当重点审查特情介入毒品案件的形式和程度，对已持有毒品待售或者有证据证明已准备实施大宗毒品犯罪者，采取特情贴靠、接洽而破获的案件，不属犯罪引诱，应当依法处理。

被告人本没有实施毒品犯罪的主观意图，而是在特情诱惑和促成下形成犯意，进而实施毒品犯罪的，属于"犯意引诱"。被告人本来只有实施数量较小的毒品犯罪的故意，在特情引诱下实施了数量较大的毒品犯罪的，属于"数量引诱"。对因"犯意引诱"、"数量引诱"实施毒品犯罪的被告人，根据罪刑相适应原则，依法从宽处罚。

被告人在特情既为其安排上线，又提供下线的，属于"双套引诱"。对因"双套引诱"下实施毒品犯罪的被告人，可予以更大幅度的从宽处罚或者依法免予刑事处罚。

第四十条【主观明知】审查判断被告人主观上是否明知行为对象是毒品时，应当综合考虑案件中的各种客观实际情况，审查被告人实施毒品犯罪行为的过程、行为方式、毒品被查获时的情形和环境等证据材料，结合被告人的年龄、阅历、智力及掌握相关知识情况，综合进行分析判断。

被告人对携带、运输物品中被查获的毒品能做出合理解释，有证据证明确实受蒙骗，辩解有事实依据或者合乎情理的，不能推定其主观上对行为对象是毒品的明知。

第四十一条【制毒行为审查】 加工、配制毒品的案件，应当重点审查被告人制造毒品的行为、方法。采用毒品原植物直接提炼和用化学方法加工、配制毒品的，以及以改变毒品成分和效用为目的，用混合等物理方法加工、配制毒品的，属于制造毒品的行为。为便于隐蔽运输、销售、使用、欺骗购买者，或者为了增重，对毒品掺杂使假，添加或者去除其他非毒品物质，不属于制造毒品的行为。

第四十二条【技侦证据】 侦查机关通过技术侦查措施收集的物证、书证及其他证据材料，经查证属实，在刑事诉讼中可以作为证据使用。对于使用该证据可能危及有关人员的人身安全，或者可能产生其他严重后果的，审判人员可以在庭外对证据进行核实。

对采取技术侦查措施收集的材料进行庭外核实的，审判人员可以通知检察人员、侦查人员到场，共同进行。审判人员对核实有关材料的内容、过程等情况，应当制作笔录，笔录由侦查机关的技术侦查部门、在场参加核实人员签字确认。

第四十三条【破案经过】 毒品案件的破案经过，应当重点审查是否全面反映案件的来源、如何开展侦查工作、采取哪些侦查措施、如何确定犯罪嫌疑人、如何抓捕犯罪嫌疑人等具体环节的内容，破案经过是否清晰、具体、合理。破案经过不清楚、不细致、有疑点的，应当要求侦查机关补充相关材料。

第二章 证人证言、被害人陈述的审查与判断

证人证言、被害人陈述属于言词证据，也称人证，具有主观性和易变性等特点，但二者有各自独立的特征。证人证言应符合直接感知规则，亲身感知，具有生动、形象、具体、丰富等"活"特点，真实性一般优于被告人供述。同时，证人证言受主观因素影响较大，易产生虚假陈述，有的是故意为之，有的是无意错证。被害人是犯罪的对象，具有直接的痛苦感受力，被害人陈述的内容来源于真切感知，但基于对犯罪的痛恨，可能会夸大事实，作出有意虚假陈述；有的因恐惧、受伤等因素，出现感知错误或偏差，作出无意的失真陈述。鉴于被害人陈述的取证规则可参考证人证言的取证规则，本书仅对证人证言的审查予以分析。

一、证人证言的关联性

关联性作为现代证据制度的基本原则，其内涵包括以下三方面：一是禁止接受任何无关联、逻辑上没有证明作用的材料作为认定案件事实的依据；二是以关联性为基础建立起来的现代证据制度，原则上要求法官采纳具有关联性的证据，鼓励采纳对案件待证事实具有证明价值的证据；三是关联性的检验标准是逻辑和一般经验。其关键问题是，证据材料能否与事实认定者先前的知识和经验联系起来，从而理性地理解并处理该证据，并通过经验推论作出准确事实认定。因此，一切与案件定罪量刑无关联的证人证言均不得被作为定案依据。

二、证人证言不能作为定案根据的情形

（一）证言内容不是证人的直接感知

直接感知是证人证言的基本要求，即证人亲眼看到或耳朵听到自己要证

实的事情,为原始证据。经过转述、复制等中间环节后形成的证言为传来证据,如其来源不真实,或者中间环节出现加工、增减等情形,则证言的证明力会降低。

例如,在"王某军强奸罪案"中,安徽省高级人民法院认为,证人樊某的证言虽证明,被害人田某说其被王某军强奸,但该证言属于传来证据。其中,关于强奸行为发生的内容都是被害人田某事后向其转述的,樊某当时并不在案发现场,所证明的内容并非本人直接感知,故该证言不能证明被害人田某被强奸。

(二)证人作证时的年龄、生理状况和精神状态影响作证

人有视觉、听觉、嗅觉、味觉、触觉等诸感觉。生理上有缺陷,或者精神状态有障碍的人,其认知、记忆和表达能力均会受到影响。因犯罪的隐蔽性,证人感知一般是片段的、非系统的。因此,证人感知能力如何与证言准确与否、全面与否有关系。

例如,在"吴某光非法侵入住宅案"中,广东省茂名市中级人民法院认为,证人吴某曾患精神病,对于其所患精神病是否治愈、何时治愈,没有医院、医生作出的诊断证明书证实。吴某作证当时的精神状态是否正常,没有鉴定意见证实,存有疑问。吴某应被视为精神上有缺陷,不能辨别是非、不能正确表达的人,故不能作证人。

(三)立案前收集的证据,立案后未重新收集

大量法律法规明文规定了侦查必须依法定程序进行。例如,《刑事诉讼法》第112条规定:"人民法院、人民检察院或者公安机关对于报案、控告、举报和自首的材料,应当按照管辖范围,迅速进行审查,认为有犯罪事实需要追究刑事责任的时候,应当立案……"《最高人民法院、最高人民检察院、公安部、国家安全部、司法部印发〈关于办理刑事案件严格排除非法证据若干问题的规定〉的通知》(以下简称《严格排除非法证据规定》)第8条规定:"侦查机关应当依照法定程序开展侦查,收集、调取能够证实犯罪嫌疑人有罪或者无罪、罪轻或者罪重的证据材料。"《公安机关办理刑事案件程序规定》第178条规定:"公安机关接受案件后,经审查,认为有犯罪事实需要追究刑事责任,且属于自己管辖的,经县级以上公安机关负责人批准,予以立案……"第191条规定:"公安机关对已经立案的刑事案件,应当及时进行侦

查、全面、客观地收集、调取犯罪嫌疑人有罪或者无罪、罪轻或者罪重的证据材料。"可见，上述法律法规规定了公安机关立案之后开始行使侦查取证权。

立案是启动刑事侦查的起始时间。实务中，行政机关移送刑事案件时，证据材料中常见证人证言笔录等言词证据，侦查机关决定刑事立案后，应当重新收集证据。但有一种例外情形，依据《最高人民检察院、公安部关于公安机关办理经济犯罪案件的若干规定》第 18 条的规定，在立案审查中，发现案件事实或者线索不明的，经公安机关办案部门负责人批准，可以依照有关规定采取询问、查询、勘验、鉴定和调取证据材料等不限制被调查对象人身、财产权利的措施。

例如，在"汪某新故意伤害案"中，四川省峨眉山市人民法院认为，言词证据具有较强的主观性，容易发生变化，可变性强。该案中证人证言均系在立案前收集，立案后没有经过公安机关重新收集、制作，不能作为刑事证据使用。

再如，在"李某敏、刘某丽敲诈勒索、重婚案"中，河北省迁安市人民法院认为，关于重婚罪，因侦查机关未对二被告刑事立案，所取得的证据不具有合法性，故二被告不构成重婚罪。

（四）违反个别询问原则

证人必须根据自己感知的案件事实独立提供证言，不能受其他人员的干扰和影响。通过集体回忆相互启发、相互印证而取得证言的真实性不足。为防止询问人员人为地"串证"，保证证人独立地作证，法律规定询问证人应当个别进行。

例如，在"徐某桃失火案"中，湖北省罗田县人民法院认为，侦查人员先询问证人叶某某，后讯问被告人徐某桃，在此期间，对叶某某、徐某桃没有采取隔离措施，且叶某某作为在场人在徐某桃的讯问笔录上签名，不能排除证人与被告人存在串通的可能。

（五）笔录未经证人核对签名并确认

为保证书面证言真实反映证人陈述的实际情况，及时固定证据，法律规定书面证言的形式要件，即询问笔录应当经证人核对，证人不能正常阅读核对的，应当向其宣读。笔录有遗漏或错误之处的，可以予以补充或修改。必要时，证人可以提供亲笔证言。因此，书面证言未经证人核对并签名、捺指印的，无法保证书面证言是由证人提供，并无法确认其真实性。

（六）涉及未成年证人、未成年犯罪嫌疑人或被告人时未通知合适的成年人到场

合适的成年人在场可以弥补未成年人作证能力的不足。同时，可以预防司法机关在诉讼活动中对未成年证人违法取证，起到监督作用。《刑事诉讼法》规定，对于未成年人刑事案件，在讯问和审判的时候，应当通知未成年犯罪嫌疑人、被告人的法定代理人到场。无法通知、法定代理人不能到场或者法定代理人是共犯的，也可以通知未成年犯罪嫌疑人、被告人的其他成年亲属，所在学校、单位、居住地基层组织或者未成年人保护组织的代表到场，并将有关情况记录在案。到场的法定代理人可以代为行使未成年犯罪嫌疑人、被告人的诉讼权利。

（七）询问地点不符合规定，无法作出合理解释

《刑事诉讼法》第124条规定："侦查人员询问证人，可以在现场进行，也可以到证人所在单位、住处或者证人提出的地点进行，在必要的时候，可以通知证人到人民检察院或者公安机关提供证言……"可见，为了保证证人自然地提供证言，一般而言，询问证人的地点优先尊重证人的选择。为避免不适环境对证人造成负面心理影响，应选择最合适其作证的地点。

（八）未告知相关权利和义务，不能补正或无法作出合理解释

法院首次询问证人之前，需出示《证人诉讼权利义务告知书》，载明证人有使用本民族语言文字的权利、有申请保护的权利、有核对笔录的权利、有提出申诉或控告的权利。同时，《刑事诉讼法》第125条规定："询问证人，应当告知他应当如实地提供证据、证言和有意作伪证或者隐匿罪证要负的法律责任。"为防止证人作伪证，在询问之前告知证人相应的义务，有利于督促证人认识如实作证的法律责任。

例如，在"周某挪用公款案"中，河北省邯郸市涉县人民法院认为，公诉机关提供的证人证言系立案之前收集，且对于未告知证人有关权利义务和法律责任的情况没有进行补正或者作出合理解释的证据，依法不能作为定案的依据。

（九）询问特殊证人时未提供手势辅助或者翻译辅助

《公安机关办理刑事案件程序规定》第204条规定："讯问聋、哑的犯罪嫌疑人，应当有通晓聋、哑手势的人参加，并在讯问笔录上注明犯罪嫌疑人的聋、哑情况，以及翻译人员的姓名、工作单位和职业。讯问不通晓当地语言文字的犯罪嫌疑人，应当配备翻译人员。"同理，询问聋、哑等特殊证人的，应当提供翻译帮助。需要注意的是，聋、哑手语有普通话版和方言版，当对相关证言内容的真实性存疑时，需要实质审查翻译内容的准确性与规范性。

（十）证人与本案有利害关系

对于证人证言，应当着重审查证人与案件当事人、案件处理结果有无利害关系。有利害关系的证人作证通常分两种：一种是说有利于犯罪嫌疑人的"好话"；另一种是说有害于犯罪嫌疑人的"坏话"。同时，需要结合在案其他证据向办案机关说明证人证言存在失真的风险。

例如，在"蔡某良故意伤害案"中，青海省西宁市城北区人民法院认为，证人宋某在案发之初称没有看到谁打的被害人，但时间越往后对此事的记忆越清晰，此情形不符合感知记忆的客观规律。被害人系证人宋某的堂兄弟，宋某与本案有一定利害关系，应着重审查与慎重使用其所作的不利于被告人的证言，并审查有无其他证据印证。

（十一）以暴力、威胁、引诱、欺骗、暗示等手段取得的证言，不具有证据能力

侦查机关收集证人证言时，不得使用暴力、威胁、引诱、欺骗、暗示等禁止性手段。如果有上述行为，则可以参照被告人供述的非法证据排除程序予以强制排除，参见本书第八章。

三、行政执法过程中收集的证言不得作为刑事诉讼的证据

《刑事诉讼法》第54条第2款规定："行政机关在行政执法和查办案件过程中收集的物证、书证、视听资料、电子数据等证据材料，在刑事诉讼中可以作为证据使用。"行政机关收集的上述四种证据属于实物类证据，具有相对稳定性较大、证明力价值较高的优势，且灭失后难以重新收集。证人证言属

于言词类证据,具有较强的主观性,容易发生变化,而行政机关依据行政法律法规取证的程序要求明显不如刑事诉讼的程序要求严格。在刑事诉讼中对证人证言进行重新收集,让证人在更为严格的刑事诉讼权利、义务背景下叙述事实,有利于保证证言具有较强的可信性,也更有利于查明案件事实。因此,行政执法过程中收集的证言不得直接作为刑事诉讼的证据,应当按照刑事诉讼程序重新收集。

例如,在"王某余、秦某英容留卖淫案"中,法院认为,公安机关在查处卖淫嫖娼活动中收集的言词证据可以作为行政处罚的证据,但不得直接作为刑事诉讼证据。公诉机关提供的10份嫖娼人员询问笔录,是按照行政处罚程序收集的证据,不能据其认定指控的相关容留卖淫事实。

四、意见证据不得作为证据使用及例外

意见证据规则是指证人具有猜测性、评论性、推断性的证言不得作为证据使用(根据日常生活经验判断符合事实的除外)。猜测是指猜度、揣测、凭某些线索推断。评论是指对于人物或事理加以批评议论。推断是指根据事实或前提推论。通过猜测、评论和推断对原始事实加工分析,可以形成一种新的事实。法律确立意见证据排除规则的理由主要在于普通证人的意见往往带有主观片面性,会干扰裁判者对案件事实的正确判断。例如,在"李某某涉黑案"中,公诉机关出示10位证人的书面证言对李某某的为人、品行进行负面评价,辩护人则认为属于评论性证言,不具有真实性,也缺乏相应证据佐证,不得作为证据使用。

但是,证人的意见符合一般生活经验判断时,意见可以被作为证据使用。根据司法证明的原理和审判实务经验,符合一般生活经验判断的证言有以下几种情形:①难以与案件事实分开的意见,如"闻起来一身的酒味";②对观察对象身体外形、精神状态等的描述性意见,如"他看上去面目狰狞";③直接基于个人经验的常识性判断意见,如"车速大概有每小时80千米";④比较事物的同一性和相似性的意见,如"我认为那电话里的声音就是张三的声音";⑤关于温度、湿度、风力等气候情况的意见,如"我觉得房间里的温度有30摄氏度以上";⑥关于物品的价值、数量、性质、颜色等的意见,如"我觉得那个东西挺贵的"。

五、传闻证据排除规则的运用

无论证言内容是否直接来自案件事实,只要不是证人自己在法庭上作出的陈述,便都属于传闻证据的范畴。传闻证据排除规则是英美法系国家的重要证据规则。我国尚未建立传闻证据排除规则,完善证人出庭作证制度是当前司法改革的重要任务。对于疑难和复杂、被告人及其辩护人坚持作无罪辩护、控辩双方对事实和证据分歧极大或被告人提出非法证据排除请求的案件,证据是诉讼的基石,证人不出庭可能会严重影响案件的公正裁决。从辩护角度看,当书面证言的真实性存疑,而该证言关系到案件定性或重大量刑时,应本着"应出尽出"理念,申请证人出庭作证,接受法庭的交叉询问;证人没有正当理由拒绝出庭或者出庭后拒绝作证,法庭对其证言的真实性无法确认的,该证人证言不得作为定案的根据。

六、与其他证据能否印证

(一)多次证言之间相互矛盾

在单个证据审查中,分析某证言的多次陈述,如有矛盾,需要分析矛盾是否符合逻辑与经验,如果是根本性矛盾,对证言必须谨慎采纳,结合其他证据进行综合评判。

例如,在"何某某交通肇事案"中,陕西省西安市周至县人民法院认为,随着时间的推移,包括蒋某怀的证言在内的多份证人证言虽然多次发生变化,但最后各证人证言之间基本得到印证。但是,由于证言的传来性、主观性、不稳定性等特点,在客观证据缺失的情况下,仅凭前后不稳定的证言不足以认定何某某发生交通事故的事实。

(二)与全案其他证据矛盾,不真实

审查刑事案件证据,需要在审查单个证据真实性、关联性、合法性的基础上综合分析全案证据的证明力。证据之间存在无法排除的矛盾和疑点,无法得出唯一结论的,不应作为定案依据。

"聂某斌案"无罪判决书中显示:原审卷宗内侯某某的两份证言均称,其妻康某于1994年8月5日12:55离家上班,后未再见面。而在该案复查和再审期间,侯某某多次称,当年他的证言中有关与其妻最后见面的时间肯定不对，他8月5日23：00左右与其妻见了最后一面。可见，关于作案时间的认定，侯某某的证言前后矛盾。此外，聂某斌的供述反复，尸检报告未明确被害人死亡时间。综合全案证据，对聂某斌作案时间的认定存在重大疑问。

总之，证人证言、被害人陈述具有不稳定性，审查讯问、询问笔录时，发现内容可疑的，应向法庭申请证人、被害人出庭作证，同时综合全案证据，恰当地评判其证明力。只有坚持直接言词原则，完善证人、鉴定人、侦查人员出庭作证制度，依法排除可靠性存疑的传闻证据，才能有效维护被告人及其辩护人的质证权，实现法庭审理的实质化，确保通过法庭审判的程序公正实现案件裁判的实质公正。

【本章相关法律规定节选】

◆ 中华人民共和国刑事诉讼法

（2018年10月26日修正）

第四十三条【调查证人】辩护律师经证人或者其他有关单位和个人同意，可以向他们收集与本案有关的材料，也可以申请人民检察院、人民法院收集、调取证据，或者申请人民法院通知证人出庭作证。

辩护律师经人民检察院或者人民法院许可，并且经被害人或者其近亲属、被害人提供的证人同意，可以向他们收集与本案有关的材料。

第四十四条【取证禁止】辩护人或者其他任何人，不得帮助犯罪嫌疑人、被告人隐匿、毁灭、伪造证据或者串供，不得威胁、引诱证人作伪证以及进行其他干扰司法机关诉讼活动的行为。

违反前款规定的，应当依法追究法律责任，辩护人涉嫌犯罪的，应当由办理辩护人所承办案件的侦查机关以外的侦查机关办理。辩护人是律师的，应当及时通知其所在的律师事务所或者所属的律师协会。

第六十一条【法庭质证】证人证言必须在法庭上经过公诉人、被害人和被告人、辩护人双方质证并且查实以后，才能作为定案的根据。法庭查明证人有意作伪证或者隐匿罪证的时候，应当依法处理。

第六十二条【作证义务】凡是知道案件情况的人，都有作证的义务。

生理上、精神上有缺陷或者年幼，不能辨别是非、不能正确表达的人，不能作证人。

第六十三条【保护证人】 人民法院、人民检察院和公安机关应当保障证人及其近亲属的安全。

对证人及其近亲属进行威胁、侮辱、殴打或者打击报复，构成犯罪的，依法追究刑事责任；尚不够刑事处罚的，依法给予治安管理处罚。

第六十四条【保护措施】 对于危害国家安全犯罪、恐怖活动犯罪、黑社会性质的组织犯罪、毒品犯罪等案件，证人、鉴定人、被害人因在诉讼中作证，本人或者其近亲属的人身安全面临危险的，人民法院、人民检察院和公安机关应当采取以下一项或者多项保护措施：

（一）不公开真实姓名、住址和工作单位等个人信息；

（二）采取不暴露外貌、真实声音等出庭作证措施；

（三）禁止特定的人员接触证人、鉴定人、被害人及其近亲属；

（四）对人身和住宅采取专门性保护措施；

（五）其他必要的保护措施。

证人、鉴定人、被害人认为因在诉讼中作证，本人或者其近亲属的人身安全面临危险的，可以向人民法院、人民检察院、公安机关请求予以保护。

人民法院、人民检察院、公安机关依法采取保护措施，有关单位和个人应当配合。

第六十五条【作证补助】 证人因履行作证义务而支出的交通、住宿、就餐等费用，应当给予补助。证人作证的补助列入司法机关业务经费，由同级政府财政予以保障。

有工作单位的证人作证，所在单位不得克扣或者变相克扣其工资、奖金及其他福利待遇。

第一百九十二条【出庭条件】 公诉人、当事人或者辩护人、诉讼代理人对证人证言有异议，且该证人证言对案件定罪量刑有重大影响，人民法院认为证人有必要出庭作证的，证人应当出庭作证。

人民警察就其执行职务时目击的犯罪情况作为证人出庭作证，适用前款规定。

公诉人、当事人或者辩护人、诉讼代理人对鉴定意见有异议，人民法院认为鉴定人有必要出庭的，鉴定人应当出庭作证。经人民法院通知，鉴定人拒不出庭作证的，鉴定意见不得作为定案的根据。

第一百九十三条【强制出庭】 经人民法院通知，证人没有正当理由不出庭作证的，人民法院可以强制其到庭，但是被告人的配偶、父母、子女除外。

证人没有正当理由拒绝出庭或者出庭后拒绝作证的，予以训诫，情节严重的，经院长批准，处以十日以下的拘留。被处罚人对拘留决定不服的，可以向上一级人民法院申请复议。复议期间不停止执行。

第一百九十四条【发问证人】证人作证，审判人员应当告知他要如实地提供证言和有意作伪证或者隐匿罪证要负的法律责任。公诉人、当事人和辩护人、诉讼代理人经审判长许可，可以对证人、鉴定人发问。审判长认为发问的内容与案件无关的时候，应当制止。

审判人员可以询问证人、鉴定人。

◆ 最高人民法院关于适用《中华人民共和国刑事诉讼法》的解释

（2021年1月26日 法释〔2021〕1号）

第四章 证 据

第三节 证人证言、被害人陈述的审查与认定

第八十七条【审查内容】对证人证言应当着重审查以下内容：

（一）证言的内容是否为证人直接感知；

（二）证人作证时的年龄，认知、记忆和表达能力，生理和精神状态是否影响作证；

（三）证人与案件当事人、案件处理结果有无利害关系；

（四）询问证人是否个别进行；

（五）询问笔录的制作、修改是否符合法律、有关规定，是否注明询问的起止时间和地点，首次询问时是否告知证人有关权利义务和法律责任，证人对询问笔录是否核对确认；

（六）询问未成年证人时，是否通知其法定代理人或者刑事诉讼法第二百八十一条第一款规定的合适成年人到场，有关人员是否到场；

（七）有无以暴力、威胁等非法方法收集证人证言的情形；

（八）证言之间以及与其他证据之间能否相互印证，有无矛盾；存在矛盾的，能否得到合理解释。

第八十八条【排除情形】处于明显醉酒、中毒或者麻醉等状态，不能正

常感知或者正确表达的证人所提供的证言，不得作为证据使用。

证人的猜测性、评论性、推断性的证言，不得作为证据使用，但根据一般生活经验判断符合事实的除外。

第八十九条【强制排除】 证人证言具有下列情形之一的，不得作为定案的根据：

（一）询问证人没有个别进行的；

（二）书面证言没有经证人核对确认的；

（三）询问聋、哑人，应当提供通晓聋、哑手势的人员而未提供的；

（四）询问不通晓当地通用语言、文字的证人，应当提供翻译人员而未提供的。

第九十条【可补正或解释】 证人证言的收集程序、方式有下列瑕疵，经补正或者作出合理解释的，可以采用；不能补正或者作出合理解释的，不得作为定案的根据：

（一）询问笔录没有填写询问人、记录人、法定代理人姓名以及询问的起止时间、地点的；

（二）询问地点不符合规定的；

（三）询问笔录没有记录告知证人有关权利义务和法律责任的；

（四）询问笔录反映出在同一时段，同一询问人员询问不同证人的；

（五）询问未成年人，其法定代理人或者合适成年人不在场的。

第九十一条【当庭证言审查】 证人当庭作出的证言，经控辩双方质证、法庭查证属实的，应当作为定案的根据。

证人当庭作出的证言与其庭前证言矛盾，证人能够作出合理解释，并有其他证据印证的，应当采信其庭审证言；不能作出合理解释，而其庭前证言有其他证据印证的，可以采信其庭前证言。

经人民法院通知，证人没有正当理由拒绝出庭或者出庭后拒绝作证，法庭对其证言的真实性无法确认的，该证人证言不得作为定案的根据。

第九十二条【被害人陈述审查标准】 对被害人陈述的审查与认定，参照适用本节的有关规定。

第二百四十九条【证人出庭】 公诉人、当事人或者辩护人、诉讼代理人对证人证言有异议，且该证人证言对定罪量刑有重大影响，或者对鉴定意见有异议，人民法院认为证人、鉴定人有必要出庭作证的，应当通知证人、鉴定人出庭。

控辩双方对侦破经过、证据来源、证据真实性或者合法性等有异议,申请调查人员、侦查人员或者有关人员出庭,人民法院认为有必要的,应当通知调查人员、侦查人员或者有关人员出庭。

◆ 人民检察院刑事诉讼规则
(2019年12月30日　高检发释字〔2019〕4号)

第六十五条【监委证据使用】监察机关依照法律规定收集的物证、书证、证人证言、被调查人供述和辩解、视听资料、电子数据等证据材料,在刑事诉讼中可以作为证据使用。

第四百零四条【证人出庭】公诉人对证人证言有异议,且该证人证言对案件定罪量刑有重大影响的,可以申请人民法院通知证人出庭作证。

人民警察就其执行职务时目击的犯罪情况作为证人出庭作证,适用前款规定。

公诉人对鉴定意见有异议的,可以申请人民法院通知鉴定人出庭作证。经人民法院通知,鉴定人拒不出庭作证的,公诉人可以建议法庭不予采纳该鉴定意见作为定案的根据,也可以申请法庭重新通知鉴定人出庭作证或者申请重新鉴定。

必要时,公诉人可以申请法庭通知有专门知识的人出庭,就鉴定人作出的鉴定意见提出意见。

当事人或者辩护人、诉讼代理人对证人证言、鉴定意见有异议的,公诉人认为必要时,可以申请人民法院通知证人、鉴定人出庭作证。

第四百零五条【出庭方式】证人应当由人民法院通知并负责安排出庭作证。

对于经人民法院通知而未到庭的证人或者出庭后拒绝作证的证人的证言笔录,公诉人应当当庭宣读。

对于经人民法院通知而未到庭的证人的证言笔录存在疑问,确实需要证人出庭作证,且可以强制其到庭的,公诉人应当建议人民法院强制证人到庭作证和接受质证。

第四百零六条【发言次序】证人在法庭上提供证言,公诉人应当按照审判长确定的顺序向证人发问。可以要求证人就其所了解的与案件有关的事实进行陈述，也可以直接发问。

证人不能连贯陈述的，公诉人可以直接发问。

向证人发问，应当针对证言中有遗漏、矛盾、模糊不清和有争议的内容，并着重围绕与定罪量刑紧密相关的事实进行。

发问采取一问一答形式，提问应当简洁、清楚。

证人进行虚假陈述的，应当通过发问澄清事实，必要时可以宣读在侦查、审查起诉阶段制作的该证人的证言笔录或者出示、宣读其他证据。

当事人和辩护人、诉讼代理人向证人发问后，公诉人可以根据证人回答的情况，经审判长许可，再次向证人发问。

询问鉴定人、有专门知识的人参照上述规定进行。

第四百零七条【作证保护措施】 必要时，公诉人可以建议法庭采取不暴露证人、鉴定人、被害人外貌、真实声音等出庭作证保护措施，或者建议法庭根据刑事诉讼法第一百五十四条的规定在庭外对证据进行核实。

◆ 公安机关办理刑事案件程序规定

（2020 年 7 月 20 日　公安部令第 159 号）

第七十三条【作证义务】 凡是知道案件情况的人，都有作证的义务。

生理上、精神上有缺陷或者年幼，不能辨别是非，不能正确表达的人，不能作证人。

对于证人能否辨别是非，能否正确表达，必要时可以进行审查或者鉴别。

第七十四条【保护证人】 公安机关应当保障证人及其近亲属的安全。

对证人及其近亲属进行威胁、侮辱、殴打或者打击报复，构成犯罪的，依法追究刑事责任；尚不够刑事处罚的，依法给予治安管理处罚。

第七十五条【保护措施】 对危害国家安全犯罪、恐怖活动犯罪、黑社会性质的组织犯罪、毒品犯罪等案件，证人、鉴定人、被害人因在侦查过程中作证，本人或者其近亲属的人身安全面临危险的，公安机关应当采取以下一项或者多项保护措施：

（一）不公开真实姓名、住址、通讯方式和工作单位等个人信息；

（二）禁止特定的人员接触被保护人；

（三）对被保护人的人身和住宅采取专门性保护措施；
（四）将被保护人带到安全场所保护；
（五）变更被保护人的住所和姓名；
（六）其他必要的保护措施。

证人、鉴定人、被害人认为因在侦查过程中作证，本人或者其近亲属的人身安全面临危险，向公安机关请求予以保护，公安机关经审查认为符合前款规定的条件，确有必要采取保护措施的，应当采取上述一项或者多项保护措施。

公安机关依法采取保护措施，可以要求有关单位和个人配合。

案件移送审查起诉时，应当将采取保护措施的相关情况一并移交人民检察院。

第七十六条【化名保护】 公安机关依法决定不公开证人、鉴定人、被害人的真实姓名、住址、通讯方式和工作单位等个人信息的，可以在起诉意见书、询问笔录等法律文书、证据材料中使用化名等代替证人、鉴定人、被害人的个人信息。但是，应当另行书面说明使用化名的情况并标明密级，单独成卷。

第七十七条【经费保障】 证人保护工作所必需的人员、经费、装备等，应当予以保障。

证人因履行作证义务而支出的交通、住宿、就餐等费用，应当给予补助。证人作证的补助列入公安机关业务经费。

第二百零六条【笔录核对】 讯问笔录应当交犯罪嫌疑人核对；对于没有阅读能力的，应当向他宣读。如果记录有遗漏或者差错，应当允许犯罪嫌疑人补充或者更正，并捺指印。笔录经犯罪嫌疑人核对无误后，应当由其在笔录上逐页签名、捺指印，并在末页写明"以上笔录我看过（或向我宣读过），和我说的相符"。拒绝签名、捺指印的，侦查人员应当在笔录上注明。

讯问笔录上所列项目，应当按照规定填写齐全。侦查人员、翻译人员应当在讯问笔录上签名。

第二百零七条【亲笔供述】 犯罪嫌疑人请求自行书写供述的，应当准许；必要时，侦查人员也可以要求犯罪嫌疑人亲笔书写供词。犯罪嫌疑人应当在亲笔供词上逐页签名、捺指印。侦查人员收到后，应当在首页右上方写明"于某年某月某日收到"，并签名。

第二百一十条【询问地点和程序】询问证人、被害人，可以在现场进行，也可以到证人、被害人所在单位、住处或者证人、被害人提出的地点进行。在必要的时候，可以书面、电话或者当场通知证人、被害人到公安机关提供证言。

询问证人、被害人应当个别进行。

在现场询问证人、被害人，侦查人员应当出示人民警察证。到证人、被害人所在单位、住处或者证人、被害人提出的地点询问证人、被害人，应当经办案部门负责人批准，制作询问通知书。询问前，侦查人员应当出示询问通知书和人民警察证。

第二百一十一条【询问规范】询问前，应当了解证人、被害人的身份，证人、被害人、犯罪嫌疑人之间的关系。询问时，应当告知证人、被害人必须如实地提供证据、证言和有意作伪证或者隐匿罪证应负的法律责任。

侦查人员不得向证人、被害人泄露案情或者表示对案件的看法，严禁采用暴力、威胁等非法方法询问证人、被害人。

第二百一十二条 本规定第二百零六条、第二百零七条的规定，也适用于询问证人、被害人。

◆ 最高人民法院关于全面推进以审判为中心的刑事诉讼制度改革的实施意见

（2017年2月17日 法发〔2017〕5号）

14.【证人出庭】控辩双方对证人证言有异议，人民法院认为证人证言对案件定罪量刑有重大影响的，应当通知证人出庭作证。控辩双方申请证人出庭的，人民法院通知证人出庭后，申请方应当负责协助相关证人到庭。

证人没有正当理由不出庭作证的，人民法院在必要时可以强制证人到庭。

根据案件情况，可以实行远程视频作证。

15.【鉴定人出庭】控辩双方对鉴定意见有异议，人民法院认为鉴定人有必要出庭的，应当通知鉴定人出庭作证。

16.【保护措施】证人、鉴定人、被害人因出庭作证，本人或者其近亲属的人身安全面临危险的，人民法院应当采取不公开其真实姓名、住址、工作单位和联系方式等个人信息，或者不暴露其外貌、真实声音等保护措施。必要时,可以建议有关机关采取专门性保护措施。

人民法院应当建立证人出庭作证补助专项经费机制,对证人出庭作证所支出的交通、住宿、就餐等合理费用给予补助。

29.【证言采信】证人没有出庭作证,其庭前证言真实性无法确认的,不得作为定案的根据。证人当庭作出的证言与其庭前证言矛盾,证人能够作出合理解释,并与相关证据印证的,可以采信其庭审证言;不能作出合理解释,而其庭前证言与相关证据印证的,可以采信其庭前证言。

经人民法院通知,鉴定人拒不出庭作证的,鉴定意见不得作为定案的根据。

◆ **最高人民法院、最高人民检察院、公安部、国家安全部、司法部关于办理死刑案件审查判断证据若干问题的规定**

（2010年6月13日 法发〔2010〕20号）

第十五条【排除情形】具有下列情形的证人,人民法院应当通知出庭作证;经依法通知不出庭作证证人的书面证言经质证无法确认的,不能作为定案的根据:

（一）人民检察院、被告人及其辩护人对证人证言有异议,该证人证言对定罪量刑有重大影响的;

（二）人民法院认为其他应当出庭作证的。

证人在法庭上的证言与其庭前证言相互矛盾,如果证人当庭能够对其翻证作出合理解释,并有相关证据印证的,应当采信庭审证言。

对未出庭作证证人的书面证言,应当听取出庭检察人员、被告人及其辩护人的意见,并结合其他证据综合判断。未出庭作证证人的书面证言出现矛盾,不能排除矛盾且无证据印证的,不能作为定案的根据。

第十六条【保护措施】证人作证,涉及国家秘密或者个人隐私的,应当保守秘密。

证人出庭作证,必要时,人民法院可以采取限制公开证人信息、限制询问、遮蔽容貌、改变声音等保护性措施。

◆ 最高人民检察院关于适用《关于办理死刑案件审查判断证据若干问题的规定》和《关于办理刑事案件排除非法证据若干问题的规定》的指导意见

(2010年12月30日　高检发研字〔2010〕13号)

10.【全部移送】 对犯罪嫌疑人供述和证人证言、被害人陈述，要结合全案的其他证据，综合审查其内容的客观真实性，同时审查侦查机关（部门）是否将每一次讯问、询问笔录全部移送。对以刑讯逼供等非法手段取得的犯罪嫌疑人供述和采用暴力、威胁等非法手段取得的证人证言、被害人陈述，应当依法排除；对于使用其他非法手段获取的犯罪嫌疑人供述、证人证言、被害人陈述，根据其违法危害程度与刑讯逼供和暴力、威胁手段是否相当，决定是否依法排除。

15.【审查内容】 审查证人证言、被害人陈述，应当注意对询问程序、方式、内容以及询问笔录形式的审查。发现不符合规定的，应当要求侦查机关（部门）补正或者说明。注意审查证人、被害人能否辨别是非、正确表达，必要时进行询问、了解，同时审查证人、被害人作证是否个别进行；对证人、被害人在法律规定以外的地点接受询问的，应当审查其原因，必要时对该证言或者陈述进行复核。对证人证言、被害人陈述的内容是否真实，应当结合其他证据综合判断。对于犯罪嫌疑人及其辩护人或者证人、被害人提出侦查机关（部门）采用暴力、威胁等非法手段取证的，应当告知其要如实提供相关证据或者线索，并认真核查。

第三章 犯罪嫌疑人、被告人供述与辩解

第一节 犯罪嫌疑人、被告人供述和辩解的审查与判断

犯罪嫌疑人、被告人供述和辩解是犯罪嫌疑人、被告人就有关案件的事实情况向司法机关作的陈述（俗称为口供），具有直接证明案件事实、多有虚假的成分、易出现反复的特点。尽管强调重视实物证据和科学证据的运用，但在司法实务中，口供仍然是重要的定案依据。比如，一对一的行贿受贿案件、强奸案件、毒品犯罪案件等，缺乏口供难以定案。因此，有必要重视对口供的审查判断。

一、讯问程序的合法性

（一）讯问主体

讯问人员需要具备办案资格，如公安机关的讯问人员应当是正式编制的人民警察，应注意识别辅警代替其审讯的情形；讯问人数不得少于2人，如只有1人讯问，可对口供的合法性提出异议，又没有同步录音录像予以证明或者合理解释的，讯问笔录不得作为定案依据。

（二）讯问地点

《公安机关办理刑事案件程序规定》第198条规定，讯问犯罪嫌疑人的地点有四种情形：一是紧急情况的现场讯问，如现场查获毒品犯罪活动可现场简要讯问犯罪嫌疑人；二是犯罪嫌疑人归案后至送看守所关押之前，应当在公安机关执法办案场所的讯问室讯问；三是对于已送交看守所关押的犯罪嫌疑人，应当在看守所讯问室提讯；四是对有严重伤病或者残疾、行动不便的，

以及正在怀孕的犯罪嫌疑人，在其住处或者就诊的医疗机构进行讯问。除了以上情形，侦查机关在规定的办案场所之外讯问取得的供述应当排除。

（三）讯问时限

侦查机关传唤、拘传犯罪嫌疑人的时间不得超过12小时；案情特别重大、复杂，需要采取拘留措施的，传唤的最长时限不得超过24小时，决定拘留后24小时内必须送往看守所。不得以连续传唤、拘传的方式变相拘禁犯罪嫌疑人。传唤、拘传犯罪嫌疑人，应当保证其饮食和必要的休息时间。

例如，在"吴某贪污案"中，侦查机关采用上下级机关轮流审讯的方式连续讯问吴某长达30多个小时，没有给予吴某必要的休息时间，属于疲劳审讯。法院认为，这种高强度的疲劳审讯，对公民基本权利的侵害程度与刑讯逼供相当，相关供述应当依法排除。

（四）讯问辅助人员

侦查人员在审讯聋、哑、不通晓当地通用语言和文字的犯罪嫌疑人时，应当提供适格的翻译人员进行同步翻译，以保障上述犯罪嫌疑人的合法权利和诉讼活动的顺利进行。

（五）讯问到场人员

讯问未成年犯罪嫌疑人，应当通知其法定代理人到场。法定代理人不能到场或者法定代理人是共犯的，也可以通知未成年犯罪嫌疑人的其他成年亲属，所在学校、单位、居住地基层组织或者未成年人保护组织的代表到场，并将有关情况记录在案。到场的法定代理人可以代为行使未成年犯罪嫌疑人的诉讼权利。如果没有适格成年人到场，需要合理解释；不能解释的，供述自愿性和真实性存在疑问，则予以排除。

例如，在"郑某敏、燕某芳抢劫案"中，二审法院认为，关于本案中部分讯问、询问笔录，人身检查、辨认笔录，精神病学司法鉴定未通知法定代理人到场，是否应予采信的问题，根据《刑事诉讼法》第281条的规定，在本案中，公安机关在第一次讯问廖某和询问未成年证人时已通知老师到场，虽存在一定的瑕疵，但对廖某之后的讯问均依法通知了其父亲或母亲到场，且廖某多次的供述均稳定一致，第一次讯问没有通知其法定代理人到场对其整体供述的真实性不构成实质影响。同时，考虑到刑事案件的特殊性、当时的情境及每位证人情况的不同，公安机关在询问未成年证人时没有通知他们的法定代理人到场具有一定的合理性，且本案中未成年证人的证言均为间接证据，对于廖某犯罪的定性和量刑没有直接的影响。此外，我国法律没有关于未成年人人身检查、辨认及精神病学司法鉴定必须通知法定代理人到场的规定。

（六）分别讯问

分别讯问是审讯的基本要求，其目的是防止串供，保证犯罪嫌疑人不受他人干扰，影响供述的真实性。有的供述开始时存在矛盾，共同犯罪的犯罪嫌疑人在互相见面后翻供并且供述趋于一致，无法排除串供可能性，对相关供述应予以排除。

（七）首次讯问权利告知

按照规定，首次讯问笔录材料中附有犯罪嫌疑人签名的权利义务告知书，但无法明确是在讯问前签署的，还是讯问结束后补签的，需要结合讯问同步录音录像或办案场所的监控来审查。出现上述瑕疵，能够补正或者作出合理解释的，可以采用；不能补正或者作出合理解释的，不得作为定案的根据。

（八）讯问笔录核对确认

侦查机关对犯罪嫌疑人讯问完毕后，应当将笔录交其核对，犯罪嫌疑人有权核对笔录内容是否真实、完整，有错误之处有权修改，确认无误后签名。讯问笔录没有经犯罪嫌疑人、被告人核对确认，足以影响笔录内容与案件的关联性、真实性的，不得作为定案的根据。

例如，在"李某林盗伐林木、盗窃案"中，一审法院认为，关于公诉机关指控被告人贾某、李某林共同犯罪一节，经查，除被告人贾某2018年3月17日的第一次讯问笔录供述之外，没有其他证据证明被告人李某林明知贾某盗伐林木而予以帮助，又因为该份笔录没有经被告人贾某核对确认，依照《最高人民法院关于适用〈中华人民共和国刑事诉讼法〉的解释》第94条的规定，该讯问笔录不得作为定案的根据。

（九）讯问方法

讯问方法是否合法正当涉及非法证据排除规则，详见本书第六章，在此不再赘述。

二、口供真实性

(一) 稳定性

被告人全面与稳定的口供容易让法官形成内心确信。当被告人翻供时,办案人员需审查翻供的原因,结合印证规则来审查判断。被告人庭前供述和辩解存在反复,但庭审中供认,且与其他证据相互印证的,法院可以采信其庭审供述;被告人庭前供述和辩解存在反复,庭审中不供认,且无其他证据与庭前供述印证的,法院不得采信其庭前供述。

例如,在"张某环故意杀人案"中,再审法院认为,张某环的有罪供述真实性存疑,不能作为定案的根据。一是张某环的供述缺乏稳定性,存在从不供到供再翻供的变化;二是张某环两次有罪供述在杀人地点、作案工具、作案过程等方面存在明显矛盾。

(二) 合理性

受各种主客观因素影响,被告人认罪后翻供或辩解是司法实践中的常见情形。应审查口供是否符合逻辑、常情、常理,与在案其他证据证明的个体因素、犯罪动机、手段是否相互印证、有无矛盾。有同步讯问录音录像的案件,可以结合录音录像观察被告人翻供和辩解的身体姿态和语言变化,进而识别被告人是否说谎。

例如,在"聂某斌案"无罪判决中,根据聂某斌供述及相关证人证言,聂家当时经济条件较好,聂某斌骑的是价值 400 余元的山地车,月工资有几百元,并不缺吃少穿,衬衣有多件。无任何证据证明聂某斌此前有过偷盗等劣迹,也无任何证据表明其对女士衣物感兴趣,而涉案上衣是一件长仅 61.5 厘米且破口缝补的女式花上衣,显然不适合聂某斌穿着,故法院认为聂某斌所供偷拿该花上衣自穿,不合常理。

(三) 时间性

注意口供与其他证据取得的先后时间、顺序,审查是"先供后证",还是"先证后供"。一般而言,"先供后证"的供述真实性较高,尤其是根据被告人的供述、指认提取到了隐蔽性很强的物证、书证,且被告人的供述与其他证明犯罪事实发生的证据相互印证,并排除串供、逼供、诱供等可能性的,可以认定被告人有罪。当然,"先证后供"的,排除了串供、逼供、诱供等非法取证的可能性，可与其他证据印证，也可以作为定案依据。反之，则不得作为定案依据。

例如，在"张某等人故意杀人、抢劫案"无罪判决中，法院认为，5名原审被告人归案之初均作无罪供述，随后就故意杀人的情节供述混乱，继而有罪供述逐步趋向一致，最后又全部翻供。本案证据均系"先证后供"，即现场勘查、尸体鉴定、相关证人作证在先，原审被告人供述在2年之后，各原审被告人在归案之前均知道被害人被害的事实，其供述亦未超出现场勘查、尸体鉴定、证人证言所证明的内容。5名原审被告人虽作过有罪供述，但5人在预谋提议及参加人、与被害人相遇地点、几人上车作案及所坐位置、作案及抛尸过程、作案后的去向等主要情节上，不但各自供述前后不一致，而且各原审被告人供述之间互相矛盾，不能相互印证。5名原审被告人有罪供述中对加害致死被害人后抛尸的情节与现场勘查笔录、法医鉴定等客观性证据证明的部分情况不吻合。

（四）印证性

相互补强印证是审查言词证据的基本原则，又称印证规则，是判断口供真实性的基本方法。印证规则要求口供与其他证据（尤其是实物证据）相互印证，及时发现并补强证据体系中的薄弱环节，确保口供与其他证据之间的矛盾能够得到排除或合理解释。

例如，在"余某锋交通肇事案"中，法院认为，在客观上，本案证据存在缺陷、在案证据之间缺乏内在关联，无法形成有效印证。由于没有调取到案发当日乐天大酒店、余某锋所述行车轨迹的监控视频，没有调取到余某锋、陈某、余某桂、余某良、杨某华等人的通话记录，没有提取肇事车辆上的有关物品、痕迹、生物检材等物证，没有根据余某锋的供述提取到任何隐蔽性证据，致使本案缺乏将余某锋与肇事现场或肇事现场车辆联系起来的客观性证据。

（五）细节性

虚假的口供往往会在细节中露出破绽。细节审查的方法有以下几方面：一是纵向比较，比对每次口供的变化或差异；二是横向比较，比对口供与口供之间、口供与其他证据是否存在矛盾；三是有讯问同步录音录像的，结合其审查口供，以有效找出细节性的差异；四是讯问笔录记载的内容与讯问录音录像存在实质性差异的,以讯问录音录像为准。

例如,在"王某明受贿案"中,供述笔录内容与录像中王某明的陈述存在几十处明显不符。比如,2014年6月27日15：08至15：21录像显示,办案人员讯问的问题是"在拨付工程款上,他对你有什么要求"？王某明回答称"没有什么要求,我们在付款上都是按照正常的程序,到我这个环节都及时给予审核,报所长来审批"。但与之对应的讯问笔录却变为办案人员询问："你拿到钱后,给予金某富的公司照顾了么？"王某明答复："照顾了,荣兴公司的工程款我都及时审核同意支付了。"

（六）全面性

全面收集并随案移送口供是侦查工作的基本要求。在讯问记录环节,有的侦查人员仅记录认罪供述,忽视无罪辩解;有的仅概括记录供述内容,忽视供述细节;有的复制粘贴此前的笔录,忽视供述变化。在移送环节,不移送无罪辩护和翻供陈述,有的选择性移送材料。针对以上情况,可以通过询问犯罪嫌疑人、被告人,核实提讯证与笔录的形成时间、审讯次数,从而审查口供的全面性。

例如,在"聂某斌案"中,法院认为,聂某斌被抓获之后前5天的讯问笔录缺失,严重影响了在卷讯问笔录的完整性和真实性。聂某斌被抓获之后前5天办案机关曾对其讯问且有笔录,其中既有有罪供述,也有无罪辩解,对原审卷宗内缺失该5天的讯问笔录,原办案人员没有作出合理解释。

三、同案被告人供述的证明价值

（一）同案被告人供述内容的真实性

同案被告人指证其他被告人涉案,通常会提出相应的理由或证据,常见的为互相指证对方为主犯,自己是从犯。可以从同案被告人之间平时的关系、犯罪预谋情况、犯罪分工和具体犯罪实施情况、犯罪后表现、双方联系情况与案情是否相关等,结合在案书证、违法所得分配等其他证据审查供述内容的真实性。

（二）同案被告人供述与其他证据的印证关系

根据印证证据规则的要求,同案被告人供述与其他证据的印证关系要结合实物证据来确定,如物证、书证、视听资料、电子数据。实物证据种类越多，印证点越多，表明供述的真实性程度较高；反之，供述的真实性较低。

（三）同案被告人供述的动态变化情况

同案被告人供述变化的原因在于：一种是基于恐惧、义气、串供、企图包揽罪行等，否认被告人参与作案，之后因认识到刑罚严重而指证被告人参与作案；另一种是基于推卸责任、陷害他人，先指证被告人参与作案，之后良心发现或无法自圆其说，则否定被告人参与作案。应注意审查供述不稳定、"时供时翻"的情形，根据案情和其他证据审查同案犯的指证或辩解是否合理。

例如，在"张某明聚众斗殴案"中，二审期间，同案犯刘某翻证证明张某明未参与打架，但不能合理解释，且缺乏其他证据印证，法院不予采信翻证证言。

总之，审查犯罪嫌疑人、被告人的口供，无论从哪个角度质证，最终都应以证据是否真实性不足或失真为落脚点，最大限度地审查其证明力。

第二节　口供补强规则的辩护运用

一、口供补强规则的概念

《刑事诉讼法》第55条第1款规定，对一切案件的判处都要重证据，重调查研究，不轻信口供。只有被告人供述，没有其他证据的，不能认定被告人有罪和处以刑罚；没有被告人供述，证据确实、充分的，可以认定被告人有罪和处以刑罚。

《最高人民法院关于适用〈中华人民共和国刑事诉讼法〉的解释》第141条规定，根据被告人的供述、指认提取到了隐蔽性很强的物证、书证，且被告人的供述与其他证明犯罪事实发生的证据相互印证，并排除串供、逼供、诱供等可能性的，可以认定被告人有罪。

根据上述规定，口供补强规则是指只能依据被告人供述定案时，还需要客观性证据相互印证，以验证口供真实性的一种证据规则。换言之，口供内容得不到其他证据印证，则其不具有证明力，不得作为定案根据。口供补强规则也可被称为证据相互印证规则。

二、口供补强规则的原理

通常而言，被告人有罪供述涉及犯罪的主体、对象、原因、时间、地点、手段、经过、后果等内容，包含犯罪构成要件的全部事实。裁判者只要采信供述，就完成了对被告人构成犯罪的主观判断过程。假如不确立口供补强规则，个别侦查机关存在重口供、轻调查研究的现象，则易导致刑讯逼供、威逼利诱等非法取证情况发生，无法保证口供的自愿性、真实性和可靠性，甚至造成冤假错案的发生。因此，口供补强规则具有避免轻信口供、防止误判、间接预防非法取证等诉讼意义。

三、口供补强规则的要求

第一，补强证据必须是适格证据，具备证据的"三性"（真实性、关联性、合法性），能够从某方面证明案件事实，同时能够对主证据进行补强。

第二，补强证据本身是实质独立的证据，与主证据的信息源没有关联。例如，同案被告人、被害人的陈述，以及被告人、被害人通过参加诉讼活动了解其他证据内容所作的修正、补充陈述等，因为来源不具有独立性，原则上不能作为补强证据使用。但是，在案发前犯罪嫌疑人所写的与其犯罪事实相关的日记、笔记、遗书、账本等证据，可以作为补强证据。

第三，补强证据之间、补强证据与主证据之间不存在矛盾或矛盾可以合理解释，证据形成过程符合逻辑和经验法则。

四、口供补强规则的运用

实务中，律师运用口供补强规则进行辩护时，可以参照以下四步法。

第一步：争点分析。分析存在争议的案件事实，提炼争议焦点，判断待证对象是客观行为，还是行为后果，是主观明知，还是有犯罪目的。

第二步：条件分析。分析争议焦点是否有证据证明，被告人的口供情况如何，是否有翻供。可以从三个角度分析：一是若只有口供直接关联，须明确被告人实施的犯罪行为；二是其他证据仅证明其他事实或难以判断口供的真实性；三是被告人已翻供或供述反复。

第三步：取证方法分析。针对被告人翻供案件，审查不利被告人的口供是否存在刑讯逼供等非法取证情形。根据《严格排除非法证据规定》等规定，非法取证的常见表现形式有刑讯逼供、威胁、引诱、欺骗、指供、引供、非法限制人身自由、重复性供述、讯问地点不合法、未告知权利义务、未核对笔录等。为排除非法证据，辩护律师需寻找相关线索或证据，可以审查讯问笔录、讯问过程同步录音录像、归案经过、情况说明、接案报告、证人证言、入所健康体检表、伤痕照片、办案区专用台账、办案区声像监控资料等证据，申请启动非法证据排除程序。

第四步：补强（印证）分析。可以按照以下四点要求分析其他证据是否能够补强口供：一是印证点的数量分析。印证点数量越多，补强效力越强。二是印证点的质量分析。印证的是一般情节，还是隐蔽情节；是概括性情节，还是案件细节；是核心犯罪情节，还是背景性情节。印证点的质量越高，补强效果越好。三是口供与补强证据的关系分析。补强证据来源于口供，则口供真实性强；补强证据非来源于口供，则不能直接证明口供的真实性。四是口供与补强证据形成的时间分析。"先供后证"，根据口供寻找客观性证据，口供的真实性较强；"先证后供"，口供形成在补强证据之后，不排除指供、引供的可能性，应重视审查口供的自愿性与真实性。

五、相关案例

例如，在"宋某富故意杀人无罪案"中，法院认为，宋某富有罪供述客观性未得到充分查实，所供细节与现场勘验检查、尸体检验等不吻合。宋某富所供报复伍某丁偷了其家的鸡和钱的作案动机未得到其母亲邱某某和老队长李某乙证实；所供作案工具"硬头黄"竹棒未找到；所供作案用菜刀上未发现伍某丁血迹等相关信息；所供用"硬头黄"竹棒打了伍某丁4下，而伍某丁背部、腰上无钝器伤或棍棒伤；所供用菜刀柄底部在伍某丁头部中间连剁4下并剁进去了，而伍某丁头部右额部有2条创口，左顶部有1条创口，左枕部有1条创口，右枕部有3条创口，共7条创口，创口数量、位置均不吻合；所供打击方向与伍某丁受伤位置不吻合；所供作案所穿衣裤、拖鞋均未发现伍某丁血迹等信息；现场没有发现与宋某富有关的痕迹、物品；伍某丁衣物上未检出宋某富的DNA信息。因此，宋某富有罪供述的合法性无法排除合理怀疑，客观性亦无法得到应有印证，不能作为定案依据。

例如，在"长春高某铭抢劫案"中，法院认为，被告人高某铭始终供认抢劫致人死亡的犯罪事实，根据其供述、指认提取到了隐蔽性很强的物证，并且能够排除串供、逼供、诱供等可能，可以认定有罪。一是根据被告人指认找到了其出售被害人李某珍项链的首饰加工店，赃物去向清楚。二是根据在案证据，亦能够认定被告人出售的项链为被害人生前佩戴的黄金项链。在案证人证言、从现场提取的烟蒂证明被告人有作案的时空条件，现场勘验、检查笔录证明案发现场遗留有被害人的一个黄金吊坠，尸体鉴定意见证明被害人系被钝器打击头部致颅脑损伤死亡。上述证据能够证明犯罪事实的发生，且能与被告人供述及前述提取的物证相互印证，足以定案。

综上，笔者通过"是什么、为什么、怎么样"的精要思路来解决问题，介绍了口供补强规则的概念、原理、运用步骤，并结合正反典型案例，总结法院裁判逻辑，指导律师运用口供补强规则办案。

【本章相关法律规定节选】

◆ **最高人民法院关于适用《中华人民共和国刑事诉讼法》的解释**

（2021年1月26日　法释〔2021〕1号）

第四节　被告人供述和辩解的审查与认定

第九十三条【审查内容】 对被告人供述和辩解应当着重审查以下内容：

（一）讯问的时间、地点，讯问人的身份、人数以及讯问方式等是否符合法律、有关规定；

（二）讯问笔录的制作、修改是否符合法律、有关规定，是否注明讯问的具体起止时间和地点，首次讯问时是否告知被告人有关权利和法律规定，被告人是否核对确认；

（三）讯问未成年被告人时，是否通知其法定代理人或者合适成年人到场，有关人员是否到场；

（四）讯问女性未成年被告人时，是否有女性工作人员在场；

（五）有无以刑讯逼供等非法方法收集被告人供述的情形；

（六）被告人的供述是否前后一致，有无反复以及出现反复的原因；

（七）被告人的供述和辩解是否全部随案移送；

（八）被告人的辩解内容是否符合案情和常理，有无矛盾；

（九）被告人的供述和辩解与同案被告人的供述和辩解以及其他证据能否

相互印证，有无矛盾；存在矛盾的，能否得到合理解释。

必要时，可以结合现场执法音视频记录、讯问录音录像、被告人进出看守所的健康检查记录、笔录等，对被告人的供述和辩解进行审查。

第九十四条【强制排除情形】 被告人供述具有下列情形之一的，不得作为定案的根据：

（一）讯问笔录没有经被告人核对确认的；

（二）讯问聋、哑人，应当提供通晓聋、哑手势的人员而未提供的；

（三）讯问不通晓当地通用语言、文字的被告人，应当提供翻译人员而未提供的；

（四）讯问未成年人，其法定代理人或者合适成年人不在场的。

第九十五条【限制排除情形】 讯问笔录有下列瑕疵，经补正或者作出合理解释的，可以采用；不能补正或者作出合理解释的，不得作为定案的根据：

（一）讯问笔录填写的讯问时间、讯问地点、讯问人、记录人、法定代理人等有误或者存在矛盾的；

（二）讯问人没有签名的；

（三）首次讯问笔录没有记录告知被讯问人有关权利和法律规定的。

第九十六条【翻供认定】 审查被告人供述和辩解，应当结合控辩双方提供的所有证据以及被告人的全部供述和辩解进行。

被告人庭审中翻供，但不能合理说明翻供原因或者其辩解与全案证据矛盾，而其庭前供述与其他证据相互印证的，可以采信其庭前供述。

被告人庭前供述和辩解存在反复，但庭审中供认，且与其他证据相互印证的，可以采信其庭审供述；被告人庭前供述和辩解存在反复，庭审中不供认，且无其他证据与庭前供述印证的，不得采信其庭前供述。

◆ **人民检察院刑事诉讼规则**

（2019年12月30日　高检发释字〔2019〕4号）

第八十三条【拘传到案后立即讯问】 拘传的时间从犯罪嫌疑人到案时开始计算。犯罪嫌疑人到案后，应当责令其在拘传证上填写到案时间，签名或者盖章，并捺指印，然后立即讯问。拘传结束后，应当责令犯罪嫌疑人在拘传证上填写拘传结束时间。犯罪嫌疑人拒绝填写的，应当在拘传证上注明。

一次拘传持续的时间不得超过十二小时；案情特别重大、复杂，需要采取拘留、逮捕措施的，拘传持续的时间不得超过二十四小时。两次拘传间隔的时间一般不得少于十二小时，不得以连续拘传的方式变相拘禁犯罪嫌疑人。

拘传犯罪嫌疑人，应当保证犯罪嫌疑人的饮食和必要的休息时间。

第八十四条【拘传地点】 人民检察院拘传犯罪嫌疑人，应当在犯罪嫌疑人所在市、县内的地点进行。

犯罪嫌疑人工作单位与居住地不在同一市、县的，拘传应当在犯罪嫌疑人工作单位所在的市、县内进行；特殊情况下，也可以在犯罪嫌疑人居住地所在的市、县内进行。

第九章 侦查

第二节 讯问犯罪嫌疑人

第一百八十二条【讯问主体】 讯问犯罪嫌疑人，由检察人员负责进行。讯问时，检察人员或者检察人员和书记员不得少于二人。

讯问同案的犯罪嫌疑人，应当个别进行。

第一百八十三条【传唤程序】 对于不需要逮捕、拘留的犯罪嫌疑人，可以传唤到犯罪嫌疑人所在市、县内的指定地点或者到他的住处进行讯问。

传唤犯罪嫌疑人，应当出示传唤证和工作证件，并责令犯罪嫌疑人在传唤证上签名或者盖章，并捺指印。

犯罪嫌疑人到案后，应当由其在传唤证上填写到案时间。传唤结束时，应当由其在传唤证上填写传唤结束时间。拒绝填写的，应当在传唤证上注明。

对在现场发现的犯罪嫌疑人，经出示工作证件，可以口头传唤，并将传唤的原因和依据告知被传唤人。在讯问笔录中应当注明犯罪嫌疑人到案时间、到案经过和传唤结束时间。

本规则第八十四条第二款的规定适用于传唤犯罪嫌疑人。

第一百八十四条【告知家属】 传唤犯罪嫌疑人时，其家属在场的，应当当场将传唤的原因和处所口头告知其家属，并在讯问笔录中注明。其家属不在场的，应当及时将传唤的原因和处所通知被传唤人家属。无法通知的，应当在讯问笔录中注明。

第一百八十五条【传唤时限】 传唤持续的时间不得超过十二小时。案情特别重大、复杂，需要采取拘留、逮捕措施的，传唤持续的时间不得超过二十四小时。两次传唤间隔的时间一般不得少于十二小时，不得以连续传唤的方式变相拘禁犯罪嫌疑人。

传唤犯罪嫌疑人，应当保证犯罪嫌疑人的饮食和必要的休息时间。

第一百八十六条【提讯地点】 犯罪嫌疑人被送交看守所羁押后，检察人员对其进行讯问，应当填写提讯、提解证，在看守所讯问室进行。

因辨认、鉴定、侦查实验或者追缴犯罪有关财物的需要，经检察长批准，可以提押犯罪嫌疑人出所，并应当由两名以上司法警察押解。不得以讯问为目的将犯罪嫌疑人提押出所进行讯问。

第一百八十七条【讯问顺序】 讯问犯罪嫌疑人一般按照下列顺序进行：

（一）核实犯罪嫌疑人的基本情况，包括姓名、出生年月日、户籍地、公民身份号码、民族、职业、文化程度、工作单位及职务、住所、家庭情况、社会经历、是否属于人大代表、政协委员等；

（二）告知犯罪嫌疑人在侦查阶段的诉讼权利，有权自行辩护或者委托律师辩护，告知其如实供述自己罪行可以依法从宽处理和认罪认罚的法律规定；

（三）讯问犯罪嫌疑人是否有犯罪行为，让他陈述有罪的事实或者无罪的辩解，应当允许其连贯陈述。

犯罪嫌疑人对检察人员的提问，应当如实回答。但是对与本案无关的问题，有拒绝回答的权利。

讯问犯罪嫌疑人时，应当告知犯罪嫌疑人将对讯问进行全程同步录音、录像。告知情况应当在录音、录像中予以反映，并记明笔录。

讯问时，对犯罪嫌疑人提出的辩解要认真查核。严禁刑讯逼供和以威胁、引诱、欺骗以及其他非法的方法获取供述。

第一百八十八条【笔录制作规范】 讯问犯罪嫌疑人，应当制作讯问笔录。讯问笔录应当忠实于原话，字迹清楚，详细具体，并交犯罪嫌疑人核对。犯罪嫌疑人没有阅读能力的，应当向他宣读。如果记载有遗漏或者差错，应当补充或者改正。犯罪嫌疑人认为讯问笔录没有错误的，由其在笔录上逐页签名或者盖章，并捺指印，在末页写明"以上笔录我看过（向我宣读过），和我说的相符"，同时签名或者盖章，并捺指印，注明日期。如果犯罪嫌疑人拒绝签名、盖章、捺指印的，应当在笔录上注明。讯问的检察人员、书记员也应当在笔录上签名。

第一百八十九条【亲笔供述规范】犯罪嫌疑人请求自行书写供述的,检察人员应当准许。必要时,检察人员也可以要求犯罪嫌疑人亲笔书写供述。犯罪嫌疑人应当在亲笔供述的末页签名或者盖章,并捺指印,注明书写日期。检察人员收到后,应当在首页右上方写明"于某年某月某日收到",并签名。

第一百九十条【讯问过程同录】人民检察院办理直接受理侦查的案件,应当在每次讯问犯罪嫌疑人时,对讯问过程实行全程录音、录像,并在讯问笔录中注明。

第二百六十三条【捕诉讯问】对于公安机关提请批准逮捕、移送起诉的案件,检察人员审查时发现存在本规则第七十五条第一款规定情形的,可以调取公安机关讯问犯罪嫌疑人的录音、录像并审查相关的录音、录像。对于重大、疑难、复杂的案件,必要时可以审查全部录音、录像。

对于监察机关移送起诉的案件,认为需要调取有关录音、录像的,可以商监察机关调取。

对于人民检察院直接受理侦查的案件,审查时发现负责侦查的部门未按照本规则第七十五条第三款的规定移送录音、录像或者移送不全的,应当要求其补充移送。对取证合法性或者讯问笔录真实性等产生疑问的,应当有针对性地审查相关的录音、录像。对于重大、疑难、复杂的案件,可以审查全部录音、录像。

第二百六十四条【审查方法】经审查讯问犯罪嫌疑人录音、录像,发现公安机关、本院负责侦查的部门讯问不规范,讯问过程存在违法行为,录音、录像内容与讯问笔录不一致等情形的,应当逐一列明并向公安机关、本院负责侦查的部门书面提出,要求其予以纠正、补正或者书面作出合理解释。发现讯问笔录与讯问犯罪嫌疑人录音、录像内容有重大实质性差异的,或者公安机关、本院负责侦查的部门不能补正或者作出合理解释的,该讯问笔录不能作为批准或者决定逮捕、提起公诉的依据。

第二百八十条【逮捕讯问】人民检察院办理审查逮捕案件,可以讯问犯罪嫌疑人;具有下列情形之一的,应当讯问犯罪嫌疑人:

(一) 对是否符合逮捕条件有疑问的;

(二) 犯罪嫌疑人要求向检察人员当面陈述的;

(三) 侦查活动可能有重大违法行为的;

(四) 案情重大、疑难、复杂的;

（五）犯罪嫌疑人认罪认罚的；

（六）犯罪嫌疑人系未成年人的；

（七）犯罪嫌疑人是盲、聋、哑人或者是尚未完全丧失辨认或者控制自己行为能力的精神病人的。

讯问未被拘留的犯罪嫌疑人，讯问前应当听取公安机关的意见。

办理审查逮捕案件，对被拘留的犯罪嫌疑人不予讯问的，应当送达听取犯罪嫌疑人意见书，由犯罪嫌疑人填写后及时收回审查并附卷。经审查认为应当讯问犯罪嫌疑人的，应当及时讯问。

第四百六十五条【未成年案件】 在审查逮捕、审查起诉中，人民检察院应当讯问未成年犯罪嫌疑人，听取辩护人的意见，并制作笔录附卷。辩护人提出书面意见的，应当附卷。对于辩护人提出犯罪嫌疑人无罪、罪轻或者减轻、免除刑事责任、不适宜羁押或者侦查活动有违法情形等意见的，检察人员应当进行审查，并在相关工作文书中叙明辩护人提出的意见，说明是否采纳的情况和理由。

讯问未成年犯罪嫌疑人，应当通知其法定代理人到场，告知法定代理人依法享有的诉讼权利和应当履行的义务。到场的法定代理人可以代为行使未成年犯罪嫌疑人的诉讼权利，代为行使权利时不得损害未成年犯罪嫌疑人的合法权益。

无法通知、法定代理人不能到场或者法定代理人是共犯的，也可以通知未成年犯罪嫌疑人的其他成年亲属，所在学校、单位或者居住地的村民委员会、居民委员会、未成年人保护组织的代表到场，并将有关情况记录在案。未成年犯罪嫌疑人明确拒绝法定代理人以外的合适成年人到场，且有正当理由的，人民检察院可以准许，但应当在征求其意见后通知其他合适成年人到场。

到场的法定代理人或者其他人员认为检察人员在讯问中侵犯未成年犯罪嫌疑人合法权益提出意见的，人民检察院应当记录在案。对合理意见，应当接受并纠正。讯问笔录应当交由到场的法定代理人或者其他人员阅读或者向其宣读，并由其在笔录上签名或者盖章，并捺指印。

讯问女性未成年犯罪嫌疑人，应当有女性检察人员参加。

询问未成年被害人、证人，适用本条第二款至第五款的规定。询问应当以一次为原则，避免反复询问。

第四百六十六条【不使用戒具】 讯问未成年犯罪嫌疑人应当保护其人格尊严。

讯问未成年犯罪嫌疑人一般不得使用戒具。对于确有人身危险性必须使用戒具的，在现实危险消除后应当立即停止使用。

◆ 公安机关办理刑事案件程序规定

（2020年7月20日　公安部令第159号）

第十一条【翻译】 公安机关办理刑事案件，对不通晓当地通用的语言文字的诉讼参与人，应当为他们翻译。

在少数民族聚居或者多民族杂居的地区，应当使用当地通用的语言进行讯问。对外公布的诉讼文书，应当使用当地通用的文字。

第四十三条【委托律师权利告知】 公安机关在第一次讯问犯罪嫌疑人或者对犯罪嫌疑人采取强制措施的时候，应当告知犯罪嫌疑人有权委托律师作为辩护人，并告知其如果因经济困难或者其他原因没有委托辩护律师的，可以向法律援助机构申请法律援助。告知的情形应当记录在案。

对于同案的犯罪嫌疑人委托同一名辩护律师的，或者两名以上未同案处理但实施的犯罪存在关联的犯罪嫌疑人委托同一名辩护律师的，公安机关应当要求其更换辩护律师。

第七十八条【讯问地点】 公安机关根据案件情况对需要拘传的犯罪嫌疑人，或者经过传唤没有正当理由不到案的犯罪嫌疑人，可以拘传到其所在市、县公安机关执法办案场所进行讯问。

需要拘传的，应当填写呈请拘传报告书，并附有关材料，报县级以上公安机关负责人批准。

第一百二十八条【刑拘后24小时内讯问】 对被拘留的人，应当在拘留后二十四小时以内进行讯问。发现不应当拘留的，应当经县级以上公安机关负责人批准，制作释放通知书，看守所凭释放通知书发给被拘留人释放证明书，将其立即释放。

第一百四十四条【逮捕后24小时内讯问】 对被逮捕的人，必须在逮捕后的二十四小时以内进行讯问。发现不应当逮捕的，经县级以上公安机关负责人批准，制作释放通知书，送看守所和原批准逮捕的人民检察院。看守所凭释放通知书立即释放被逮捕人，并发给释放证明书。

第八章 侦 查

第二节 讯问犯罪嫌疑人

第一百九十八条【讯问地点】 讯问犯罪嫌疑人，除下列情形以外，应当在公安机关执法办案场所的讯问室进行：

（一）紧急情况下在现场进行讯问的；

（二）对有严重伤病或者残疾、行动不便的，以及正在怀孕的犯罪嫌疑人，在其住处或者就诊的医疗机构进行讯问的。

对于已送交看守所羁押的犯罪嫌疑人，应当在看守所讯问室进行讯问。

对于正在被执行行政拘留、强制隔离戒毒的人员以及正在监狱服刑的罪犯，可以在其执行场所进行讯问。

对于不需要拘留、逮捕的犯罪嫌疑人，经办案部门负责人批准，可以传唤到犯罪嫌疑人所在市、县公安机关执法办案场所或者到他的住处进行讯问。

第一百九十九条【传唤手续】 传唤犯罪嫌疑人时，应当出示传唤证和侦查人员的人民警察证，并责令其在传唤证上签名、捺指印。

犯罪嫌疑人到案后，应当由其在传唤证上填写到案时间。传唤结束时，应当由其在传唤证上填写传唤结束时间。犯罪嫌疑人拒绝填写的，侦查人员应当在传唤证上注明。

对在现场发现的犯罪嫌疑人，侦查人员经出示人民警察证，可以口头传唤，并将传唤的原因和依据告知被传唤人。在讯问笔录中应当注明犯罪嫌疑人到案方式，并由犯罪嫌疑人注明到案时间和传唤结束时间。

对自动投案或者群众扭送到公安机关的犯罪嫌疑人，可以依法传唤。

第二百条【传唤时限】 传唤持续的时间不得超过十二小时。案情特别重大、复杂，需要采取拘留、逮捕措施的，经办案部门负责人批准，传唤持续的时间不得超过二十四小时。不得以连续传唤的形式变相拘禁犯罪嫌疑人。

传唤期限届满，未作出采取其他强制措施决定的，应当立即结束传唤。

第二百零一条【权利保障】 传唤、拘传、讯问犯罪嫌疑人，应当保证犯罪嫌疑人的饮食和必要的休息时间，并记录在案。

第二百零二条【讯问主体】 讯问犯罪嫌疑人，必须由侦查人员进行。讯问的时候,侦查人员不得少于二人。

讯问同案的犯罪嫌疑人,应当个别进行。

第二百零三条【首次讯问程序】侦查人员讯问犯罪嫌疑人时,应当首先讯问犯罪嫌疑人是否有犯罪行为,并告知犯罪嫌疑人享有的诉讼权利,如实供述自己罪行可以从宽处理以及认罪认罚的法律规定,让他陈述有罪的情节或者无罪的辩解,然后向他提出问题。

犯罪嫌疑人对侦查人员的提问,应当如实回答。但是对与本案无关的问题,有拒绝回答的权利。

第一次讯问,应当问明犯罪嫌疑人的姓名、别名、曾用名、出生年月日、户籍所在地、现住地、籍贯、出生地、民族、职业、文化程度、政治面貌、工作单位、家庭情况、社会经历,是否属于人大代表、政协委员,是否受过刑事处罚或者行政处理等情况。

第二百零四条【特殊人员的翻译】讯问聋、哑的犯罪嫌疑人,应当有通晓聋、哑手势的人参加,并在讯问笔录上注明犯罪嫌疑人的聋、哑情况,以及翻译人员的姓名、工作单位和职业。

讯问不通晓当地语言文字的犯罪嫌疑人,应当配备翻译人员。

第二百零五条【如实记录口供】侦查人员应当将问话和犯罪嫌疑人的供述或者辩解如实地记录清楚。制作讯问笔录应当使用能够长期保持字迹的材料。

第二百零六条【核对笔录】讯问笔录应当交犯罪嫌疑人核对;对于没有阅读能力的,应当向他宣读。如果记录有遗漏或者差错,应当允许犯罪嫌疑人补充或者更正,并捺指印。笔录经犯罪嫌疑人核对无误后,应当由其在笔录上逐页签名、捺指印,并在末页写明"以上笔录我看过(或向我宣读过),和我说的相符"。拒绝签名、捺指印的,侦查人员应当在笔录上注明。

讯问笔录上所列项目,应当按照规定填写齐全。侦查人员、翻译人员应当在讯问笔录上签名。

第二百零七条【亲笔供状】犯罪嫌疑人请求自行书写供述的,应当准许;必要时,侦查人员也可以要求犯罪嫌疑人亲笔书写供词。犯罪嫌疑人应当在亲笔供词上逐页签名、捺指印。侦查人员收到后,应当在首页右上方写明"于某年某月某日收到",并签名。

第二百零八条【同录要求】讯问犯罪嫌疑人,在文字记录的同时,可以对讯问过程进行录音录像。对于可能判处无期徒刑、死刑的案件或者其他重大犯罪案件，应当对讯问过程进行录音录像。

前款规定的"可能判处无期徒刑、死刑的案件"，是指应当适用的法定刑或者量刑档次包含无期徒刑、死刑的案件。"其他重大犯罪案件"，是指致人重伤、死亡的严重危害公共安全犯罪、严重侵犯公民人身权利犯罪，以及黑社会性质组织犯罪、严重毒品犯罪等重大故意犯罪案件。

对讯问过程录音录像的，应当对每一次讯问全程不间断进行，保持完整性。不得选择性地录制，不得剪接、删改。

第二百零九条【有利嫌犯证据附卷】 对犯罪嫌疑人供述的犯罪事实、无罪或者罪轻的事实、申辩和反证，以及犯罪嫌疑人提供的证明自己无罪、罪轻的证据，公安机关应当认真核查；对有关证据，无论是否采信，都应当如实记录、妥善保管，并连同核查情况附卷。

第三百二十三条【在场人权利】 讯问未成年犯罪嫌疑人，应当通知未成年犯罪嫌疑人的法定代理人到场。无法通知、法定代理人不能到场或者法定代理人是共犯的，也可以通知未成年犯罪嫌疑人的其他成年亲属，所在学校、单位、居住地或者办案单位所在地基层组织或者未成年人保护组织的代表到场，并将有关情况记录在案。到场的法定代理人可以代为行使未成年犯罪嫌疑人的诉讼权利。

到场的法定代理人或者其他人员提出侦查人员在讯问中侵犯未成年人合法权益的，公安机关应当认真核查，依法处理。

第三百二十四条【讯问方式】 讯问未成年犯罪嫌疑人应当采取适合未成年人的方式，耐心细致地听取其供述或者辩解，认真审核、查证与案件有关的证据和线索，并针对其思想顾虑、恐惧心理、抵触情绪进行疏导和教育。

讯问女性未成年犯罪嫌疑人，应当有女工作人员在场。

第三百二十五条【笔录核实】 讯问笔录应当交未成年犯罪嫌疑人、到场的法定代理人或者其他人员阅读或者向其宣读；对笔录内容有异议的，应当核实清楚，准予更正或者补充。

第三百二十六条 询问未成年被害人、证人，适用本规定第三百二十三条、第三百二十四条、第三百二十五条的规定。

询问未成年被害人、证人，应当以适当的方式进行，注意保护其隐私和名誉，尽可能减少询问频次，避免造成二次伤害。必要时，可以聘请熟悉未成年人身心特点的专业人员协助。

第三百四十六条【异地协助】公安机关在异地执行传唤、拘传、拘留、逮捕,开展勘验、检查、搜查、查封、扣押、冻结、讯问等侦查活动,应当向当地公安机关提出办案协作请求,并在当地公安机关协助下进行,或者委托当地公安机关代为执行。

开展查询、询问、辨认等侦查活动或者送达法律文书的,也可以向当地公安机关提出办案协作请求,并按照有关规定进行通报。

◆ 最高人民检察院关于转发《浙江省人民检察院关于公诉环节口供审查工作指引》的通知

(2015年7月3日　高检诉〔2015〕20号)

各省、自治区、直辖市人民检察院公诉部门、未检处,军事检察院刑事检察厅,新疆生产建设兵团人民检察院公诉处:

为进一步规范司法行为,浙江省人民检察院认真总结多年来公诉实践经验,在深入推进客观性证据审查模式的同时,研究制定了《公诉环节口供审查工作指引》,这对于完善证据审查方式,强化对犯罪嫌疑人供述和辩解的客观性验证,引导公诉人员全面、准确审查、判断、运用犯罪嫌疑人供述和辩解具有很强的指导意义。现将该《指引》转发你们,供参考借鉴。各级人民检察院公诉部门要结合正在开展的规范司法行为专项整治工作,认真贯彻落实全国检察机关第五次公诉工作会议精神,进一步改进和完善证据审查方式,充分发挥审前过滤功能,确保审查起诉的案件事实证据经得起法律的检验。

公诉环节口供审查工作指引

为进一步规范司法行为,完善证据审查方式,强化犯罪嫌疑人供述和辩解(以下统称"口供")的客观性验证,引导公诉人员全面、准确地审查、判断和运用口供,根据《中华人民共和国刑事诉讼法》及相关司法解释、规范性文件,结合办案实际,特对公诉环节口供审查提出如下意见。

一、口供的证明价值和特点

口供是犯罪嫌疑人在刑事诉讼过程中,就案件相关情况向司法机关所作的陈述，包括有罪、罪重的供述和无罪、罪轻的辩解。口供作为法定证据，有重要的证明价值，同时具有真假混杂、反复易变的特性，因此，公诉环节要特别重视口供的全面、细致、客观审查，构建口供审查的科学方法和路径，既不能忽视口供在定案中的作用，也不能轻信口供。

（一）全面认识口供的证明价值，高度重视口供的审查运用。口供与案件事实直接相关，所蕴含的信息最为丰富，对案件事实具有重要的证明价值。

一是有助于及时查明案件事实。口供所述的犯罪动机、目的、行为、情节或无罪、罪轻辩解，有助于指引调查方向，及时查清并确认案件事实。

二是有助于收集和验证证据。真实的口供便于司法机关及时发现新的事实、情节及证据线索；通过口供与其他证据对照分析，可以发现证据矛盾，指引证据的收集和补强。

三是有助于公诉人全面审查案件事实。犯罪嫌疑人的辩解，可以使公诉人做到"兼听则明"，避免审查活动的片面性。

四是有助于辨别犯罪嫌疑人主观恶性和悔罪态度。犯罪嫌疑人口供可以反映其是否认罪、有无坦白和立功情节等悔罪表现，是衡量其社会危险性的重要依据。

（二）正确认识口供的复杂性，确保审查结果的有效性。实践中口供真假难辨的情形屡见不鲜，采信错误而导致错案也偶有发生，表明口供审查十分复杂。口供审查活动既要判断犯罪嫌疑人口供的真实性，也要审查侦查取证活动的合法性，还要检视对口供审查采信活动的科学性，只有多维度的审查判断，才能确保口供审查结果的有效性。

一要从犯罪嫌疑人供述心理的维度，审查口供内容的真实性。口供内容真假混杂的情况普遍存在，实践中不仅有因趋利避害心理而推卸责任的，也有因认识错误、认知障碍、替人顶罪、畸形心理等原因出现虚假有罪供述的，必须慎重审查判断。

二要从侦查取证过程的维度，审查口供获取的合法性。口供获取的合法性不仅是程序正义要求，更是口供真实性的制度保障，对犯罪嫌疑人的取证违法抗辩应当认真听取并核实，依法排除非法证据。

三要从证据相互印证性的维度，检视口供与其它证据是否存在矛盾、矛盾能否排除或得到合理解释。

四要从审查判断活动完备性的维度，考察口供审查过程是否遵循了相关诉讼规则要求，审查判断过程是否符合逻辑和经验法则，确保论证结论的可靠性。

（三）坚持客观性证据审查模式，树立科学的口供审查理念。刑事诉讼法对口供获取和采信进行了规范，明确了"重证据不轻信口供"的基本要求。我省推行客观性证据审查模式，并非忽视、摈弃口供，而是强调充分挖掘和运用客观性证据并以此验证口供等定案证据，提升证据审查效果。要树立"依法审查、客观验证"的口供审查工作理念，运用客观性证据验证的方法和路径审查判断口供。实践中，既要防止"口供至上"倾向，又要防止忽视口供、唯客观性证据论的认识偏差。

二、口供审查的基本原则和方法

在客观性证据审查模式下，坚持口供审查"依法审查、客观验证"的基本理念，应遵循以下原则和方法：

（一）口供审查的基本原则

——合法性审查优先原则。优先审查讯问程序及记录形式的合法性，即讯问主体、时间、地点、手段、表现形式等应遵守法定的诉讼程序及要求。

——客观性证据验证原则。充分挖掘和运用口供中蕴涵的案件情节或证据线索，积极收集固定相关客观性证据，并运用客观性证据验证口供的真实性。

——全面系统审查原则。全面审查在案口供、自书材料及同步录音录像等材料，客观公正地审验有罪供述和无罪、罪轻辩解。

——相互补强印证原则。注重口供与其他证据之间的相互印证，及时发现并补强证据体系中的薄弱环节，确保口供与其他证据之间的矛盾能够得到排除或合理解释。

（二）口供审查的一般方法

——阅卷审查与听取意见相结合。认真审查在案口供笔录，全面准确掌握口供内容，当面听取犯罪嫌疑人供述和辩解；主动听取辩护人、被害人及其诉讼代理人的意见，及时审查核实其提供的意见、证据或线索。

——单个审查与比对分析相结合。要审查单份口供笔录的合法性、内容的全面性、供述的合理性，在此基础上，比较分析口供之间是否吻合，口供与其他证据是否相互印证,口供与其他证据收集、固定的先后关系和派生关系。

——全面审查与重点审查相结合。要对口供与其他证据、案件事实之间的关系进行全面审查、综合分析,重点审查侦查初期口供、前后不一致的口供、口供中蕴涵的客观性证据信息、对案件关键事实及细节的供述等。

——逻辑分析与经验法则相结合。要运用日常生活中熟知的经验法则以及自然科学原理考察口供内容是否有内在逻辑性、是否符合一般社会经验法则,从犯罪时间、地点、动机、目的、手段、后果以及其他环境因素等全面地分析是否存在其他可能,是否存在矛盾等。

三、口供审查的重点案件和重点内容

要根据案件性质、证据特点等,进行繁简分流,突出重点,明确口供审查的重点案件和重点内容。

(一)口供审查的重点案件。依据案件类型及证据特点,以下案件口供应重点审查:

(1)可能判处无期徒刑、死刑的案件;

(2)投放危险物质、贿赂、强奸、毒品等隐蔽性强、客观性证据相对较少的案件;

(3)交通肇事、危险驾驶、涉众型故意伤害等易出现"顶包"错案的案件;

(4)口供不稳定、出现反复或提出无罪、罪轻辩解的案件;

(5)其他重大、敏感或社会关注度高的案件。

(二)口供审查的重点内容。应围绕口供材料移送的完整性、口供获取的合法性、口供内容的真实性进行先期重点审查,为后续口供的具体审查运用夯实基础。

1. 口供材料移送完整性的审查。应审查口供材料(包括笔录、自书、同步录音录像)是否均已在卷,应当入卷而未入卷的,应当查明原因,重点查明是否存在无罪、罪轻的口供或证据线索未移送,是否存在因犯罪嫌疑人否认作案或翻供而不制作笔录的情况。

审查路径和方法:

(1)提讯记录与在卷笔录是否相对应;

（2）犯罪嫌疑人被传唤或刑事拘留到案时间与首次笔录时间、首次作出有罪供述时间是否合理；

（3）归案情况说明与首次讯问的时间、地点是否相互印证；

（4）讯问犯罪嫌疑人，核实归案情况、接受讯问情况、首次供述情况等。

2. 口供获取合法性的审查。应审查在案口供的获取方式、固定形式是否符合法律规定，重点查明有无刑讯逼供等非法取证行为，依法排除非法证据，及时补正口供瑕疵。

审查路径和方法：

（1）口供笔录形式要件审查，主要查明要素项目是否齐备。包括是否注明讯问起止时间和讯问地点；首次讯问是否告知犯罪嫌疑人诉讼权利和法律规定；补充和更正之处是否经犯罪嫌疑人捺印确认；口供笔录是否交由犯罪嫌疑人核对并签名或捺印。

（2）口供笔录的制作过程审查，主要包括讯问时间、地点是否合法；讯问主体、讯问时在场人员、辅助人员是否适格；讯问活动、过程是否合法。

（3）通过其他方法核查，主要包括审查讯问同步录音录像，查明供述过程是否自然、流畅，制作笔录时间、核对笔录时间是否合理等；讯问犯罪嫌疑人，了解口供形成过程等。

3. 口供内容真实性的审查。应审查口供内容是否符合案件客观事实，重点查明犯罪嫌疑人是否自愿作出有罪供述，评估口供内容是否符合逻辑性和合理性。

审查路径和方法：

（1）口供的稳定性审查，即口供是否稳定、一贯，翻供、辩解是否稳定、合理，有无提供可查证的证据线索；

（2）口供的合理性审查，即供述内容是否符合逻辑、情理。要注意查明供述内容与在案其他证据证明的个体因素、犯罪动机、手段等是否存在矛盾；

（3）供证的时间性审查，即犯罪嫌疑人供述和侦查机关取证的先后顺序，是否根据犯罪嫌疑人供述、指认提取到了隐蔽性很强的物证、书证、电子数据等客观性证据；

（4）供证的印证性审查，即口供与其他证据之间的印证程度。要查明口供涉及的其他证据或证据线索是否收集到案，口供与其他证据之间是否排除了矛盾；

（5）通过提讯犯罪嫌疑人，查看讯问同步录音录像，核查案件内知细节的供述过程是否自然、流畅，内容与笔录内容是否相符等。

四、供述的审查

供述即犯罪嫌疑人对自己实施犯罪行为的陈述。审查时，应围绕犯罪动机、犯罪预备、行为过程、危害后果、销赃窝藏、逃避侦查、归案等案件发生、发展的脉络进行，同时，还应重视发现并运用供述中提及的、犯罪过程中形成的，但侦查时未搜集在案或未能有效运用的派生证据、再生证据、隐蔽证据、内知证据等，用以验证某些案件事实情节是否存在。

（一）对供述中犯罪动机的审查。主要包括：
（1）犯罪动机是否符合逻辑或常理；
（2）犯罪动机产生的时空条件、外部因素，是否得到其他证据印证；
（3）作案过程或作案后的行为是否能够佐证犯罪动机；
（4）犯罪动机供述前后不一的，何种供述或辩解得到其他证据的印证。

（二）对供述中犯罪预备行为的审查。主要包括：
（1）有犯罪预谋的，预谋的时间、地点、内容等是否得到其他证据的印证；
（2）准备作案工具的，是否供述了作案工具的来源、特征，作案工具是否扣押在案，未查扣在案的有无合理说明；
（3）对作案路线、作案现场事先踩点的，供述的路线、现场及其关联区域是否有标志性特征，相关区域视频监控资料是否收集在案，犯罪嫌疑人的交通工具、通讯设备等运行轨迹是否符合案情；
（4）事先选择或辨认过犯罪对象的，其辨认时间、地点、方式等；
（5）学习、演练作案手段的，其学习的途径、内容，演练的时间、地点、对象、效果等。

（三）对供述中犯罪实行行为的审查。主要包括：
（1）作案时间与在案其他证据是否相互印证；
（2）作案地点及地理特征与现场勘验、检查笔录是否一致；
（3）作案过程是否得到痕迹、物证及现场物品变化等客观性证据的印证；
（4）作案方法是否具有个体（个案）独特性；
（5）借助他人、他物（特殊作案工具）等实施的，是否得到其他痕迹、物证、电子数据等客观性证据的印证，能否得到侦查实验的验证；

（6）犯罪对象的数量、特征与在案其他证据能否印证，能否得到作案方法、勘验检查、鉴定意见等印证；

（7）犯罪后果是否得到其他证据印证，尤其是客观性证据的验证；

（8）作案过程涉及多人、多种作案工具、多种危害后果的，能否查明各犯罪嫌疑人的具体行为、各作案工具的特征及使用情况，以及造成各危害后果的原因及具体行为人；

（9）作案过程能否得到被害人陈述、视频监控或相关证人证言等其他证据的直接或间接印证。

（四）对供述中作案后行为的审查。主要包括：

（1）有无报警、救助、停留在作案现场、等候民警抓捕等配合侦查的行为，以及有无销赃窝藏、毁灭、伪造证据和串供等逃避侦查的行为；

（2）对作案后行为的供述细节，如逃离现场的路线、方式、途经地、目的地、接触人员、重返现场及打听案件侦破情况、向亲友陈述案情等情节是否得到其他证据印证。

（五）对供述中归案情况的审查。主要包括：

（1）供述的归案过程与在案的《侦破经过》、《归案经过》、报案记录或录音录像等材料是否一致，有无其他证据支持；

（2）自动投案的时间、方式是否有投案前的行踪、通讯记录等材料证实，首次讯问是否记录了投案情况及主要犯罪事实，防止替人顶罪、由未成年人、限制刑事责任人承担主要罪责等情况；

（3）被抓获归案的，是否有相应笔录印证首次讯问的时间、地点；是否影响自首、立功等法定情节的认定。

五、辩解的审查

辩解是指犯罪嫌疑人罪轻、无罪的申辩，翻供是一种特殊形式的辩解。要全面、客观地收集犯罪嫌疑人的供述和辩解，动态反映口供的变化过程。要审查翻供的时机和辩解的实质内容，准确认定犯罪，避免冤枉无辜。实践证明，认真、细致审查辩解是发现案件疑点乃至纠正错案的一个重要途径，但由于趋利避害心理或外界压力等影响，犯罪嫌疑人的辩解往往真假混杂，必须审慎对待，从合理性、印证性两方面进行审查判断。

第三章 犯罪嫌疑人、被告人供述与辩解

（一）辩解的合理性审查

应结合在案证据仔细审查辩解内容是否符合案情和常理。一要审查辩解内容与案情是否符合，如辩解内容与已有的证据尤其是客观性证据存在矛盾、无法得到合理解释的，则辩解不符合案情；二要审查辩解内容与常理是否相符，如辩解内容明显不符常理、出现多种辩解甚至矛盾辩解，则辩解不具有合理性。

审查方法和路径：

（1）审查辩解形成的时间、地点及其变化过程，重点查明归案后首次提出辩解和有罪供述后首次辩解的情况；

（2）当面听取辩解，考察侦查机关是否将相关辩解全部、客观收集在卷；

（3）审查是否针对提供的证据及线索进行了查证；

（4）对难以查证的辩解，分析是否符合情理、逻辑和经验法则。

（二）辩解的印证性审查

应结合辩解的具体内容，审查其与在案证据尤其是客观性证据之间，是否存在矛盾、能否相互印证，对辩解的真实性作出更加准确的认定。

审查方法和路径：

1. 犯罪嫌疑人辩解没有作案时间的审查。

（1）审查认定案件发生时间的证据是否确实充分。如尸体检验报告等技术性证据、通讯记录、视频监控等能否客观揭示案发时间，是否有目击证人或其他证据印证等；

（2）审查犯罪嫌疑人提出无作案时间的理由、线索是否经过查证，是否得到其他证据的印证；

（3）审查犯罪嫌疑人随身携带的电子设备、所乘交通工具的运行轨迹、相关视频监控、网络通讯软件使用的IP地址、住宿登记等相应证据，是否可以佐证其辩解；

（4）审查证明无作案时间的证人与犯罪嫌疑人是否具有利害关系，证人获知作证内容的途径、提供证言时间、佐证证言的其他依据等是否具有合理性、真实性。

2. 犯罪嫌疑人辩解未实施犯罪行为的审查。

（1）审查在案证据是否能够将犯罪嫌疑人与犯罪行为直接关联，与犯罪

嫌疑人关联的物证、痕迹等是否可以排除非作案所留；

（2）审查针对辩解的相关理由、线索的查证结果；

（3）审查共同犯罪中各犯罪嫌疑人的供述是否相互印证。

3. 犯罪嫌疑人辩解案外第三人参与作案的审查。

（1）审查犯罪嫌疑人是否能够提供第三人的身份信息、通讯信息、联系方式等具体线索，并查明其与第三人的密切程度、交往、共谋情况；

（2）审查现场遗留的痕迹、生物物证等是否可以排除第三人参与作案；

（3）审查现场及其周边的视频监控等是否可以排除第三人参与作案；

（4）审查作案时犯罪嫌疑人随身携带的电子设备的运行轨迹是否与第三人相同；

（5）审查是否存在替人顶罪可能。

4. 犯罪嫌疑人辩解受到刑讯逼供的审查。

（1）审查犯罪嫌疑人归案及供述形成的时间、地点；

（2）审查讯问同步录音录像，确认是否存在违规审讯活动；

（3）审查看守所入所体检记录、医疗机构就医、验伤报告等；

（4）审查是否提供有可供核查的理由、线索，并进行查证；

（5）向同监室人员、刑事执行检察部门调查核实是否存在刑讯逼供等情形。

六、口供中细节信息的挖掘

口供中的细节信息是指犯罪嫌疑人口供中涉及动机、起因、工具、手段等反映个案特点的细节证据信息或证据线索，其本身往往不能单独、有力地证明案件事实，但可通过细节信息搜集到相关证据，形成相互印证，证明案件事实。因此，审查中要重视梳理、挖掘口供中的细节信息来查证案件事实链接点，通过现场复勘、文证审查、重新鉴定、侦查实验、电子数据检验等途径来补强、挖掘印证口供的证据，强化、完善定案证据体系。

（一）涉及犯罪动机、起因的细节信息挖掘。主要方法和路径：

（1）存在经济、劳资、邻里等纠纷的，可以收集证明相关纠纷及处理过程的证据材料，查明纠纷原因及矛盾激化过程、过错等情况；

（2）存在婚姻家庭、婚外情等特殊人际、社会关系的，可以调取双方手机信息、聊天记录、相关场所视频监控记录，查明双方接触联络情况，证明

与案件关联的事实情节;

(3) 存在财产处置、资金往来等情况的,可以调取物品买卖、处置的书证、银行账户明细、知情人证言等;

(4) 犯罪嫌疑人前科劣迹与本案相类似的,可以调取前科档案材料、知情人证言等;

(5) 犯罪嫌疑人作案前后记录案件相关情节的,可以调取犯罪嫌疑人的日记、记帐本、记事本等。

(二) 涉及作案工具的细节信息挖掘。主要方法和路径:

(1) 作案工具系购买、借入或作案前已持有的,可以调取购买凭证或出售人、出借人等证人证言,有条件、有必要的要组织辨认;

(2) 作案工具外形、残缺特征、装饰物等有别于同类工具的,可以查看该工具实物特征或调取知晓该工具特征的证人证言;

(3) 作案(联络)工具有电子数据存储功能的,尤其是仅犯罪嫌疑人知晓账户名、密码的设备,可以导出或恢复数据信息,查验账户名、密码的真实性;

(4) 作案时使用手机等通讯工具、网络通讯软件的,可以调取相关通讯记录等书证、提取电脑数据、手机软件记录等电子证据;

(5) 作案过程中使用手机、车辆等形成运行轨迹的以及有购物、就餐、住宿等活动的,可以调取手机基站信息、道路交通卡口信息、车船使用凭证、缴费凭据、购物记录、住宿登记票据等书证、相关视频监控等视听资料;

(6) 作案工具被抛弃、隐匿、毁坏的,可以调取起获作案工具时的录像、照片等勘查材料或相关证人证言。

(三) 涉及作案手段的细节信息挖掘。

主要方法和路径:

(1) 踩点、进出现场的,尤其是在门、锁、窗、墙留下破坏、攀爬痕迹的,应当全面审查勘验检查材料或复勘现场,可以调取指纹、足迹、DNA、工具等痕迹物证及视频监控等;

(2) 具备实施特殊作案手法、使用非常规作案工具、接触特定涉案物品的身体、知识、技能条件和经历的,可以调取反映犯罪嫌疑人生活履历、职业技能的书证、知情人证言,必要时可进行侦查实验;

(3) 运输、埋藏、抛弃尸体、赃物的,尤其是运输工具、摆放方位、地点等具有特殊形态或特定附属物的，可以调取挖掘、打捞录像、提取笔录及相关照片进行比对；

（4）伪造、清理、毁坏犯罪现场的，可以审查相关勘验检查材料或复勘现场、提取痕迹物证等进行验证。

（四）涉及涉案物品的细节信息挖掘。

主要方法和路径：

（1）现场遗留与犯罪嫌疑人紧密关联的物品、犯罪嫌疑人造成现场物品、痕迹变化或被害人随身物品损失的，应交由犯罪嫌疑人、证人辨认，并可以审查勘验检查材料或复勘现场，对在卷痕迹物证或对未检验的物证进行检验；

（2）犯罪嫌疑人持有或处分与被害人紧密关联物品的，应查获该物品并交由被害人及相关知情人等进行辨认，并进一步收集证明案发前被害人持有的相关证据；

（3）被害人、犯罪嫌疑人身体、衣物上沾附有涉案物品、犯罪场所内遗留的痕迹或微量物证的，可以审查在卷物证检验情况，对未检验的微量物证作同一鉴定；

（4）赃款赃物特征明显、去向明确的，可以审查或提取赃款赃物实物、相关持有人证言、起获赃款赃物录像、照片等。

（五）涉及被害人死、伤原因的细节信息挖掘。

主要方法和路径：

（1）犯罪嫌疑人实施捂、勒、打、压、抱、撞、砍、刺等行为，在被害人身体、衣物留有对应痕迹的，应当通过人身及衣物检查、尸体检验、照片比对进行验证；

（2）现场物品对犯罪嫌疑人、被害人造成碰撞、挤压、刺戳等意外损伤的，可以审查或补充勘查，并通过人身检查、尸体检验的途径查明的相应痕迹特征予以比对印证；

（3）犯罪嫌疑人造成被害人生前伤、死后伤的，可以通过尸体检验、照片比对，调取视频监控等方式验证。

（六）涉及生物证、痕迹物证的细节信息挖掘。

主要方法和路径：

（1）有接触被害人私密部位或压迫被害人口鼻等身体部位的行为，应审查相关部位是否留下双方的体液、皮屑、毛发等，并通过DNA鉴定进行

第三章 犯罪嫌疑人、被告人供述与辩解

确认；

（2）被害人有抓、咬情节的，一般会在被害人指甲、被害人牙齿等部位留下双方生物物证或在体表留下痕迹，可以对相关部位进行人身检查、尸体检验，并进行DNA鉴定；

（3）作案过程有使用工具的，应审查是否留下相应现场痕迹，如是否存在血迹喷溅、抛洒状态，是否在工具缝隙处留下血迹等，可以通过审查、复勘现场血迹形态、分布部位等，并结合DNA鉴定等鉴定意见进行论证分析；

（4）犯罪嫌疑人、被害人被现场特定物品致伤的，应通过审查相关物品上是否留下微量生物、痕迹物证，尸体检验、人身检查是否有相应损伤予以印证；

（5）有分解尸体的，应通过审查使用工具、分尸现场隐蔽处留下血迹情况予以印证，必要时可以复勘现场、复检刀具，查找现场物品及隐蔽部位的血迹，进行DNA鉴定；

（6）犯罪过程中导致作案工具离断的，可以通过工具材质、断口的鉴定确定分离物是否为同一整体，并结合其它证据（如工具断端上有犯罪嫌疑人生物信息等）确立与本案的关联性。

（七）涉及被害人私密信息的细节信息挖掘。

主要方法和路径：

（1）被害人的肢体特点、疤痕印迹、既往病史、生理周期、健康状况等身体特征，被害人的服饰妆扮、饮食起居、包裹物品等生活习惯，被害人的爱好、语言特征、知识水平、社会身份等个体特征，可以调取知情人的证言、体检就医病历记录、专业学历技能证书、过往书信、聊天记录、生活照片等证据予以印证；

（2）与案件事实无直接关联但可以佐证某些情节的被害人活动，如被害人在案件发生过程相关购物、休息等活动情况，可以通过审查或调取相应的消费票据、隐蔽处所的排泄物、现场的睡卧痕迹等书证、痕迹物证予以印证；

（3）被害人损失财物中的特殊信息，如被害人缝在衣服内、藏在隐蔽处的钱物，应当审查勘验检查材料予以验证，必要时可以复勘现场、复检提取在案物证、调取知悉隐蔽财物的证人证言予以印证。

（八）涉及作案时空环境的细节信息挖掘。

主要方法和路径：

（1）作案现场气象、抛尸抛物至河流湖泊时的水文现象，可以调取气象、水文资料等书证予以印证；

（2）作案时电视、电台正在播放节目的，可以调取电视（电台）节目播放执行单等书证予以印证；

（3）现场声光变化、物品布局摆放情况，可以调取知悉声源、光源变化的证人证言、涉案场所的照片或记录的书证予以印证；

（4）现场周边特定人、事、物，可以调取相关的证人证言、视频录像予以印证；

（5）作案时使用大量水、电等可记录资源的，可以调取水、电使用记录等书证予以印证；

（6）职业、身份、生活规律与现场空间、环境有特殊联系的，可以调取反映犯罪嫌疑人生活履历、工作职责的书证、知情人证言予以印证。

（九）涉及作案时心理状态的细节信息挖掘。

主要方法和路径：

（1）供述作案时心理活动、感受的，如犯罪嫌疑人供述因心理紧张、纠结而抽烟、进食、大小便来缓解情绪的，可通过现场留下的烟蒂、残留食物、排泄物等物证、痕迹的检验来印证；

（2）对犯罪时实施的异常行为和心理状况有解释的，如迷信某物的摆放、恐惧某种行为或现象等，可以调取或运用现场勘查照片、相关知情人证言予以印证。

七、与口供相关的其他证据材料的审查

司法实践中，涉及犯罪嫌疑人供述和辩解的证据材料，除讯问笔录、自书材料外，还有侦查机关制作的讯问同步录音录像、辨认（指认）笔录及同步录音录像、犯罪嫌疑人进出看守所的健康检查记录、笔录等材料，后者往往有助于审查判断口供的合法性、真实性，有助于树立内心确信。在口供的具体审查工作中，既要充分利用上述在案证据材料、注重多种证据材料的综合审查运用，也应突出不同证据材料的审查重点。

（一）对讯问同步录音录像的审查。重点是讯问过程的合法性以及笔录与同步录音录像内容的一致性。

主要审查以下内容：

（1）随案移送的讯问录音录像的次数、制作时间与移送清单是否一致，是否附有《提取经过说明》或《录制经过说明》；

（2）应当移送的同步录音录像是否全部移送，尤其是首次有罪供述录音录像是否移送；

（3）讯问录音录像反映的供述内容、讯问时间、地点与讯问笔录是否一致；

（4）同一次讯问，录音录像是否完整连贯，内容是否真实、自然；

（5）是否有其他影响讯问合法性及犯罪嫌疑人供述真实性的因素。对于根据犯罪嫌疑人供述、指认提取到了隐蔽性很强的物证、书证、电子数据等客观性证据的，其供述和提取过程的录音录像应当予以重点审查。

（二）对辨认笔录的审查。重点是犯罪嫌疑人对辨认对象特征的描述与辨认对象的情形是否吻合。

主要审查以下内容：

（1）辨认的主持人、见证人、辨认方式等是否符合法律及有关规定；

（2）辨认人对被辨认对象的记忆特征是否在辨认前已经记入笔录，其特征描述是否具体、具有辨识性、符合记忆特点；

（3）辨认过程是否存在向辨认人暗示或指认辨认对象的可能；

（4）辨认现场的，辨认前是否将辨认人对现场方位、附近标志物、进入现场路线等描述记入笔录；

（5）根据犯罪嫌疑人辨认提取到赃款、赃物、作案工具等客观性证据的，应注意审查辨认笔录中的辨认时间与现场勘验、检查笔录、提取笔录记录的时序关系。

犯罪嫌疑人辨认过程有同步录音录像且具有以下情形之一的，应当要求侦查机关移送审查：

（1）辨认结果为定案关键证据或通过辨认直接锁定犯罪嫌疑人的；

（2）属有罪证据、无罪证据并存的疑难复杂案件的；

（3）存在明显暗示或具有指认嫌疑的；

（4）对见证人身份、辨认结果存在其他重大疑问的；

（5）根据犯罪嫌疑人指认提取到隐蔽性强的客观性证据的。

八、口供的综合审查运用

（一）供证矛盾的审查。供证矛盾是指口供与在案其他证据在证明的内容或方向上不一致，甚至呈现相反的情形。要理性认识、审慎对待、正确处理审查实践中出现的供证矛盾。

1. 要理性认识、审慎对待供证矛盾。

首先，要理性、客观认识供证矛盾。刑事诉讼证明的对象主要是犯罪构成要件和量刑情节的事实，是以在案证据为基础、经过严格的法定程序确定的法律事实，是对客观事实的重塑。基于认知、记忆等各种因素影响，导致口供与其他证据之间出现矛盾，某种程度上也符合司法规律特点。

其次，出现供证矛盾时应严谨、慎重对待。供证矛盾的出现，证明案件证据之间尤其是口供与其他证据之间呈现不一致、出现疑点，因而有必要通过重新梳理证据体系、重新补充或核查证据等手段进行审慎的分析、论证，确保证明刑事诉讼证明对象的证据确实、充分，并能排除合理怀疑，防止出现冤假错案。

2. 要正确处理供证矛盾。

首先，要突出重点，把握处理供证矛盾的基本原则：突出证明刑事诉讼证明对象即犯罪构成要素事实及量刑事实证据的充分性，不纠缠与定罪量刑无关的细枝末节。要准确区分细节与细枝末节：细节事实是待证事实构成要素，当细节事实足以影响定罪量刑要素事实是否成立时，该细节就属于必须查明的证明案件事实的组成节点；细节事实不影响定罪量刑事实认定的，该细节事实才可视为细枝末节。

其次，把握排除矛盾或合理怀疑的一般审查方法和路径：

（1）分析供证矛盾的表现形式，核查产生矛盾的证据；

（2）分析矛盾产生的原因，查明矛盾是否可以得到合理解释；

（3）亲历性复核相关证据，重新委托检验鉴定或咨询具有专门知识的人员；

（4）通过提讯犯罪嫌疑人，进一步挖掘新的证据或证据线索。

（二）口供的综合运用。要结合案情，依据犯罪过程脉络，在确认合法性、真实性的基础上，从口供等证据与待证事实的关联程度、各证据之间相互印证性等方面进行分析论证、挖掘补强，并根据经验法则、逻辑法则、自然科学等分析方法重建犯罪现场和犯罪情景，在此基础上对全案证据综合分析，排除合理怀疑。

不轻信口供。要重视口供与其他证据之间在案件关键事实、关键环节上能否相互印证,尤其是能否得到客观性证据的印证。既要重视挖掘口供中蕴涵的细节信息等,又要通过口供的补强、综合运用客观性证据等方式来验证口供的真实性。供述与其他证据的印证不是简单面上的印证,而是供述反映的案情与客观性证据等揭示的总体事实这两个不同角度所反映的事实在面上重合前提下的多点印证,只有各细节印证才具有可靠性。

一般而言,具备下列情形的口供真实性强:

(1) 根据口供获取到隐蔽性较强的物证、书证等客观性证据,可以将犯罪现场、被害人与犯罪嫌疑人建立密切联系的;

(2) 口供所涉作案动机、作案手段、现场环境、现场处理等客观事实具有独特性、秘密性,与案件有密切联系,且非当事人无法知悉的;

(3) 口供所涉细节与犯罪行为虽无直接联系,但该细节的存在使犯罪嫌疑人供述的作案过程变得自然、符合情理的。

◆ 公安机关讯问犯罪嫌疑人录音录像工作规定

(2014年9月5日 公通字〔2014〕33号)

第二条【定义】 讯问犯罪嫌疑人录音录像,是指公安机关讯问犯罪嫌疑人,在文字记录的同时,利用录音录像设备对讯问过程进行全程音视频同步记录。

第三条【录像规范】 对讯问过程进行录音录像,应当对每一次讯问全程不间断进行,保持完整性,不得选择性地录制,不得剪接、删改。

第四条【应当录像案件】 对下列重大犯罪案件,应当对讯问过程进行录音录像:

(一) 可能判处无期徒刑、死刑的案件;

(二) 致人重伤、死亡的严重危害公共安全犯罪、严重侵犯公民人身权利犯罪案件;

(三) 黑社会性质组织犯罪案件,包括组织、领导黑社会性质组织,入境发展黑社会组织,包庇、纵容黑社会性质组织等犯罪案件;

(四) 严重毒品犯罪案件,包括走私、贩卖、运输、制造毒品,非法持有毒品数量大的,包庇走私、贩卖、运输、制造毒品的犯罪分子情节严重的,走私、非法买卖制毒物品数量大的犯罪案件；

（五）其他故意犯罪案件，可能判处十年以上有期徒刑的。

前款规定的"讯问"，既包括在执法办案场所进行的讯问，也包括对不需要拘留、逮捕的犯罪嫌疑人在指定地点或者其住处进行的讯问，以及紧急情况下在现场进行的讯问。

本条第一款规定的"可能判处无期徒刑、死刑的案件"和"可能判处十年以上有期徒刑的案件"，是指应当适用的法定刑或者量刑档次包含无期徒刑、死刑、十年以上有期徒刑的案件。

第五条 在办理刑事案件过程中，在看守所讯问或者通过网络视频等方式远程讯问犯罪嫌疑人的，应当对讯问过程进行录音录像。

第六条【应当录像情形】 对具有下列情形之一的案件，应当对讯问过程进行录音录像：

（一）犯罪嫌疑人是盲、聋、哑人，未成年人或者尚未完全丧失辨认或者控制自己行为能力的精神病人，以及不通晓当地通用的语言文字的；

（二）犯罪嫌疑人反侦查能力较强或者供述不稳定，翻供可能性较大的；

（三）犯罪嫌疑人作无罪辩解和辩护人可能作无罪辩护的；

（四）犯罪嫌疑人、被害人、证人对案件事实、证据存在较大分歧的；

（五）共同犯罪中难以区分犯罪嫌疑人相关责任的；

（六）引发信访、舆论炒作风险较大的；

（七）社会影响重大、舆论关注度高的；

（八）其他重大、疑难、复杂情形。

第二章 录 制

第八条【设备】 对讯问过程进行录音录像，可以使用专门的录制设备，也可以通过声像监控系统进行。

第九条【准备工作】 讯问开始前，应当做好录音录像的准备工作，对讯问场所及录音录像设备进行检查和调试，确保设备运行正常、时间显示准确。

第十条【起止时间】 录音录像应当自讯问开始时开始，至犯罪嫌疑人核对讯问笔录、签字捺指印后结束。讯问笔录记载的起止时间应当与讯问录音录像资料反映的起止时间一致。

第十一条【全面摄录】 对讯问过程进行录音录像，应当对侦查人员、犯罪嫌疑人、其他在场人员、讯问场景和计时装置、温度计显示的信息进行全面摄录，图像应当显示犯罪嫌疑人正面中景。有条件的地方，可以通过画中画技术同步显示侦查人员正面画面。

讯问过程中出示证据和犯罪嫌疑人辨认证据、核对笔录、签字捺指印的过程应当在画面中予以反映。

第十二条【图像要求】讯问录音录像的图像应当清晰稳定，话音应当清楚可辨，能够真实反映讯问现场的原貌，全面记录讯问过程，并同步显示日期和 24 小时制时间信息。

第十三条【关键事实一致】在制作讯问笔录时，侦查人员可以对犯罪嫌疑人的供述进行概括，但涉及犯罪的时间、地点、作案手段、作案工具、被害人情况、主观心态等案件关键事实的，讯问笔录记载的内容应当与讯问录音录像资料记录的犯罪嫌疑人供述一致。

第十四条【中止讯问】讯问过程中，因存储介质空间不足、技术故障等客观原因导致不能录音录像的，应当中止讯问，并视情及时采取更换存储介质、排除故障、调换讯问室、更换移动录音录像设备等措施。

对于本规定第四条规定以外的案件，因案情紧急、排除中止情形所需时间过长等原因不宜中止讯问的，可以继续讯问。有关情况应当在讯问笔录中载明，并由犯罪嫌疑人签字确认。

第十五条【中断原因说明】中止讯问的情形消失后继续讯问的，应当同时进行录音录像。侦查人员应当在录音录像开始后，口头说明中断的原因、起止时间等情况，在讯问笔录中载明并由犯罪嫌疑人签字确认。

第三章　资料管理和使用

第十六条【保管人员】办案部门应当指定办案人员以外的人员保管讯问录音录像资料，不得由办案人员自行保管。讯问录音录像资料的保管条件应当符合公安声像档案管理有关规定，保密要求应当与本案讯问笔录一致。

有条件的地方，可以对讯问录音录像资料实行信息化管理，并与执法办案信息系统关联。

案件侦查终结后，应当将讯问录音录像资料和案件卷宗一并移交档案管理部门保管。

第十七条【保存方式】讯问录音录像资料应当刻录光盘保存或者利用磁

盘等存储设备存储。

刻录光盘保存的，应当制作一式两份，在光盘标签或者封套上标明制作单位、制作人、制作时间、被讯问人、案件名称及案件编号，一份装袋密封作为正本，一份作为副本。对一起案件中的犯罪嫌疑人多次讯问的，可以将多次讯问的录音录像资料刻录在同一张光盘内。刻录完成后，办案人员应当在24小时内将光盘移交保管人员，保管人员应当登记入册并与办案人员共同签名。

利用磁盘等存储设备存储的，应当在讯问结束后立即上传到专门的存储设备中，并制作数据备份；必要时，可以转录为光盘。

第十八条【正盘启封】 刑事诉讼过程中，除因副本光盘损坏、灭失需要重新复制，或者对副本光盘的真实性存在疑问需要查阅外，不得启封正本光盘。确需调取正本光盘的，应当经办案部门负责人批准，使用完毕后应当及时重新封存。

第十九条【副盘使用】 公安机关办案和案件审核、执法监督、核查信访投诉等工作需要使用讯问录音录像资料的，可以调取副本光盘或者通过信息系统调阅。

人民法院、人民检察院依法调取讯问录音录像资料的，办案部门应当在三日内将副本光盘移交人民法院、人民检察院。利用磁盘等存储设备存储的，应当转录为光盘后移交。

第二十条【调取手续】 调取光盘时，保管人员应当在专门的登记册上登记调取人员、时间、事由、预计使用时间、审批人等事项，并由调取人员和保管人员共同签字。

对调取、使用的光盘，有关单位应当妥善保管，并在使用完毕后及时交还保管人员。

调取人归还光盘时，保管人员应当进行检查、核对，有损毁、调换、灭失等情况的，应当如实记录，并报告办案部门负责人。

第二十一条【严格管理】 通过信息系统调阅讯问录音录像资料的，应当综合考虑部门职责、岗位性质、工作职权等因素，严格限定使用权限，严格落实管理制度。

第四章　监督与责任

第二十二条【执法考核】 讯问录音录像工作和讯问录音录像资料的管理

使用情况，应当纳入所在单位案件审核和执法质量考评范围。

对本规定第四条规定的案件，办案部门在报送审核时应当同时提交讯问录音录像资料。审核部门应当重点审查是否存在以下情形：

（一）以刑讯逼供等非法方法收集证据；

（二）未在讯问室讯问犯罪嫌疑人；

（三）未保证犯罪嫌疑人的饮食和必要的休息时间；

（四）讯问笔录记载的起止时间与讯问录音录像资料反映的起止时间不一致；

（五）讯问笔录与讯问录音录像资料内容严重不符。

对本规定第四条规定以外的案件，存在刑讯逼供等非法取证嫌疑的，审核部门应当对讯问录音录像资料进行审查。

第二十三条【口供排除】审核部门发现具有下列情形之一的，不得将犯罪嫌疑人供述作为提请批准逮捕、移送审查起诉的依据：

（一）存在本规定第二十二条第二款第一项情形的；

（二）存在本规定第二十二条第二款第二项至第五项情形而未进行补正、解释，或者经补正、解释后仍不能有效证明讯问过程合法性的。

第二十四条【责任追究】对违反本规定，具有下列情形之一的，应当根据有关规定追究有关单位和人员的责任：

（一）未对本规定第四条规定的案件讯问过程进行录音录像，导致有关证据被人民法院、人民检察院依法排除的；

（二）讯问笔录与讯问录音录像资料内容严重不符，影响证据效力的；

（三）对讯问录音录像资料进行剪接、删改的；

（四）未按规定保管，致使讯问录音录像资料毁损、灭失、泄露的；

（五）私自或者违规调取、使用、披露讯问录音录像资料，影响案件办理或者侵犯当事人合法权益的；

（六）其他违反本规定，应当追究责任的。

第五章 附 则

第二十五条【适用范围】公安机关办理刑事案件，需要对询问被害人、证人过程进行录音录像的，适用本规定。

第四章 鉴定意见

第一节 伤情鉴定意见的审查与判断

伤情鉴定意见是伤害类案件的主要证据,鉴定意见是否客观、科学,关系到案件的定罪量刑。在故意伤害罪中,伤情为轻微伤的,不构成故意伤害罪;伤情为轻伤的,处三年以下有期徒刑、拘役或者管制;伤情为重伤的,处三年以上十年以下有期徒刑。可见,伤情鉴定的结果直接关系到案件的处理,办案人员务必重视伤情鉴定意见的审查与判断。

第一,办案人员是否依法对被害人的伤情进行检查,并依法制作检查笔录,以确定被害人的伤情和犯罪嫌疑人的行为之间是否具有刑法上的因果关系。《公安机关办理刑事案件程序规定》第217条规定:"为了确定被害人、犯罪嫌疑人的某些特征、伤害情况或者生理状态,可以对人身进行检查……检查的情况应当制作笔录,由参加检查的侦查人员、检查人员、被检查人员和见证人签名……"《公安机关办理伤害案件规定》第13条规定:"公安机关办理伤害案件,现场具备勘验、检查条件的,应当及时进行勘验、检查。"第14条第1款规定:"伤害案件现场勘验、检查的任务是发现、固定、提取与伤害行为有关的痕迹、物证及其他信息,确定伤害状态,分析伤害过程,为查处伤害案件提供线索和证据。"可见,上述规定要求进行人身检查,为司法鉴定提供检材或样本。

例如,在"钟某故意伤害案"中,犯罪嫌疑人钟某应被害人亓某之约上门讨薪,被亓某打成轻微伤。案发10个月后,公安机关法医鉴定却认定亓某所受伤害为轻伤(即手臂和腿骨骨折),据此对钟某上网追逃。2016年2月底,钟某因劳动争议纠纷与纪某对簿公堂时被警方当场带走,后被刑事拘留。

辩护人介入后，向当地检察院提出了本案事实不清、证据不足的法律意见，即现有证据不能排除被害人伤情不是钟某行为所致的合理怀疑，建议检察机关不批准逮捕。随后，检察机关认为本案事实不清、证据不足，决定不予批准逮捕。

第二，送检材料真实、全面，鉴定意见是否具备客观性、关联性、合法性。提供全面、真实、可靠的材料是正确鉴定的前提和基础。审查用来进行鉴定的材料，一般从以下几方面进行：一是送检材料记录单，与鉴定意见记录的送检材料相比对，查看数量是否充足、名称是否一致；二是将送检的材料记录与案件中提取的物品、痕迹等记录进行对照，查看两者是否一致；三是查看送检的材料是否真实、可靠；四是在鉴定过程中，鉴定人是否有转委托的情况，如果有，在转交鉴定材料过程中，是否有遗失或被调包等情况。

在骨折等内伤类轻伤害案件的鉴定中，公安机关法医进行伤情鉴定所依据的检材主要是X光片、CT、核磁共振等影像资料及医院门诊病历、住院病历，而这些检材又多是"被害人"于案发后第一时间自行诊疗所得，并没有经过法医、侦查员的监督、见证，医院又没有核对患者身份信息真伪的职能。这就为"被害人"偷梁换柱，向法医提供虚假影像资料、病历进行鉴定提供了可能。

例如，在"刘某轻伤案"中，辩护人在与被告人刘某及其亲属的交流中，得知被害人案发前后身体状况并没有表现出明显不同。而法医出具的鉴定意见却是"其多发肋骨骨折，构成轻伤"，鉴定的依据就是被害人于案发后第21天提供的CT。辩护人认为，公安机关法医鉴定依据的CT不是"被害人"的CT，向一审法院提出了重新鉴定申请，要求进行同一性鉴定。经多次沟通，一审法院启动重新鉴定程序，后委托北京某司法鉴定机构进行鉴定。鉴定结论为，经比对，重新鉴定期间拍摄的被害人同体位CT，与公安机关法医鉴定所依据的CT有多处不符。可见，原鉴定为轻伤依据的CT存在虚假的可能，应予纠正。

第三，是否告知、保障犯罪嫌疑人申请回避的权利。《刑事诉讼法》第29条规定："审判人员、检察人员、侦查人员有下列情形之一的，应当自行回避，当事人及其法定代理人也有权要求他们回避：（一）是本案的当事人或者是当事人的近亲属的；（二）本人或者他的近亲属和本案有利害关系的；（三）担任过本案的证人、鉴定人、辩护人、诉讼代理人的；（四）与本案当事人有其他关系，可能影响公正处理案件的。"对于鉴定人，同样适用上述关于回避的规定。如果审查发现给被害人拍 X 光片、CT、核磁共振的放射科医生，阅片、会诊专家，接诊主治医师与其有近亲属、利害关系人等关系，可能影响公正审理案件的，依法按照回避规定处理。

例如，在"张某兵轻伤害案"中，被害人就诊的两家医院分别是其儿子、儿媳的工作单位。公安机关法医鉴定所依据的 CT、病历全部来自这两家医院，且是被害人自行向法医提供的前述检材。辩护律师认为，被害人在其儿子、儿媳工作的医院就诊，违反了回避规定，有必要到其他医院重新检查。后侦查机关启动了重新鉴定程序。

第四，鉴定时机不符，导致伤情鉴定结果不具有精准性、客观性、科学性。《人体损伤程度鉴定标准》第 4.2.1 条规定，以原发性损伤为主要鉴定依据的，伤后即可进行鉴定；以损伤所致的并发症为主要鉴定依据的，在伤情稳定后进行鉴定。第 4.2.2 条规定，以容貌损害或者组织器官功能障碍为主要鉴定依据的，在损伤 90 日后进行鉴定；在特殊情况下，可以根据原发性损伤及其并发症出具鉴定意见，但须对有可能出现的后遗症加以说明，必要时应进行复检并予以补充鉴定。第 4.2.3 条规定，疑难、复杂的损伤，在临床治疗终结或者伤情稳定后进行鉴定。

例如，在"廖某故意伤害案"中，被害人左手背部被菜刀割伤（肌腱断裂），司法鉴定中心于被害人受伤次日作出轻伤二级的鉴定意见。辩护律师经咨询法医专家，认为根据法医临床经验，判断手功能是否丧失及丧失程度的鉴定时间是在医疗终结后，而非损伤发生后。[1]因此，司法鉴定中心鉴定意见依据《人体损伤程度鉴定标准》第 5.10.4.a 条"手功能丧失累计达一手功能 4%"的规定，认定被害人构成轻伤二级有违鉴定规范。经过沟通，司法鉴定中心主动撤回鉴定意见，检察院对犯罪嫌疑人依法作出不予批准逮捕决定。

第五，鉴定意见是否能与在案的其他证据相互印证。鉴定意见是伤害类犯罪案件的重要证据，但其证明力往往具有间接性，能否成为定案根据需要综合全案证据判断，审查是否与其他证据相互印证，排除合理怀疑，达到证据确实、充分的证明标准。

---

[1] 庄洪胜编著：《人体损伤程度鉴定标准理解与适用》，中国法制出版社 2013 年版，第 408 页。

例如，在"李某被伤害案"中，浙江省人身伤害鉴定委员会作出李某伤势并非骨折征象意见的依据主要有：一是右侧第7~9前肋与左侧第7~9前肋表现相似；二是右侧第7~9前肋出现毛糙也符合该部位生理结构的生长特征；三是按照正常的骨痂生长原理，结合拍片时间与事发时间的间隔，若为2010年12月15日打斗造成的创伤，不可能在如此短的时间内形成明显的骨痂。该鉴定意见与被害人案发后前3份拍片结果能够相互印证。[1]

第六，审查鉴定人的专业知识与技能及中立性。例如，在"李某被伤害案中"，浙江省人身伤害鉴定委员会的鉴定人均由公、检、法及医疗各部门系统中的资深法医、专家组成，专业知识与技能较强。而且，本案一审法院委托浙江省人身伤害鉴定委员会进行鉴定是为了确定李某肋骨骨折的伤势与本案付某林12月15日的行为是否有因果关系，委托时未对李某的伤势并非骨折作任何提示，因此该鉴定意见是在鉴定人客观、中立的情况下独立作出的。[2]

总之，伤情是轻害案件构罪的必备要件，司法鉴定是确定伤情的基础，检材又是伤情鉴定的基础。在办理此类案件时，需要着重审查伤情鉴定意见。

第二节 法医尸体检验鉴定常见问题

法医尸体检验鉴定是指根据法律要求，由司法鉴定机构指派鉴定人员，运用医学和有关自然科学知识，对各种死亡或死因不明的尸体进行检查，以判断死亡原因，明确死亡性质，推断死亡时间，分析、认定致伤凶器，并同时进行个人识别，最终出具书面鉴定意见。笔者根据办案经验，整理了对法医尸体检验鉴定意见的审查要点。

第一，尸体解剖不全或不解剖，导致许多案件失去最佳取证时机，无法得出确定性鉴定意见。有的只进行尸表检查，忽视对内部器官、胃内容物及

---

[1] 陈克娥、蒋敏："付代林故意伤害案（第930号）——如何审查人身伤害鉴定意见？"，载中华人民共和国最高人民法院刑事审判第一、二、三、四、五庭主办：《刑事审判参考》（总第95集），法律出版社2014年版。

[2] 陈克娥、蒋敏："付代林故意伤害案（第930号）——如何审查人身伤害鉴定意见？"，载最高人民法院刑事审判第一、二、三、四、五庭主办：《刑事审判参考》（总第95集），法律出版社2014年版。

分泌物的检查。有的只关注尸体本身，忽视对被害人衣物等的检查。有的只关注明显伤痕部位，忽略对全部体表特征的检查。

例如，在"胡某兰交通事故案"中，鉴定人员根据死者衣物上的散在油漆碎片（大型货车车辆表面漆片）、微细玻璃碎片及车辆轮胎花纹印痕等痕迹的情况，结合其他相关资料对肇事车辆进行认定，最终抓获肇事逃逸并造成被撞人员死亡的驾驶员。在尸体检验过程中，对于衣物上的痕迹和异物的检查是这样进行的：首先，进行肉眼观察、直尺测量和记录照相；其次，借助放大镜和显微镜进行更为细致的观察，同时对其分布及特征进行分析；最后，对各种异物成分仔细提取、包装并送检，完成与可疑车辆对比与认证的后期工作。

第二，鉴定意见不完整，只重视死因分析，不重视致伤物的推断、死亡时间的推断等，尤其是存在两个以上行为人同时使用不同凶器作案的案件，不能确认致命伤的凶器意味着不能确定致命伤的凶手，而死亡时间的确定对案件犯罪嫌疑人的排除起着非常重要的作用。

第三，损伤与疾病参与度判别不清，导致损伤与疾病的关系不明。被害人受伤或者死亡结果可能是多因一果，尤其应注意被害人自身疾病原因。例如，在交通事故中，受害人患有癌症等严重疾病，交通事故本身不直接造成死亡等严重后果，但受害人却因交通事故造成的损伤引发自身疾病而导致死亡，在对被告人定罪量刑和认定民事赔偿方面应当加以区别。

第四，医疗过错与损伤对死因参与度的判断不清，也会影响案件的量刑，甚至定性。因为医疗过错介入因果关系的刑事案件在审判实践中客观存在，且医疗过错与损害结果之间是否有因果关系及其参与度的大小客观上会影响对被告人的定罪量刑。

例如，在"李某故意伤害案"中，被告人的伤害行为发生于2015年11月3日，事发后被害人即被送往医院抢救。被害人于4天后（即11月7日）死亡，期间有4天的治疗。根据案情，李某的凶器是木棍，属于钝器而非利器，如果抢救及时或者抢救方式得当，被害人获救的可能性极大。而如果抢救方法不当，则可能导致被害人死亡。经鉴定，某医院在对被害人的诊疗过程中存在一定过错，医方的过错与损害后果之间存在一定的因果关系，建议承担共同责任（即医方过错占40%~60%的责任）。最终，法院根据该情节在对被告人量刑时予以从宽考虑。

第五，绝大部分鉴定机构均缺乏必要的病理检验条件，切片观察诊断往往借助于医院或院校的病理科室，而有的法医只看病理切片的诊断结果即作出鉴定意见，从而造成错案。[1]

第六，现场勘验、检查程序不规范，物证提取不全面、不规范、丢失或遗漏，有的物证提取后不及时检验。现场勘验、检查是发现、固定、提取与犯罪有关的痕迹、物证及其他信息，为侦查破案、刑事诉讼提供线索和证据的活动，应当遵循依法、安全、及时、客观、全面、细致的工作原则。辩护律师需要注意审查现场勘验、检查活动的规范性、完整性等。

总之，法医尸体检验鉴定意见常见于命案中，具有高度专业性，以上六点审查思路较为粗浅，如需实质性审查，建议委托具有专门知识的人，以提高审查意见的专业性和权威性。

第三节 精神病司法鉴定的程序和常见问题

一、鉴定基本程序

第一，审查司法鉴定机构是否能够胜任委托的工作。关于鉴定机构是否有资格和技术条件来完成委托要求，可以审查其执业许可证、认证认可证书、评优评先情况。

第二，委托资料是否齐全。如果资料欠缺，需要委托方继续补充材料，直到材料补充完整。然后，在这些材料当中搜寻对鉴定有价值的信息，因为不同类型的精神病具有不同的临床表现，须结合审查当事人以前是否有精神病史。

第三，审查有无家族精神病史。精神疾病是有遗传倾向的。研究表明，如果父母一方有精神疾病，子女的患病概率会增加；如果父母双方都有精神疾病，子女的患病概率更高。

第四，审查是否有异常的行为表现。精神病人的异常表现主要是知、情、

---

[1] 病理组织学检验是在大体解剖检验时对相关器官、组织进行提取，然后经过制作病理组织切片，再利用显微镜对病理组织切片进行观察，从而获得病理组织学诊断意见。病理组织学诊断意见与尸表检验意见、大体解剖检验意见以及相关实验室检查意见共同组成法医病理学鉴定意见。易言之，病理组织学诊断意见是法医病理学鉴定意见的基础性材料。

意三个方面，即认知方面、情感方面以及意志方面。律师在审查资料的时候应结合书面材料，在与被鉴定人互动、交谈的过程中观察其有没有行为异常。

第五，对被鉴定人及其家属、知情人进行调查。仅调查被鉴定人的家属具有局限性，须尽可能全面调查，通过被鉴定人的家属和知情人了解被鉴定人日常的表现和异常情况，有必要的还要到被鉴定人的居住地、单位了解情况。

第六，调查之后，最重要的内容是对被鉴定人的精神检查。对被鉴定人的精神检查主要采用会谈的方式。在会谈当中了解被鉴定人知、情、意的一些异常的表现。此外，可采用一些辅助的手段进行心理测验，常见方法有明尼苏达多相人格测验、艾森克个性测验和90项症状清单等。这些心理测验都是标准化的，经过统计学的分析，具有科学性，并且可以进行量化。必要时还可进行实验室检查，例如头部的CT、核磁共振、脑电图检查。

二、常见问题

第一，委托鉴定事项是否超出司法鉴定机构业务范围。法医精神病鉴定业务范围的内容包括精神状态鉴定、刑事类行为能力鉴定、民事类行为能力鉴定、其他类行为能力鉴定、精神损伤类鉴定、医疗损害鉴定、危险性评估、精神障碍医学鉴定以及与心理、精神相关的其他法医精神病鉴定等。鉴定事项超出该鉴定机构业务范围的，鉴定意见不得作为定案的根据。

第二，鉴定材料不真实、不完整、不充分或者取得方式不合法。审查鉴定材料时，从形式和实质两方面着手，符合证据要求的公安机关依法调查的证据材料可以采用。证据材料不完整的，可以申请公安机关补充收集。

第三，鉴定要求不符合司法鉴定职业规则或者相关鉴定技术规范。精神病鉴定的方法比较单一，现在适用的国家标准包括三个：一是世界卫生组织的《疾病和有关健康问题的国际统计分类》（ICD-10）；二是《中国精神障碍分类及诊断标准》（CCMD-3）；三是司法部发布的行业标准，有《精神障碍者司法鉴定精神检查规范》（SF/Z JD0104001—2011）、《精神伤残程度评定》（F/Z JD0104004—2014）、《精神障碍者刑事责任能力评定指南》（SF/Z JD0104002—2016）、《精神障碍者服刑能力评定指南》（SF/Z JD0104003—2016）、《精神障碍者受审能力评定指南》（SF/Z JD0104005—2018）。

第四，精神病鉴定意见主观性强。我国目前对精神病人诉讼行为能力的评定仍系经验式判断，缺乏系统、准确、客观、一致性较高的评判工具。因为判断被告人是否存在精神疾病是一个专业性非常强的问题，并非法律专业人士可以胜任，而应由具有丰富的精神病学知识和经验的专家加以判断。精神病学又是一门经验学科，客观检测方法有限，缺乏高精仪器设备的支撑，加之实施危害行为的人及其关系人总有逃避刑罚制裁的动机，导致通过精神疾病司法鉴定获得的资料的准确性受到了影响。这些因素导致精神疾病司法鉴定具有不稳定性，也使得精神疾病司法鉴定意见是目前存在争议比较大的一种证据。

第五，一人鉴定的现象。《司法鉴定程序通则》第 18 条第 1 款规定，司法鉴定机构受理鉴定委托后，应当指定本机构具有该鉴定事项执业资格的司法鉴定人进行鉴定。实践中，有的鉴定机构只有 3 名精神病法医鉴定人，其中 2 个鉴定人是"挂证"，如果有鉴定业务可能就是单人鉴定，甚至由助理单独鉴定。对此种情况需要加以注意。

第四节　价格鉴定结论书审查与判断

价格鉴定结论书是刑事诉讼中较为常见的一类证据，会影响对被告人罪与非罪的认定与刑罚轻重。

一、估价前需要进行真伪鉴定的涉案财物

因大部分涉案财物造假成本较高，假货较少，其真伪显而易见，故无须进行真伪、质量、技术检测。但是，金银珠宝、文物、字画、艺术品、奢侈品、钟表、香烟等财物，存在赝品、假货的可能性较大，在认定价格之前，应当进行真伪、质量、技术检测。

根据《被盗财物价格认定规则（2020 年）》第 4 条第 2 款的规定，价格认定委托书、协助书上应当载明价格认定机构名称，价格认定目的，被盗财物名称、数量、规格型号、真伪质量检测证明，价格内涵（被盗财物所处不同环节、区域及其他特定情况的价格限定），价格认定基准日，提出机关名称、联系人、联系方式，提供材料名称和份数，其他需要说明的事项等内容。例如，农产品的价格内涵包括生长周期（芽、花、果等）、生命周期（种、芽、苗、初果、盛果、衰老、死亡等）、流通环节（产品收购、储运、批发、

零售等）等环节的价格；工业品的价格内涵包括生产过程（在产品、产成品等）、流通过程（出厂、储运、总经销、分销、批发、零售）、回收过程等环节的价格。

根据《扣押、追缴、没收物品估价管理办法》第 20 条的规定，价格事务所对委托估价的文物、邮票、字画、贵重金银、珠宝及其制品等特殊物品，应当送有关专业部门作出技术、质量鉴定后，根据其提供的有关依据，作出估价结论。

根据《钟表价格认定规则》第 3 条的规定，价格认定机构应要求办案机关在价格认定协助书中明确涉案钟表的真伪。

根据《被盗财物价格认定规则（2020 年）》第 8 条第 3 项的规定，被盗财物为书画、文物、珠宝玉石等需要进行真伪、质量等检测的，应当结合提出机关提供的真伪、质量检测证明，对作者、创作年代、作品质量、历史价值、规格尺寸、品相以及品牌、重量、材质、颜色、净度等级、工艺水平和配件等进行查验或者勘验。

根据《涉烟案件物品价格鉴定操作规范》第 5 条的规定，制烟原料、制烟辅料、烟草制品的品质及真伪，以委托方提供的由国家产品质量监督管理部门指定的烟草质量监督检测机构出具的技术检验报告为准。委托方无法提供技术检验报告的，应当在委托书中对其品质及真伪予以明确。

例如，邓州市人民法院［2013］邓刑初字第 577 号判决书认为，被告人李某荣于庭审中辩解其盗窃的浪琴手表价格太高，经查，邓州市公安局委托邓州市价格认证中心对此表进行价格鉴定，邓州市价格认证中心以委托方无法提供浪琴手表的具体型号、质量技术及真伪报告为由不予受理，说明此表的真伪及价格无法确定，故对被告人的辩解理由予以采纳。

再如，上海市第二中级人民法院［2014］沪二中刑终字第 619 号裁定书认为，上海市钟表行业协会是钟表领域专业性的行业组织，对钟表真伪鉴定具有权威性。本案中，原审法院经上海市价格认证中心推荐，委托上海市钟表行业协会对法兰克穆勒牌手表进行真伪鉴定，该协会指派蔡某进行检验，后出具了鉴定意见。该鉴定意见可以作为判断涉案的法兰克穆勒牌手表真伪的依据。

二、无须价格鉴定的涉案财物

有明确价格证明等可直接确认涉案财物价值的，无须鉴定价格。已查明有价格标签或完整的财务账册，能够清晰证明涉案物品的实际销售价格，证言证词能互相印证，且当事人对价格无异议的，原则上不进行价格认定。市场调节价格之外的，或者市场调节价格之内的价格明确或价格无争议的有形产品、无形产品或有偿服务等都可以不进行价格认定。

根据《价格认定规定》第2条的规定，该规定所称价格认定，是指经有关国家机关提出，价格认定机构对纪检监察、司法、行政工作中所涉及的，价格不明或者价格有争议的，实行市场调节价的有形产品、无形产品和各类有偿服务进行价格确认的行为。

根据《扣押、追缴、没收物品估价管理办法》第4条的规定，对于扣押、追缴、没收的珍贵文物，珍贵、濒危动物及其制品，珍稀植物及其制品，毒品，淫秽物品，枪支、弹药等不以价格数额作为定罪量刑标准的，不需要估价。

根据《被盗财物价格认定规则（2020年）》第3条的规定，该规则所称被盗财物价格认定，是指价格认定机构对公安机关、人民检察院、人民法院办理的涉嫌盗窃罪案件中无被盗财物有效价格证明或者根据价格证明认定盗窃数额明显不合理时，进行价格确认的行为。第7条第1款规定，被盗财物为人民币、外币、有价支付凭证、有价证券、有价票证以及其他提出机关可以直接确认价格的财物，价格认定机构可以不予受理。

根据《涉案侵权和伪劣商品价格认定规则》第6条的规定，侵权和伪劣商品已查明有标价或有实际销售价格的，原则上不进行价格认定。

三、政府指导价的商品如何认定价格

根据《价格法》第2条、第3条的规定，价格包括商品价格和服务价格。商品价格是指各类有形产品和无形资产的价格。服务价格是指各类有偿服务的收费。大多数商品和服务价格实行市场调节价，极少数商品和服务价格实行政府指导价或者政府定价。根据《价格认定规定》的规定，价格认定，是指对价格不明或者价格有争议的，实行市场调节价的有形产品、无形资产和各类有偿服务进行价格确认的行为。因此，对于实行政府指导价或者政府定价的产品和服务，应根据政府规定的幅度、利润或管理办法确定价格，而不由价格认定机构进行价格认定。

例如，永康市人民法院［2014］金永刑初字第1748号判决书认为，永康市价格认证中心根据市场法所作的永价证鉴［2014］665号价格鉴定意见，鉴定主体、程序及内容均符合法律规定。但根据《浙江省价格鉴定规程》第9条的规定，价格鉴定标的实行政府指导价管理的，应根据政府规定的幅度、利润或管理办法确定价格。我国的香烟定价即实行政府指导价，根据国家烟草专卖局的相关文件，所有卷烟品牌的零售指导价均不得超过1000元/200支，故对鉴定意见中的"和天下香烟2011年价格为1100元/200支"部分，应当予以调整。

四、价格鉴定的方法

根据《被盗财物价格认定规则（2020年）》第11条的规定，被盗财物价格认定一般采取市场法、成本法、专家咨询法等方法。根据价格认定目的、被盗财物类别、状态、价格内涵、可以采集的数据和信息资料情况等因素，选择一种或者几种价格认定方法。采用多种认定方法时，应当综合考虑不同方法的测算思路和参数来源，分析每种方法对应结果的合理性，最终确定价格认定结论。

市场法是指通过市场调查，选择3个或3个以上与价格认定标的相同或类似的可比较的参照物，分析二者之间的差异并调整，从而确定标的物的市场价格的方法。市场法的适用条件有两个：一是涉案财物有活跃的交易市场；二是参照物及其与价格认定标的可比较的指标、技术参数等资料是可收集的。市场法认定价格的基本公式："价格认定标的的价格＝参照物价格×（1±差异调整系数）"，或者"参照物的现行市价±二者比较的差异金额"。

成本法也称重置成本法，是指按价格认定标的现时重置成本扣减各种耗损值来确定价格。成本法最适合的范围是没有收益，市场上难以找到交易参照物的商品，如学校、公路、桥梁等。成本法认定价格的基本公式："价格认定标的的价格＝重置成本－实体性贬值－功能性贬值－经济性贬值"，或者"价格认定标的的价格＝重置成本×成新率"。

专家咨询法是一种模拟市场法，指专家扮演购买者，利用其知识、经验和分析判断能力对商品作出价格认定的方法。专家咨询法适用的条件有以下三个：一是价格认定标的属性特殊、专业性强，难以用市场法等进行价格认定，如古董、文物、字画。二是价格不取决于成本，其艺术价值、科学价值、历史价值等方面差异大、可比性差。三是可找到相关数量的专家，其专业性达到一定级别。一般而言，专家人数10人左右，不少于5人。既要选技术方面的专家，也要选了解市场价格的销售方面的专家。

根据《被盗财物价格认定规则（2020年）》第14条的规定，被盗财物属性特殊、专业性强，难以采用市场法和成本法进行价格认定时，可以采用专家咨询法。在运用市场法和成本法过程中咨询有关专家的，不属于专家咨询法。

五、价格鉴定的程序

根据2016年7月1日起施行的《价格认定行为规范》的规定，价格认定程序包括：①价格认定的提出；②价格认定的受理；③价格认定人员的指派；④实物查验或者勘验；⑤听取意见；⑥市场调查；⑦分析测算及得出结论；⑧内部审核及集体审议；⑨签发及文书制作；⑩送达及归档。根据案件具体情况，有些程序并非必经程序。

六、价格鉴定结论书的审查重点

价格鉴定结论书需要重点审查测算说明、价格鉴定技术报告。当前，价格鉴定文书对鉴定过程的表述较为笼统。同时，既没有列出计算公式，也没有对被鉴定物品的重置成本、贬值因素、成新率等进行必要的说明，鉴定过程的格式化给人一种"知其然，不知其所以然"的感觉。因此，司法人员、辩护人应重点审查价格鉴定结论书附件，包括测算说明和价格鉴定技术报告，测算说明图样和价格鉴定技术报告图样。

七、涉案财物价格鉴定基准日、基准价的确定

涉案财物的价格随时间的变化而变化，不同的价格认定基准日将产生不同的鉴定结果。价格认定基准日并非价格鉴定人员实际现场勘察鉴定、评定估算的日期，而是价格认定结论对应的日期，既可以是某一个时点，也可以是某一时段，通常情况是案发日或案发时间段。除法律法规和司法解释另有规定外，涉案财物价格鉴定的基准日应当由办案机关根据案件实际情况确定。

刑事案件中扣押、追缴、没收财物价格鉴定基准日一般为涉嫌犯罪作案日（或案发日）；一案中有不同作案日的，应根据不同作案日分别进行价格鉴定。贪污、贿赂案件返赃财物，按委托人要求确定价格鉴定基准日。

价格鉴定基准价的确定，应当考虑物品是否进入销售环节：如没有进入销售环节，应该以进货价格认定数额；如进入销售环节，应当以标价作为基准进行鉴定（如存在打折情况，应以折后价计算犯罪数额；有实际成交价的，应以实际成交价为准）。

根据《被盗财物价格认定规则（2020年）》第4条的规定，价格认定机构应当要求提出机关提供必要、完整、准确的价格认定委托书、协助书和价格认定必需的相关材料。提出机关对上述文书、材料的真实性、合法性负责。例如，杭州市上城区人民法院［2013］杭上刑初字第478号判决书认为，经清点被盗衣物共90件，是4月25日新到货品，上述衣物均没有参加打折活动，当时是按照标签上的价格出售，总价值为人民币37 890元。

八、被告人能否要求价格鉴定机构重新鉴定、复核

被告人可以对价格鉴定结论提出复核申请；司法机关同意的，可以按规定提出复核，但不是由原价格认定机构重新鉴定。

根据《价格认定行为规范》第44条第1款、第3款的规定，提出机关对价格认定结论有异议的，可在收到价格认定结论之日起60日内，向上一级价格认定机构提出复核。提出复核不得超过2次。当事人对价格认定结论有异议的，可以向提出机关提出复核申请，提出机关认可后，按规定提出复核。

例如，上海市第二中级人民法院［2014］沪二中刑终字第619号裁定书认为，根据《涉案物品价格鉴定复核裁定管理办法》（已失效）的规定，能够对鉴定结论提出复核裁定申请的是委托人（即行政、司法机关），而不是案件当事人。本案中，上诉人邵某华对上海市价格鉴定中心出具的复核裁定有异议，要求向国家发展和改革委员会价格认证中心申请复核裁定，但是否准许应由委托鉴定的原审法院根据案件的实际情况决定。因此，原审法院不准许邵某华的申请，符合相关规定。

九、原鉴定机构能否参与重新鉴定

因特殊原因，委托人也可以委托原司法鉴定机构进行重新鉴定，但是原

鉴定人不可以参与重新鉴定。

例如，长春市朝阳区人民法院［2014］朝刑初字第 523 号判决书认为，本案存在 2 份价格鉴定结论书：第一份价格鉴定结论书认定被损物品价值人民币 33 755 元；第二份价格鉴定结论书认定被损物品价值人民币 204 838 元。公诉机关指控被告人王某、吴某河犯故意毁坏财物罪的依据是第二份价格鉴定结论书。但经审理查明：第二份价格鉴定结论书系被害人对第一份价格鉴定结论书不服提出重新鉴定所作出的结论。《司法鉴定程序通则》第 32 条第 1 款规定："重新鉴定应当委托原司法鉴定机构以外的其他司法鉴定机构进行鉴定；因特殊原因，委托人也可以委托原司法鉴定机构进行鉴定，但原司法鉴定机构应当指定原司法鉴定人以外的其他符合条件的司法鉴定人进行。"本案重新鉴定时，原鉴定人员参与重新鉴定，第二份鉴定结论违反法定程序，且法院向鉴定人下发出庭通知书，通知其出庭就鉴定意见说明情况，鉴定人没有出庭，故对第二份鉴定意见不予采信。

十、社会估价鉴定机构能否参与刑事价格认定

目前，有的地方社会估价鉴定机构可以参与刑事价格认定，但有的地方则不可以。

根据《扣押、追缴、没收物品估价管理办法》第 5 条的规定，国务院及地方人民政府价格部门是扣押、追缴、没收物品估价工作的主管部门，其设立的价格事务所是各级人民法院、人民检察院、公安机关指定的扣押、追缴、没收物品估价机构，其他任何机构或者个人不得对扣押、追缴、没收物品估价。但是，随着司法鉴定向社会鉴定机构逐步放开，终将打破物价部门主导价格鉴定的局面。

例如，凭祥市人民法院一审［2012］凭刑初字第 65 号判决书认为，经广西正意价格评估有限公司（该公司于 2012 年 1 月 30 日取得由国家发展和改革委员会核发的甲级综合涉诉讼类《价格评估机构资质证书》，可在全国范围开展业务）鉴定，房内被损坏的财物价值为 88 654 元，广西正意价格评估有限公司就本案出具了桂正价鉴字［2012］540616 号价格鉴定意见。基于依法、公正、客观、科学的原则，法院认为应采信桂正价鉴字［2012］540616 号的价格鉴定意见，而对凭价鉴字［2012］68 号价格鉴定意见及凭公鉴通字［2012］00060 号鉴定结论通知书则不予采纳，对公诉机关凭祥市人民检察院

根据凭价鉴字［2012］68号价格鉴定意见起诉涉案被损害财物的价值为41 778元的指控事实部分，不予支持。

十一、价格认证中心对网络虚拟财产的估价

网络虚拟财产（如Q币、游戏点卡）是以电磁记录的方式存在于网络和游戏程序中的。价格认证中心能否对虚拟财产估价，主要涉及两个问题：一是价格认证中心鉴定资质的范围；二是虚拟财产的法律属性。由国家发展和改革委员会颁发的《价格评估机构资质证书》明确各级价格认证中心有权对行政区域内的有形财产和无形财产进行认定与鉴定。一般认为，网络虚拟财产在法律属性上是一种新的财产类型、新的财产权利，既不是有形财产也不是无形财产。根据《国家发展和改革委员会价格认证中心关于对网络游戏虚拟财产价格鉴定请示的复函》的分析，价格认证中心可以对网络虚拟财产进行估价。

第五节 毒品理化检验报告审查与判断

鉴定意见又称"科学法官"，是专业人员对案件的专业问题发表的意见，直接影响案件的定罪量刑。毒品犯罪案件中，常见的毒品理化检验报告属于鉴定意见的范畴。笔者将以辩护人的视角，总结毒品理化检验报告的质证思路。

一、检材与毒品疑似物的同一性

根据法律规定，毒品疑似物的检材要做到来源可靠、提取合法、保管规范、送检及时。应结合扣押清单、扣押笔录、称量笔录、取样笔录、送检人姓名，审查检材保管过程是否完整，中间环节是否存在断裂或者时间空白，保证检材与毒品疑似物的同一性。

例如，在"赵某等5人制造、贩卖毒品案"中（制造α-PVP，俗称"第二代浴盐"，属于卡西酮的衍生物，2015年被列入《非药用类麻醉药品和精神药品管制品种增补目录》），公安人员对李某某的福特轿车内的毒品疑似物取样后，没有对样本进行封存，李某某也没有签字确认，检材与毒品疑似物的同一性无法确定。根据《最高人民法院、最高人民检察院、公安部关于印发〈办理毒品犯罪案件毒品提取、扣押、称量、取样和送检程序若干问题的

规定〉的通知》第 27 条的规定，在查获毒品的现场或者公安机关办案场所取样的，应当使用封装袋封装检材并加密封口，作好标记和编号，由取样人、犯罪嫌疑人和见证人在封口处或者指定位置签名并签署封装日期。经审查取样照片和视频，未看到封装检材并加密封口以及取样人、被告人李某某和见证人在封口处或者指定位置签名并签署封装日期。因此，检材与毒品疑似物的同一性无法保证，检材来源不明，鉴定意见不得作为定案依据。

二、检材提取方法的正确性

检材提取又称取样，是指侦查人员查获可疑毒品，在称量工作完成后，在查获现场或者公安机关办案场所进行取样，为司法鉴定提供检验材料。针对不同的可疑毒品形态、包装数量，应采取不同的取样方法，且从不同包装中选取或者随机抽取的检材应当分别独立封装，不得混同。取样后样品应由专人保管，在检材保管和送检过程中，应当采取妥善措施防止其发生变质、泄露、遗失、毁损或者受污染等。

例如，在"赵某制造毒品案"中，制毒现场有 2 个塑料桶，装有液态毒品疑似物，公安人员用一根注射器在 2 个塑料桶分别取样。上述做法明显不符合取样规定，本应用不同的注射器取样，以免交叉污染，不能排除 2 桶的样本交叉污染的可能性。因此，检材存在污染，鉴定意见不得作为定案依据。

三、检验标准的合法性

依据《司法鉴定程序通则》第 23 条的规定，毒品检验应遵循国家标准优先原则。毒品检验的三个国家标准分别为：《疑似毒品中海洛因的气相色谱、气相色谱—质谱检验方法》（GB/T 29635—2013）；《疑似毒品中甲基苯丙胺的气相色谱、高效液相色谱和气相色谱—质谱检验方法》（GB/T 29636—2013）；《疑似毒品中氯胺酮的气相色谱、气相色谱—质谱检验方法》（GB/T 29637—2013）。涉及的新精神活性物质的毒品，鉴定标准为公安部禁毒局 2013 年公布的《检验鉴定技术规范》。

四、检验仪器的适格性

审查 GC/MS（气相色谱/质谱联用法）使用的是何种品牌、规格的联用仪，该仪器是否有产品合格证，是否进行有效值校准或性能检测，是否每 6

个月保养一次,等等,以判断检验仪器的适格性。

五、鉴定机构称量疑似毒品物属于超业务范围行为

《最高人民法院关于适用〈中华人民共和国刑事诉讼法〉的解释》第98条第1项规定:"鉴定意见具有下列情形之一的,不得作为定案的根据:(一)鉴定机构不具备法定资质,或者鉴定事项超出该鉴定机构业务范围、技术条件的……"称量是认定毒品重量的一种侦查行为,理应由公安人员进行,不得委托鉴定机构称量,如果司法鉴定接受了称量委托,属于超业务范围,称量的结果不得作为定案依据。

六、鉴定人技术职称的合法性

《公安机关鉴定人登记管理办法》第9条规定:"个人申请鉴定人资格,应当具备下列条件:……(三)具有与所申请从事鉴定项目相关的高级警务技术职务任职资格或者高级专业技术职称,或者高等院校相关专业本科以上学历,从事相关工作或研究五年以上,或者具有与所申请从事鉴定项目相关工作十年以上经历和较强的专业技能……"可见,具有高级专业技术职称的,可以申请鉴定人资格;具备相应学历与工作年限的,也可以申请鉴定人资格,关键是审查其专业、工作经验。如发现存在虚假情形,可申请政府信息公开,通过行政投诉途径撤销其鉴定人资格。如果鉴定人资格被否定,其出具的鉴定意见书不得作为定案的依据。

七、审查鉴定机构是否具备相应条件

《全国人民代表大会常务委员会关于司法鉴定管理问题的决定》第5条规定:"法人或者其他组织申请从事司法鉴定业务的,应当具备下列条件:……(三)有在业务范围内进行司法鉴定所必需的依法通过计量认证或者实验室认可的检测实验室……"《中华人民共和国认证认可条例》第15条规定:"向社会出具具有证明作用的数据和结果的检查机构、实验室,应当具备有关法律、行政法规规定的基本条件和能力,并依法经认定后,方可从事相应活动,认定结果由国务院认证认可监督管理部门公布。"因此,应审查鉴定机构是否具备相应的条件。

实务中,有的鉴定机构不随案移送计量认证资格证书,辩护人可以建议

法庭要求公诉方补充。如果无法补充，则可以鉴定机构鉴定无相应资质为由，申请相关鉴定意见不得作为定案依据。

八、鉴定文书形式要件的合法性与完整性

《公安机关鉴定规则》第46条、第47条详细规定了鉴定文书的内容和制作要求，辩护人可以按照规定全面审查。

总之，毒品理化检验报告是毒品犯罪案件的重要证据，辩护人对其进行实质审查时，有必要借助专家辅助人的意见，必要时可申请法庭启动重新鉴定。

第六节 常见行政鉴定证据在刑事诉讼中的使用

行政鉴定是行政机关在行政执法和查办案件过程中依据行政程序开展鉴定获得的专业性意见，在多数情况下被称为检验报告或鉴定意见。《人民检察院刑事诉讼规则》第64条第2款规定，行政机关在行政执法和查办案件过程中收集的鉴定意见与勘验、检查笔录，经人民检察院审查符合法定要求的，可以作为证据使用。可见，行政鉴定意见可以直接作为刑事证据使用。笔者结合常见的行政鉴定证据，分析其在刑事诉讼中的证据能力和证明力。

一、交通事故认定书在交通肇事案中的使用

交通肇事案中的交通事故认定书是公安机关交通管理部门根据交通事故现场勘验、检查、调查情况和有关的检验、鉴定结果制作的一种法律文书，本质上具有证据性质。交通事故认定书具有内容记载丰富与责任划分明确的特性，通常作为定案的直接证据予以采纳。但是，对肇事者逃逸，造成一人以上死亡，事故认定其承担全部责任，构成交通肇事罪的，如直接使用交通事故认定书，则易产生错案。判断肇事者是否构成犯罪的关键在于其违章行为与事故发生的因果关系，逃逸属于事后行为，根据事后不可罚原则，不宜对该行为作刑事评价。因此，法院不宜直接采信交通事故认定书，而应当结合全案的其他证据综合分析，进而正确认定肇事者的责任。

二、矿产鉴定报告在非法采矿案中的使用

根据《最高人民法院、最高人民检察院关于办理非法采矿、破坏性采矿刑事案件适用法律若干问题的解释》的规定，涉及矿产品的种类、价格、数量认定，一般由省级以上人民政府国土资源、水行政、海洋等主管部门出具鉴定报告。相关报告的审查判断，总体参照刑事诉讼对鉴定意见的审查规则，审查主要内容有鉴定机构和鉴定人的资质，鉴定检材的可靠性、充足性，鉴定方法与标准的科学性、规范性等。如发现报告不符合鉴定意见的情形，可以申请重新鉴定，或者聘请专家辅助人提供专业意见，以反驳或降低报告的证明力。

三、物价认证报告在生产、销售伪劣产品案中的使用

鉴于行政机关和下属机构业务范围的有限性，难以满足行政案件调查对专门知识的全部要求，同时为了保证鉴定的中立性，可以委托独立的第三方鉴定机构进行物价鉴定。例如，市场监管部门查处生产、销售伪劣产品案件，产品没有标价、货值不明的，为认定货值金额，委托第三方价格鉴定部门进行价格认证，依据认证的货值金额决定是移送公安机关还是作出行政处罚。

四、安全生产事故调查报告的证据能力与证明力

安全生产事故调查报告在刑事诉讼中可以作为证据使用，但应结合全案证据进行审查。安全生产事故发生后，相关部门作出的事故调查报告与收集调取的物证、书证、视听资料、电子数据等相关证据材料一并移送给司法机关后，调查报告和这些证据材料在刑事诉讼中可以作为证据使用。调查报告对事故原因、事故性质、责任认定、责任者处理等提出的具体意见和建议，是检察机关在办案过程中是否追究相关人员刑事责任的重要参考，但不应直接作为定案的依据，检察机关应结合全案证据进行审查，准确认定案件事实和涉案人员责任。

例如，在"宋某某等人重大责任事故案"中，事故调查报告认定赵某某在发现漏煤时未组织人员撤离而是继续清煤导致了事故的发生，对事故的发生负直接责任，公安机关对其以重大责任事故罪移送起诉。检察机关审查起诉过程中，经自行侦查，发现案发地点当时是否出现过顶板漏煤的情况存在

疑点，冯某某和其他案发前经过此处的工人以及上一班工人的证言均不能印证现场存在漏煤的事实，不能证明赵某某对危害结果的发生有主观认识，无法确定赵某某的责任。因此，依据《刑事诉讼法》第175条第4款的规定，对赵某某作出不起诉决定。

综上，为提高追诉犯罪的能力，无论是《刑事诉讼法》还是相关司法解释的规定均允许行政机关收集的证据在刑事诉讼中被作为证据使用，证据种类突破了实物证据范畴。以上行政机关依职权制作的行政文书、专业机构作出的鉴定报告和委托第三方出具的评估报告属于行政鉴定意见的三种表现形式，其证明力呈逐渐增加的特征。总而言之，行政鉴定证据最终要成为刑事案件的定案依据，实体上应严格按照刑事诉讼司法鉴定的证据规则审查，经法庭查证属实，形式上应保证收集程序符合有关法律、行政法规的规定。

【本章相关法律规定节选】

◆ 全国人民代表大会常务委员会关于司法鉴定管理问题的决定

（2015年4月24日修正）

为了加强对鉴定人和鉴定机构的管理，适应司法机关和公民、组织进行诉讼的需要，保障诉讼活动的顺利进行，特作如下决定：

一、**【定义】** 司法鉴定是指在诉讼活动中鉴定人运用科学技术或者专门知识对诉讼涉及的专门性问题进行鉴别和判断并提供鉴定意见的活动。

二、**【登记管理制度】** 国家对从事下列司法鉴定业务的鉴定人和鉴定机构实行登记管理制度：

（一）法医类鉴定；

（二）物证类鉴定；

（三）声像资料鉴定；

（四）根据诉讼需要由国务院司法行政部门商最高人民法院、最高人民检察院确定的其他应当对鉴定人和鉴定机构实行登记管理的鉴定事项。

法律对前款规定事项的鉴定人和鉴定机构的管理另有规定的，从其规定。

三、**【司法部职责】** 国务院司法行政部门主管全国鉴定人和鉴定机构的登记管理工作。省级人民政府司法行政部门依照本决定的规定，负责对鉴定人和鉴定机构的登记、名册编制和公告。

四、【鉴定人申请条件】具备下列条件之一的人员,可以申请登记从事司法鉴定业务:

(一) 具有与所申请从事的司法鉴定业务相关的高级专业技术职称;

(二) 具有与所申请从事的司法鉴定业务相关的专业执业资格或者高等院校相关专业本科以上学历,从事相关工作五年以上;

(三) 具有与所申请从事的司法鉴定业务相关工作十年以上经历,具有较强的专业技能。

因故意犯罪或者职务过失犯罪受过刑事处罚的,受过开除公职处分的,以及被撤销鉴定人登记的人员,不得从事司法鉴定业务。

五、【鉴定机构资质】法人或者其他组织申请从事司法鉴定业务的,应当具备下列条件:

(一) 有明确的业务范围;

(二) 有在业务范围内进行司法鉴定所必需的仪器、设备;

(三) 有在业务范围内进行司法鉴定所必需的依法通过计量认证或者实验室认可的检测实验室;

(四) 每项司法鉴定业务有三名以上鉴定人。

六、【鉴定名册】申请从事司法鉴定业务的个人、法人或者其他组织,由省级人民政府司法行政部门审核,对符合条件的予以登记,编入鉴定人和鉴定机构名册并公告。

省级人民政府司法行政部门应当根据鉴定人或者鉴定机构的增加和撤销登记情况,定期更新所编制的鉴定人和鉴定机构名册并公告。

七、【鉴定机构设置】侦查机关根据侦查工作的需要设立的鉴定机构,不得面向社会接受委托从事司法鉴定业务。

人民法院和司法行政部门不得设立鉴定机构。

八、【鉴定机构间关系】各鉴定机构之间没有隶属关系;鉴定机构接受委托从事司法鉴定业务,不受地域范围的限制。

鉴定人应当在一个鉴定机构中从事司法鉴定业务。

九、【依法收案】在诉讼中,对本决定第二条所规定的鉴定事项发生争议,需要鉴定的,应当委托列入鉴定人名册的鉴定人进行鉴定。鉴定人从事司法鉴定业务,由所在的鉴定机构统一接受委托。

鉴定人和鉴定机构应当在鉴定人和鉴定机构名册注明的业务范围内从事

第四章 鉴定意见

司法鉴定业务。

鉴定人应当依照诉讼法律规定实行回避。

十、**【鉴定人负责制】**司法鉴定实行鉴定人负责制度。鉴定人应当独立进行鉴定，对鉴定意见负责并在鉴定书上签名或者盖章。多人参加的鉴定，对鉴定意见有不同意见的，应当注明。

十一、**【鉴定人出庭】**在诉讼中，当事人对鉴定意见有异议的，经人民法院依法通知，鉴定人应当出庭作证。

十二、**【执业操守】**鉴定人和鉴定机构从事司法鉴定业务，应当遵守法律、法规，遵守职业道德和职业纪律，尊重科学，遵守技术操作规范。

十三、**【法律责任】**鉴定人或者鉴定机构有违反本决定规定行为的，由省级人民政府司法行政部门予以警告，责令改正。

鉴定人或者鉴定机构有下列情形之一的，由省级人民政府司法行政部门给予停止从事司法鉴定业务三个月以上一年以下的处罚；情节严重的，撤销登记：

（一）因严重不负责任给当事人合法权益造成重大损失的；

（二）提供虚假证明文件或者采取其他欺诈手段，骗取登记的；

（三）经人民法院依法通知，拒绝出庭作证的；

（四）法律、行政法规规定的其他情形。

鉴定人故意作虚假鉴定，构成犯罪的，依法追究刑事责任；尚不构成犯罪的，依照前款规定处罚。

十四、**【监管责任】**司法行政部门在鉴定人和鉴定机构的登记管理工作中，应当严格依法办事，积极推进司法鉴定的规范化、法制化。对于滥用职权、玩忽职守，造成严重后果的直接责任人员，应当追究相应的法律责任。

十五、司法鉴定的收费标准由省、自治区、直辖市人民政府价格主管部门会同同级司法行政部门制定。

十六、对鉴定人和鉴定机构进行登记、名册编制和公告的具体办法，由国务院司法行政部门制定，报国务院批准。

十七、本决定下列用语的含义是：

（一）法医类鉴定，包括法医病理鉴定、法医临床鉴定、法医精神病鉴定、法医物证鉴定和法医毒物鉴定。

（二）物证类鉴定，包括文书鉴定、痕迹鉴定和微量鉴定。

(三) 声像资料鉴定,包括对录音带、录像带、磁盘、光盘、图片等载体上记录的声音、图像信息的真实性、完整性及其所反映的情况过程进行的鉴定和对记录的声音、图像中的语言、人体、物体作出种类或者同一认定。

十八、本决定自 2005 年 10 月 1 日起施行。

◆ **最高人民法院关于适用《中华人民共和国刑事诉讼法》的解释**

(2021 年 1 月 26 日　法释〔2021〕1 号)

第五节　鉴定意见的审查与认定

第九十七条【审查内容】 对鉴定意见应当着重审查以下内容:

(一) 鉴定机构和鉴定人是否具有法定资质;

(二) 鉴定人是否存在应当回避的情形;

(三) 检材的来源、取得、保管、送检是否符合法律、有关规定,与相关提取笔录、扣押清单等记载的内容是否相符,检材是否可靠;

(四) 鉴定意见的形式要件是否完备,是否注明提起鉴定的事由、鉴定委托人、鉴定机构、鉴定要求、鉴定过程、鉴定方法、鉴定日期等相关内容,是否由鉴定机构盖章并由鉴定人签名;

(五) 鉴定程序是否符合法律、有关规定;

(六) 鉴定的过程和方法是否符合相关专业的规范要求;

(七) 鉴定意见是否明确;

(八) 鉴定意见与案件事实有无关联;

(九) 鉴定意见与勘验、检查笔录及相关照片等其他证据是否矛盾;存在矛盾的,能否得到合理解释;

(十) 鉴定意见是否依法及时告知相关人员,当事人对鉴定意见有无异议。

第九十八条【强制排除情形】 鉴定意见具有下列情形之一的,不得作为定案的根据:

(一) 鉴定机构不具备法定资质,或者鉴定事项超出该鉴定机构业务范围、技术条件的;

(二) 鉴定人不具备法定资质,不具有相关专业技术或者职称,或者违反回避规定的;

（三）送检材料、样本来源不明，或者因污染不具备鉴定条件的；

（四）鉴定对象与送检材料、样本不一致的；

（五）鉴定程序违反规定的；

（六）鉴定过程和方法不符合相关专业的规范要求的；

（七）鉴定文书缺少签名、盖章的；

（八）鉴定意见与案件事实没有关联的；

（九）违反有关规定的其他情形。

第九十九条【鉴定人不出庭后果】 经人民法院通知，鉴定人拒不出庭作证的，鉴定意见不得作为定案的根据。

鉴定人由于不能抗拒的原因或者有其他正当理由无法出庭的，人民法院可以根据情况决定延期审理或者重新鉴定。

鉴定人无正当理由拒不出庭作证的，人民法院应当通报司法行政机关或者有关部门。

第一百条【专门性报告】 因无鉴定机构，或者根据法律、司法解释的规定，指派、聘请有专门知识的人就案件的专门性问题出具的报告，可以作为证据使用。

对前款规定的报告的审查与认定，参照适用本节的有关规定。

经人民法院通知，出具报告的人拒不出庭作证的，有关报告不得作为定案的根据。

第一百零一条【事故调查报告】 有关部门对事故进行调查形成的报告，在刑事诉讼中可以作为证据使用；报告中涉及专门性问题的意见，经法庭查证属实，且调查程序符合法律、有关规定的，可以作为定案的根据。

◆ **人民检察院刑事诉讼规则**

（2019年12月30日　高检发释字〔2019〕4号）

第七节　鉴　定

第二百一十八条【鉴定启动】 人民检察院为了查明案情，解决案件中某些专门性的问题，可以进行鉴定。

鉴定由人民检察院有鉴定资格的人员进行。必要时，也可以聘请其他有鉴定资格的人员进行，但是应当征得鉴定人所在单位同意。

第二百一十九条【鉴定要求】 人民检察院应当为鉴定人提供必要条件，及时向鉴定人送交有关检材和对比样本等原始材料，介绍与鉴定有关的情况，并明确提出要求鉴定解决的问题，但是不得暗示或者强迫鉴定人作出某种鉴定意见。

第二百二十条【意见审查】 对于鉴定意见，检察人员应当进行审查，必要时可以进行补充鉴定或者重新鉴定。重新鉴定的，应当另行指派或者聘请鉴定人。

第二百二十一条【意见告知】 用作证据的鉴定意见，人民检察院办案部门应当告知犯罪嫌疑人、被害人；被害人死亡或者没有诉讼行为能力的，应当告知其法定代理人、近亲属或诉讼代理人。

犯罪嫌疑人、被害人或被害人的法定代理人、近亲属、诉讼代理人提出申请，可以补充鉴定或者重新鉴定，鉴定费用由请求方承担。但原鉴定违反法定程序的，由人民检察院承担。

犯罪嫌疑人的辩护人或者近亲属以犯罪嫌疑人有患精神病可能而申请对犯罪嫌疑人进行鉴定的，鉴定费用由申请方承担。

第二百二十二条【不计期限】 对犯罪嫌疑人作精神病鉴定的期间不计入羁押期限和办案期限。

第七节 审查起诉

第三百三十二条【补充鉴定】 人民检察院认为需要对案件中某些专门性问题进行鉴定而监察机关或者公安机关没有鉴定的，应当要求监察机关或者公安机关进行鉴定。必要时，也可以由人民检察院进行鉴定，或者由人民检察院聘请有鉴定资格的人进行鉴定。

人民检察院自行进行鉴定的，可以商请监察机关或者公安机关派员参加，必要时可以聘请有鉴定资格或者有专门知识的人参加。

第三百三十三条【精神病鉴定】 在审查起诉中，发现犯罪嫌疑人可能患有精神病的，人民检察院应当依照本规则的有关规定对犯罪嫌疑人进行鉴定。

犯罪嫌疑人的辩护人或者近亲属以犯罪嫌疑人可能患有精神病而申请对犯罪嫌疑人进行鉴定的，人民检察院也可以依照本规则的有关规定对犯罪嫌疑人进行鉴定。鉴定费用由申请方承担。

第三百三十四条【鉴定意见疑问处理】人民检察院对鉴定意见有疑问的,可以询问鉴定人或者有专门知识的人并制作笔录附卷,也可以指派有鉴定资格的检察技术人员或者聘请其他有鉴定资格的人进行补充鉴定或者重新鉴定。

人民检察院对鉴定意见等技术性证据材料需要进行专门审查的,按照有关规定交检察技术人员或者其他有专门知识的人进行审查并出具审查意见。

第三百三十六条【实物证据鉴定】人民检察院对物证、书证、视听资料、电子数据及勘验、检查、辨认、侦查实验等笔录存在疑问的,可以要求调查人员或者侦查人员提供获取、制作的有关情况,必要时也可以询问提供相关证据材料的人员和见证人并制作笔录附卷,对物证、书证、视听资料、电子数据进行鉴定。

◆ 公安机关办理刑事案件程序规定

(2020 年 7 月 20 日　公安部令第 159 号)

第八节　鉴　定

第二百四十八条【鉴定启动】为了查明案情,解决案件中某些专门性问题,应当指派、聘请有专门知识的人进行鉴定。

需要聘请有专门知识的人进行鉴定,应当经县级以上公安机关负责人批准后,制作鉴定聘请书。

第二百四十九条【鉴定要求】公安机关应当为鉴定人进行鉴定提供必要的条件,及时向鉴定人送交有关检材和对比样本等原始材料,介绍与鉴定有关的情况,并且明确提出要求鉴定解决的问题。

禁止暗示或者强迫鉴定人作出某种鉴定意见。

第二百五十条【检材同一】侦查人员应当做好检材的保管和送检工作,并注明检材送检环节的责任人,确保检材在流转环节中的同一性和不被污染。

第二百五十一条【独立鉴定】鉴定人应当按照鉴定规则,运用科学方法独立进行鉴定。鉴定后,应当出具鉴定意见,并在鉴定意见书上签名,同时附上鉴定机构和鉴定人的资质证明或者其他证明文件。

多人参加鉴定,鉴定人有不同意见的,应当注明。

第二百五十二条【意见告知】对鉴定意见,侦查人员应当进行审查。

对经审查作为证据使用的鉴定意见，公安机关应当及时告知犯罪嫌疑人、被害人或者其法定代理人。

第二百五十三条【异议处理】 犯罪嫌疑人、被害人对鉴定意见有异议提出申请，以及办案部门或者侦查人员对鉴定意见有疑义的，可以将鉴定意见送交其他有专门知识的人员提出意见。必要时，询问鉴定人并制作笔录附卷。

第二百五十四条【补充鉴定】 经审查，发现有下列情形之一的，经县级以上公安机关负责人批准，应当补充鉴定：

（一）鉴定内容有明显遗漏的；
（二）发现新的有鉴定意义的证物的；
（三）对鉴定证物有新的鉴定要求的；
（四）鉴定意见不完整，委托事项无法确定的；
（五）其他需要补充鉴定的情形。

经审查，不符合上述情形的，经县级以上公安机关负责人批准，作出不准予补充鉴定的决定，并在作出决定后三日以内书面通知申请人。

第二百五十五条【重新鉴定】 经审查，发现有下列情形之一的，经县级以上公安机关负责人批准，应当重新鉴定：

（一）鉴定程序违法或者违反相关专业技术要求的；
（二）鉴定机构、鉴定人不具备鉴定资质和条件的；
（三）鉴定人故意作虚假鉴定或者违反回避规定的；
（四）鉴定意见依据明显不足的；
（五）检材虚假或者被损坏的；
（六）其他应当重新鉴定的情形。

重新鉴定，应当另行指派或者聘请鉴定人。

经审查，不符合上述情形的，经县级以上公安机关负责人批准，作出不准予重新鉴定的决定，并在作出决定后三日以内书面通知申请人。

第二百五十六条【鉴定人出庭】 公诉人、当事人或者辩护人、诉讼代理人对鉴定意见有异议，经人民法院依法通知的，公安机关鉴定人应当出庭作证。

鉴定人故意作虚假鉴定的，应当依法追究其法律责任。

第二百五十七条【是否计入办案期限】 对犯罪嫌疑人作精神病鉴定的时间不计入办案期限，其他鉴定时间都应当计入办案期限。

◆ 司法鉴定程序通则

（2016年3月2日 司法部令第132号）

第四条【执业职责】 司法鉴定机构和司法鉴定人进行司法鉴定活动，应当遵守法律、法规、规章，遵守职业道德和执业纪律，尊重科学，遵守技术操作规范。

第五条【鉴定人负责制】 司法鉴定实行鉴定人负责制度。司法鉴定人应当依法独立、客观、公正地进行鉴定，并对自己作出的鉴定意见负责。司法鉴定人不得违反规定会见诉讼当事人及其委托的人。

第十二条【鉴定材料】 委托人委托鉴定的，应当向司法鉴定机构提供真实、完整、充分的鉴定材料，并对鉴定材料的真实性、合法性负责。司法鉴定机构应当核对并记录鉴定材料的名称、种类、数量、性状、保存状况、收到时间等。

诉讼当事人对鉴定材料有异议的，应当向委托人提出。

本通则所称鉴定材料包括生物检材和非生物检材、比对样本材料以及其他与鉴定事项有关的鉴定资料。

第十四条【委托审查】 司法鉴定机构应当对委托鉴定事项、鉴定材料等进行审查。对属于本机构司法鉴定业务范围，鉴定用途合法，提供的鉴定材料能够满足鉴定需要的，应当受理。

对于鉴定材料不完整、不充分，不能满足鉴定需要的，司法鉴定机构可以要求委托人补充；经补充后能够满足鉴定需要的，应当受理。

第十五条【不得受理情形】 具有下列情形之一的鉴定委托，司法鉴定机构不得受理：

（一）委托鉴定事项超出本机构司法鉴定业务范围的；

（二）发现鉴定材料不真实、不完整、不充分或者取得方式不合法的；

（三）鉴定用途不合法或者违背社会公德的；

（四）鉴定要求不符合司法鉴定执业规则或者相关鉴定技术规范的；

（五）鉴定要求超出本机构技术条件或者鉴定能力的；

（六）委托人就同一鉴定事项同时委托其他司法鉴定机构进行鉴定的；

（七）其他不符合法律、法规、规章规定的情形。

第十六条【委托手续】 司法鉴定机构决定受理鉴定委托的，应当与委托人签订司法鉴定委托书。司法鉴定委托书应当载明委托人名称、司法鉴定机构名称、委托鉴定事项、是否属于重新鉴定、鉴定用途、与鉴定有关的基本案情、鉴定材料的提供和退还、鉴定风险，以及双方商定的鉴定时限、鉴定费用及收取方式、双方权利义务等其他需要载明的事项。

第十八条【鉴定实施】 司法鉴定机构受理鉴定委托后，应当指定本机构具有该鉴定事项执业资格的司法鉴定人进行鉴定。

委托人有特殊要求的，经双方协商一致，也可以从本机构中选择符合条件的司法鉴定人进行鉴定。

委托人不得要求或者暗示司法鉴定机构、司法鉴定人按其意图或者特定目的提供鉴定意见。

第十九条【鉴定人数】 司法鉴定机构对同一鉴定事项，应当指定或者选择二名司法鉴定人进行鉴定；对复杂、疑难或者特殊鉴定事项，可以指定或者选择多名司法鉴定人进行鉴定。

第二十条【回避情形】 司法鉴定人本人或者其近亲属与诉讼当事人、鉴定事项涉及的案件有利害关系，可能影响其独立、客观、公正进行鉴定的，应当回避。

司法鉴定人曾经参加过同一鉴定事项鉴定的，或者曾经作为专家提供过咨询意见的，或者曾被聘请为有专门知识的人参与过同一鉴定事项法庭质证的，应当回避。

第二十一条【回避决定】 司法鉴定人自行提出回避的，由其所属的司法鉴定机构决定；委托人要求司法鉴定人回避的，应当向该司法鉴定人所属的司法鉴定机构提出，由司法鉴定机构决定。

委托人对司法鉴定机构作出的司法鉴定人是否回避的决定有异议的，可以撤销鉴定委托。

第二十二条【鉴定材料管理】 司法鉴定机构应当建立鉴定材料管理制度，严格监控鉴定材料的接收、保管、使用和退还。

司法鉴定机构和司法鉴定人在鉴定过程中应当严格依照技术规范保管和使用鉴定材料，因严重不负责任造成鉴定材料损毁、遗失的，应当依法承担责任。

第二十三条【鉴定标准】 司法鉴定人进行鉴定，应当依下列顺序遵守和采用该专业领域的技术标准、技术规范和技术方法：

（一）国家标准；

（二）行业标准和技术规范；

（三）该专业领域多数专家认可的技术方法。

第二十四条【提取鉴定材料】 司法鉴定人有权了解进行鉴定所需要的案件材料，可以查阅、复制相关资料，必要时可以询问诉讼当事人、证人。

经委托人同意，司法鉴定机构可以派员到现场提取鉴定材料。现场提取鉴定材料应当由不少于二名司法鉴定机构的工作人员进行，其中至少一名应为该鉴定事项的司法鉴定人。现场提取鉴定材料时，应当有委托人指派或者委托的人员在场见证并在提取记录上签名。

第二十五条【见证人】 鉴定过程中，需要对无民事行为能力人或者限制民事行为能力人进行身体检查的，应当通知其监护人或者近亲属到场见证；必要时，可以通知委托人到场见证。

对被鉴定人进行法医精神病鉴定的，应当通知委托人或者被鉴定人的近亲属或者监护人到场见证。

对需要进行尸体解剖的，应当通知委托人或者死者的近亲属或者监护人到场见证。

到场见证人员应当在鉴定记录上签名。见证人员未到场的，司法鉴定人不得开展相关鉴定活动，延误时间不计入鉴定时限。

第二十六条【隐私保护】 鉴定过程中，需要对被鉴定人身体进行法医临床检查的，应当采取必要措施保护其隐私。

第二十七条【过程实时记录】 司法鉴定人应当对鉴定过程进行实时记录并签名。记录可以采取笔记、录音、录像、拍照等方式。记录应当载明主要的鉴定方法和过程，检查、检验、检测结果，以及仪器设备使用情况等。记录的内容应当真实、客观、准确、完整、清晰，记录的文本资料、音像资料等应当存入鉴定档案。

第二十八条【鉴定时限】 司法鉴定机构应当自司法鉴定委托书生效之日起三十个工作日内完成鉴定。

鉴定事项涉及复杂、疑难、特殊技术问题或者鉴定过程需要较长时间的，经本机构负责人批准，完成鉴定的时限可以延长，延长时限一般不得超过三十个工作日。鉴定时限延长的，应当及时告知委托人。

司法鉴定机构与委托人对鉴定时限另有约定的，从其约定。

在鉴定过程中补充或者重新提取鉴定材料所需的时间，不计入鉴定时限。

第二十九条【终止鉴定】司法鉴定机构在鉴定过程中，有下列情形之一的，可以终止鉴定：

（一）发现有本通则第十五条第二项至第七项规定情形的；

（二）鉴定材料发生耗损，委托人不能补充提供的；

（三）委托人拒不履行司法鉴定委托书规定的义务、被鉴定人拒不配合或者鉴定活动受到严重干扰，致使鉴定无法继续进行的；

（四）委托人主动撤销鉴定委托，或者委托人、诉讼当事人拒绝支付鉴定费用的；

（五）因不可抗力致使鉴定无法继续进行的；

（六）其他需要终止鉴定的情形。

终止鉴定的，司法鉴定机构应当书面通知委托人，说明理由并退还鉴定材料。

第三十条【补充鉴定】有下列情形之一的，司法鉴定机构可以根据委托人的要求进行补充鉴定：

（一）原委托鉴定事项有遗漏的；

（二）委托人就原委托鉴定事项提供新的鉴定材料的；

（三）其他需要补充鉴定的情形。

补充鉴定是原委托鉴定的组成部分，应当由原司法鉴定人进行。

第三十一条【重新鉴定】有下列情形之一的，司法鉴定机构可以接受办案机关委托进行重新鉴定：

（一）原司法鉴定人不具有从事委托鉴定事项执业资格的；

（二）原司法鉴定机构超出登记的业务范围组织鉴定的；

（三）原司法鉴定人应当回避没有回避的；

（四）办案机关认为需要重新鉴定的；

（五）法律规定的其他情形。

第三十二条【重鉴要求】重新鉴定应当委托原司法鉴定机构以外的其他司法鉴定机构进行；因特殊原因，委托人也可以委托原司法鉴定机构进行，但原司法鉴定机构应当指定原司法鉴定人以外的其他符合条件的司法鉴定人进行。

接受重新鉴定委托的司法鉴定机构的资质条件应当不低于原司法鉴定机构，进行重新鉴定的司法鉴定人中应当至少有一名具有相关专业高级专业技术职称。

第三十三条【对外咨询】 鉴定过程中,涉及复杂、疑难、特殊技术问题的,可以向本机构以外的相关专业领域的专家进行咨询,但最终的鉴定意见应当由本机构的司法鉴定人出具。

专家提供咨询意见应当签名,并存入鉴定档案。

第三十四条【多个机构鉴定】 对于涉及重大案件或者特别复杂、疑难、特殊技术问题或者多个鉴定类别的鉴定事项,办案机关可以委托司法鉴定行业协会组织协调多个司法鉴定机构进行鉴定。

第三十五条【复核程序】 司法鉴定人完成鉴定后,司法鉴定机构应当指定具有相应资质的人员对鉴定程序和鉴定意见进行复核;对于涉及复杂、疑难、特殊技术问题或者重新鉴定的鉴定事项,可以组织三名以上的专家进行复核。

复核人员完成复核后,应当提出复核意见并签名,存入鉴定档案。

◆ 公安机关鉴定规则

(2017年2月16日 公通字[2017]6号)

第二条【鉴定】 本规则所称的鉴定,是指为解决案(事)件调查和诉讼活动中某些专门性问题,公安机关鉴定机构的鉴定人运用自然科学和社会科学的理论成果与技术方法,对人身、尸体、生物检材、痕迹、文件、视听资料、电子数据及其它相关物品、物质等进行检验、鉴别、分析、判断,并出具鉴定意见或检验结果的科学实证活动。

第六条【工作原则】 公安机关鉴定机构及其鉴定人应当遵循合法、科学、公正、独立、及时、安全的工作原则。

第八条【权利】 鉴定人享有下列权利:

(一)了解与鉴定有关的案(事)件情况,开展与鉴定有关的调查、实验等;

(二)要求委托鉴定单位提供鉴定所需的检材、样本和其他材料;

(三)在鉴定业务范围内表达本人的意见;

(四)与其他鉴定人的鉴定意见不一致时,可以保留意见;

(五)对提供虚假鉴定材料或者不具备鉴定条件的,可以向所在鉴定机构提出拒绝鉴定;

(六)发现违反鉴定程序,检材、样本和其他材料虚假或者鉴定意见错误的，可以向所在鉴定机构申请撤销鉴定意见；

（七）法律、法规规定的其他权利。

第九条【义务】 鉴定人应当履行下列义务：

（一）遵守国家有关法律、法规；

（二）遵守职业道德和职业纪律；

（三）遵守鉴定工作原则和鉴定技术规程；

（四）按规定妥善接收、保管、移交与鉴定有关的检材、样本和其他材料；

（五）依法出庭作证；

（六）保守鉴定涉及的国家秘密、商业秘密和个人隐私；

（七）法律、法规规定的其他义务。

第十条【回避情形】 具有下列情形之一的，鉴定人应当自行提出回避申请；没有自行提出回避申请的，有关公安机关负责人应当责令其回避；当事人及其法定代理人也有权要求其回避：

（一）是本案当事人或者当事人的近亲属的；

（二）本人或者其近亲属与本案有利害关系的；

（三）担任过本案证人、辩护人、诉讼代理人的；

（四）担任过本案侦查人员的；

（五）是重新鉴定事项的原鉴定人的；

（六）担任过本案专家证人，提供过咨询意见的；

（七）其他可能影响公正鉴定的情形。

第二十二条【禁止暗示】 委托鉴定单位及其送检人不得暗示或者强迫鉴定机构及其鉴定人作出某种鉴定意见。

第二十三条【不得受托情形】 具有下列情形之一的，公安机关办案部门不得委托该鉴定机构进行鉴定：

（一）未取得合法鉴定资格证书的；

（二）超出鉴定项目或者鉴定能力范围的；

（三）法律、法规规定的其他情形。

第二十四条【委托对象】 鉴定机构可以受理下列委托鉴定：

（一）公安系统内部委托的鉴定；

（二）人民法院、人民检察院、国家安全机关、司法行政机关、军队保卫部门，以及监察、海关、工商、税务、审计、卫生计生等其他行政执法机关委托的鉴定；

（三）金融机构保卫部门委托的鉴定；

（四）其他党委、政府职能部门委托的鉴定。

第二十七条【受理程序】鉴定机构受理鉴定时，按照下列程序办理：

（一）查验委托主体和委托文件是否符合要求；

（二）听取与鉴定有关的案（事）件情况介绍；

（三）查验可能具有爆炸性、毒害性、放射性、传染性等危险的检材或者样本，对确有危险的，应当采取措施排除或者控制危险。

（四）核对检材和样本的名称、数量和状态，了解检材和样本的来源、采集和包装方法等；

（五）确认是否需要补送检材和样本；

（六）核准鉴定的具体要求；

（七）鉴定机构受理人与委托鉴定单位送检人共同填写鉴定事项确认书，一式两份，鉴定机构和委托鉴定单位各持一份。

第三十条【不受理情形】具有下列情形之一的，鉴定机构不予受理：

（一）超出本规则规定的受理范围的；

（二）违反鉴定委托程序的；

（三）委托其他鉴定机构正在进行相同内容鉴定的；

（四）超出本鉴定机构鉴定项目范围或者鉴定能力的；

（五）检材、样本不具备鉴定条件的或危险性未排除的；

（六）法律、法规规定的其他情形。

鉴定机构对委托鉴定不受理的，应当经鉴定机构负责人批准，并向委托鉴定单位出具《不予受理鉴定告知书》。

第三十一条【鉴定人负责制】鉴定工作实行鉴定人负责制度。鉴定人应当独立进行鉴定。

鉴定的实施，应当由两名以上具有本专业鉴定资格的鉴定人负责。

第三十四条【准备工作】实施鉴定前，鉴定人应当查看鉴定事项确认书，核对受理鉴定的检材和样本，明确鉴定任务和鉴定方法，做好鉴定的各项准备工作。

第三十五条【记录过程】鉴定人应当按照本专业的技术规范和方法实施鉴定，并全面、客观、准确地记录鉴定的过程、方法和结果。

多人参加鉴定，鉴定人有不同意见的，应当注明。

第三十六条【中止鉴定】 具有下列情形之一的，鉴定机构及其鉴定人应当中止鉴定：

（一）因存在技术障碍无法继续进行鉴定的；

（二）需补充鉴定材料无法补充的；

（三）委托鉴定单位书面要求中止鉴定的；

（四）因不可抗力致使鉴定无法继续进行的；

（五）委托鉴定单位拒不履行鉴定委托书规定的义务，被鉴定人拒不配合或者鉴定活动受到严重干扰，致使鉴定无法继续进行的。

中止鉴定原因消除后，应当继续进行鉴定。鉴定时限从批准继续鉴定之日起重新计算。

中止鉴定或者继续鉴定，由鉴定机构负责人批准。

第三十七条【终止鉴定】 中止鉴定原因确实无法消除的，鉴定机构应当终止鉴定，将有关检材和样本等及时退还委托鉴定单位，并出具书面说明。

终止鉴定，由鉴定机构负责人批准。

第三十九条【专家】 鉴定专家委员会的成员应当具有高级专业技术资格或者职称。

鉴定专家委员会可以聘请公安机关外的技术专家。

鉴定专家委员会组织实施鉴定时，相同专业的鉴定专家人数应当是奇数且不得少于三人。

第四十条【审查义务】 对鉴定意见，办案人员应当进行审查。

对经审查作为证据使用的鉴定意见，公安机关应当及时告知犯罪嫌疑人、被害人或者其法定代理人。

第四十三条【重新鉴定】 对有关人员提出的重新鉴定申请，经审查，发现有下列情形之一的，经县级以上公安机关负责人批准，应当重新鉴定：

（一）鉴定程序违法或者违反相关专业技术要求的；

（二）鉴定机构、鉴定人不具备鉴定资质和条件的；

（三）鉴定人故意作出虚假鉴定或者违反回避规定的；

（四）鉴定意见依据明显不足的；

（五）检材虚假或者被损坏的；

（六）其他应当重新鉴定的情形。

第四章 鉴定意见

重新鉴定，应当另行指派或者聘请鉴定人。

经审查，不存在上述情形的，经县级以上公安机关负责人批准，作出不准予重新鉴定的决定，并在作出决定后三日以内书面通知申请人。

第四十四条 进行重新鉴定，可以另行委托其他鉴定机构进行鉴定。鉴定机构应当从列入鉴定人名册的鉴定人中，选择与原鉴定人专业技术资格或者职称同等以上的鉴定人实施。

第四十五条【文书种类】 鉴定文书分为《鉴定书》和《检验报告》两种格式。

客观反映鉴定的由来、鉴定过程，经过检验、论证得出鉴定意见的，出具《鉴定书》。

客观反映鉴定的由来、鉴定过程，经过检验直接得出检验结果的，出具《检验报告》。

鉴定后，鉴定机构应当出具鉴定文书，并由鉴定人及授权签字人在鉴定文书上签名，同时附上鉴定机构和鉴定人的资质证明或者其他证明文件。

第四十六条【文书内容】 鉴定文书应当包括：

（一）标题；

（二）鉴定文书的唯一性编号和每一页的标识；

（三）委托鉴定单位名称、送检人姓名；

（四）鉴定机构受理鉴定委托的日期；

（五）案件名称或者与鉴定有关的案（事）件情况摘要；

（六）检材和样本的描述；

（七）鉴定要求；

（八）鉴定开始日期和实施鉴定的地点；

（九）鉴定使用的方法；

（十）鉴定过程；

（十一）《鉴定书》中应当写明必要的论证和鉴定意见，《检验报告》中应当写明检验结果；

（十二）鉴定人的姓名、专业技术资格或者职称、签名；

（十三）完成鉴定文书的日期；

（十四）鉴定文书必要的附件；

（十五）鉴定机构必要的声明。

第四十七条【文书制作】 鉴定文书的制作应当符合以下要求:

(一) 鉴定文书格式规范、文字简练、图片清晰、资料齐全、卷面整洁、论证充分、表述准确;使用规范的文字和计量单位。

(二) 鉴定文书正文使用打印文稿,并在首页唯一性编号和末页成文日期上加盖鉴定专用章。鉴定文书内页纸张两页以上的,应当在内页纸张正面右侧边缘中部骑缝加盖鉴定专用章。

(三) 鉴定文书制作正本、副本各一份。正本交委托鉴定单位,副本由鉴定机构存档。

(四) 鉴定文书存档文件包括:鉴定文书副本、审批稿、检材和样本照片或者检材和样本复制件、检验记录、检验图表、实验记录、鉴定委托书、鉴定事项确认书、鉴定文书审批表等资料。

(五) 补充鉴定或者重新鉴定的,应当单独制作鉴定文书。

第四十八条【审核文书】 鉴定机构应当指定授权签字人、实验室负责人审核鉴定文书。审批签发鉴定文书,应当逐一审验下列内容:

(一) 鉴定主体是否合法;

(二) 鉴定程序是否规范;

(三) 鉴定方法是否科学;

(四) 鉴定意见是否准确;

(五) 文书制作是否合格;

(六) 鉴定资料是否完备。

第五十一条【样本保管】 鉴定机构和委托鉴定单位应当在职责范围内妥善管理鉴定资料和相应检材、样本。

第五十二条【永久保存】 具有下列情形之一的,鉴定完成后应当永久保存鉴定资料:

(一) 涉及国家秘密没有解密的;

(二) 未破获的刑事案件;

(三) 可能或者实际被判处有期徒刑十年以上、无期徒刑、死刑的案件;

(四) 特别重大的火灾、交通事故、责任事故和自然灾害;

(五) 办案部门或者鉴定机构认为有永久保存必要的;

(六) 法律、法规规定的其他情形。

其他案(事)件的鉴定资料保存三十年。

第五十九条【送检人责任】 送检人具有以下行为的，依照有关规定追究相应责任：

（一）暗示、强迫鉴定机构、鉴定人作出某种鉴定意见，导致冤假错案或者其他严重后果的；

（二）故意污染、损毁、调换检材的；

（三）因严重过失致使检材污染、减损、灭失，导致无法鉴定或者作出错误鉴定的；

（四）未按照规定对检材排除风险或者作出说明，危及鉴定人、鉴定机构安全的。

◆ 公安机关办理伤害案件规定

（2005年12月27日　公通字[2005]98号）

第十七条【应当鉴定】 公安机关办理伤害案件，应当对人身损伤程度和用作证据的痕迹、物证、致伤工具等进行检验、鉴定。

第十八条【及时委托】 公安机关受理伤害案件后，应当在24小时内开具伤情鉴定委托书，告知被害人到指定的鉴定机构进行伤情鉴定。

第十九条【意见出具】 根据国家有关部门颁布的人身伤情鉴定标准和被害人当时的伤情及医院诊断证明，具备即时进行伤情鉴定条件的，公安机关的鉴定机构应当在受委托之时起24小时内提出鉴定意见，并在3日内出具鉴定文书。

对伤情比较复杂，不具备即时进行鉴定条件的，应当在受委托之日起7日内提出鉴定意见并出具鉴定文书。

对影响组织、器官功能或者伤情复杂，一时难以进行鉴定的，待伤情稳定后及时提出鉴定意见，并出具鉴定文书。

第二十条【鉴定人数】 对人身伤情进行鉴定，应当由县级以上公安机关鉴定机构二名以上鉴定人负责实施。

伤情鉴定比较疑难，对鉴定意见可能发生争议或者鉴定委托主体有明确要求的，伤情鉴定应由三名以上主检法医师或者四级以上法医官负责实施。

需要聘请其他具有专门知识的人员进行鉴定的，应当经县级以上公安机关负责人批准，制作《鉴定聘请书》，送达被聘请人。

第二十一条【重新鉴定】 对人身伤情鉴定意见有争议需要重新鉴定的,应当依照《中华人民共和国刑事诉讼法》的有关规定进行。

第二十二条【文书规范】 人身伤情鉴定文书格式和内容应当符合规范要求。鉴定文书中应当有被害人正面免冠照片及其人体需要鉴定的所有损伤部位的细目照片。对用作证据的鉴定意见,公安机关办案单位应当制作《鉴定意见通知书》,送达被害人和违法犯罪嫌疑人。

◆ 司法部颁司法鉴定技术规范一览表

注:截至2021年2月,司法部发布了6批司法鉴定技术规范,共计118项,可登录司法部官网下载各技术规范全文。

第一批（共 25 项）

序号	名称	编号	生效日期
1	文书鉴定通用规范	SF/Z JD0201001-2010	2010年4月7日
（废止,废止日期:2019-4-1)			
2	笔迹鉴定规范	SF/Z JD0201002-2010	2010年4月7日
（废止,废止日期:2019-4-1)			
3	印章印文鉴定规范	SF/Z JD0201003-2010	2010年4月7日
（废止,废止日期:2019-4-1)			
4	印刷文件鉴定规范	SF/Z JD0201004-2010	2010年4月7日
（废止,废止日期:2019-4-1)			
5	篡改（污损）文件鉴定规范	SF/Z JD0201005-2010	2010年4月7日
（废止,废止日期:2019-4-1)			
6	特种文件鉴定规范	SF/Z JD0201006-2010	2010年4月7日
（废止,废止日期:2019-4-1)			

续表

序号	名称	编号	生效日期
7	朱墨时序鉴定规范	SF/Z JD0201007-2010	2010年4月7日
(废止,废止日期:2019-4-1)			
8	文件材料鉴定规范	SF/Z JD0201008-2010	2010年4月7日
(废止,废止日期:2019-4-1)			
9	油漆鉴定规范	SF/Z JD0203001-2010	2010年4月7日
10	声像资料鉴定通用规范	SF/Z JD0300001-2010	2010年4月7日
11	录音资料鉴定规范	SF/Z JD0301001-2010	2010年4月7日
12	录像资料鉴定规范	SF/Z JD0304001-2010	2010年4月7日
13	亲权鉴定技术规范	SF/Z JD0105001-2010	2010年4月7日
(废止,更新为SF/Z JD0105001—2016)			
14	男子性功能障碍法医学鉴定规范	SF/Z JD0103002-2010	2010年4月7日
(废止,废止日期:2019-4-1)			
15	听力障碍法医学鉴定规范	SF/ZJD0103001-2010	2010年4月7日
16	道路交通事故涉案者交通行为方式鉴定	SF/Z JD0101001-2010	2010年4月7日
(废止,更新为SF/Z JD0101001-2016)			
17	血液中乙醇的测定顶空气相色谱法	SF/Z JD0107001-2010	2010年4月7日
(废止,废止日期:2018-11-8)			

序号	名称	编号	生效日期
18	血液中氰化物的测定 气相色谱法	SF/Z JD0107002-2010	2010 年 4 月 7 日
19	血液、尿液中毒鼠强的测定 气相色谱法	SF/Z JD0107003-2010	2010 年 4 月 7 日
20 （废止，更新为 SF/Z JD0107004—2016）	生物检材中苯丙胺类兴奋剂、度冷丁和氯胺酮的测定	SF/Z JD0107004-2010	2010 年 4 月 7 日
21 （废止，更新为 SF/Z JD0107005—2016）	血液、尿液中 154 种毒（药）物的测定液相色谱-串联质谱法	SF/Z JD0107005-2010	2010 年 4 月 7 日
22	生物检材中单乙酰吗啡、吗啡、可待因的测定	SF/Z JD0107006-2010	2010 年 4 月 7 日
23 （废止，废止日期：2019-4-1）	尿液中 D9-四氢大麻酸的测定	SF/Z JD0107007-2010	2010 年 4 月 7 日
24	生物检材中巴比妥类药物的测定液相色谱-串联质谱法	SF/Z JD0107008-2010	2010 年 4 月 7 日
25	生物检材中乌头碱、新乌头碱和次乌头碱的 LCMSMS 测定液相色谱-串联质谱法	SF/Z JD0107009-2010	2010 年 4 月 7 日

第二批（共 8 项）

序号	名称	编号	生效日期
1	法医临床检验规范	SF/Z JD0103003-2011	2011 年 3 月 17 日

续表

序号	名称	编号	生效日期
2	视觉功能障碍法医鉴定指南	SF/Z JD0103004-2011	2011年3月17日
（废止，更新为SF/Z JD0103004—2016）			
3	精神障碍者司法鉴定精神检查规范	SF/Z JD0104001-2011	2011年3月17日
4	精神障碍者刑事责任能力评定指南	SF/Z JD0104002-2011	2011年3月17日
（废止，更新为SF/Z JD0104002—2016）			
5	精神障碍者服刑能力评定指南	SF/Z JD0104003-2011	2011年3月17日
（废止，更新为SF/Z JD0104003—2016）			
6	血液中碳氧血红蛋白饱和度的测定分光光度法	SF/Z JD0107010-2011	2011年3月17日
7	生物检材中河豚毒素的测定 液相色谱-串联质谱法	SF/Z JD0107011-2011	2011年3月17日
8	血液中铬、镉、砷、铊和铅的测定电感耦合等离子体质谱法	SF/Z JD0107012-2011	2011年3月17日

第三批（共13项）

序号	名称	编号	生效日期
1	周围神经损伤鉴定实施规范	SF/Z JD0103005-2014	2014年3月17日
2	外伤性癫痫鉴定实施规范	SF/ZJD0103007-2014	2014年3月17日
3	法医临床影像学检验实施规	SF/Z JD0103006-2014	2014年3月17日
4	道路交通事故受伤人员精神伤残评定规范	SF/Z JD0104004-2014	2014年3月17日

续表

序号	名称	编号	生效日期
5	生物学全同胞关系鉴定实施规范	SF/Z JD0105002-2014	2014年3月17日
6	气相色谱-质谱联用法测定硫化氢中毒血液中的硫化物实施规范	SF/Z JD0107013-2014	2014年3月17日
7	藏文笔迹鉴定实施规范（第1部分；第2部分；第3部分；第4部分；第5部分	SF/Z JD0201009-2014	2014年3月17日
8	电子数据司法鉴定通用实施规范	SF/Z JD0400001-2014	2014年3月17日
9	电子数据复制设备鉴定实施规	SF/Z JD0401001-2014	2014年3月17日
10	电子邮件鉴定实施规范	SF/Z JD0402001-2014	2014年3月17日
11	软件相似性鉴定实施规范	SF/Z JD0403001-2014	2014年3月17日
12	建设工程司法鉴定程序规范	SF/ZJD0500001-2014	2014年3月17日
13（废止，废止日期：2018-11-8）	农业环境污染事故司法鉴定经济损失估算实施规范	SF/Z JD0601001-2014	2014年3月17日

第四批（共28项）

序号	名称	编号	生效日期
1	法医学虚拟解剖操作规程	SF/Z JD0101003-2015	2015年11月20日
2	法医学尸体解剖规范	SF/Z JD0101002-2015	2015年11月20日
3	亲子鉴定文书规范	SF/Z JD0105004-2015	2015年11月20日
4	生物学祖孙关系鉴定规范	SF/Z JD0105005-2015	2015年11月20日

第四章 鉴定意见

续表

序号	名称	编号	生效日期
5	法医 SNP 分型与应用规范	SF/Z JD0105003-2015	2015 年 11 月 20 日
6	人身损害后续诊疗项目评定指南	SF/Z JD0103008-2015	2015 年 11 月 20 日
7	血液和尿液中 108 种毒（药）物的气相色谱-质谱检验方法	SF/Z JD0107014-2015	2015 年 11 月 20 日
8	血液中 45 种有毒生物碱成分的液相色谱-串联质谱检验方法	SF/Z JD0107015-2015	2015 年 11 月 20 日
9	毛发中可卡因及其代谢物苯甲酰爱康宁的液相色谱-串联质谱检验方法	SF/Z JD0107016-2015	2015 年 11 月 20 日
10	生物检材中 32 种元素的测定 电感耦合等离子体质谱法	SF/Z JD0107017-2015	2015 年 11 月 20 日
11	激光显微拉曼光谱法检验墨水	SF/Z JD0203002-2015	2015 年 11 月 20 日
12	文件制作时间鉴定通用术语	SF/Z JD0201010-2015	2015 年 11 月 20 日
（废止，废止日期：2019-4-1）			
13	印章印文形成时间物理检验规范	SF/Z JD0201013-2015	2015 年 11 月 20 日
（废止，废止日期：2019-4-1）			
14	打印文件形成时间物理检验规范	SF/Z JD0201011-2015	2015 年 11 月 20 日
（废止，废止日期：2019-4-1）			
15	静电复印文件形成时间物理检验规范	SF/Z JD0201012-2015	2015 年 11 月 20 日
（废止，废止日期：2019-4-1）			
16	多光谱视频文件检验仪检验规程	SF/ZJD0201014-2015	2015 年 11 月 20 日
17	文件上可见指印鉴定技术规范	SF/Z JD0202001-2015	2015 年 11 月 20 日

续表

序号	名称	编号	生效日期
18	录音设备鉴定技术规范	SF/Z JD0301002-2015	2015年11月20日
19	音像制品同源性鉴定技术规范	SF/Z JD0300002-2015	2015年11月20日
20	录音资料处理技术规范	SF/Z JD0301003-2015	2015年11月20日
21	图像真实性鉴定技术规范	SF/Z JD0302001-2015	2015年11月20日
22	图像资料处理技术规范	SF/Z JD0302002-2015	2015年11月20日
23	手机电子数据提取操作规范	SF/Z JD0401002-2015	2015年11月20日
24	数据库数据真实性鉴定规范	SF/Z JD0402002-2015	2015年11月20日
25	破坏性程序检验操作规范	SF/Z JD0403002-2015	2015年11月20日
26	即时通讯记录检验操作规范	SF/Z JD0402003-2015	2015年11月20日
27	电子证据数据现场获取通用规范	SF/Z JD0400002-2015	2015年11月20日
28	计算机系统用户操作行为检验规范	SF/Z JD0403003-2015	2015年11月20日

第五批 修订（共8项）

序号	名称	编号	生效日期
1	道路交通事故涉案者交通行为方式鉴定	SF/Z JD0101001-2016	2016年9月22日
2	亲权鉴定技术规范	SF/Z JD0105001-2016	2016年9月22日
（废止，废止日期：2019-4-1）			
3	血液中乙醇的测定顶空气相色谱法	SF/Z JD0107001-2016	2016年9月22日
（废止，废止日期：2018-11-8）			

第四章 鉴定意见

续表

序号	名称	编号	生效日期
4	生物检材中苯丙胺类兴奋剂、哌替啶和氯胺酮的测定	SF/Z JD0107004-2016	2016年9月22日
5	血液、尿液中238种毒（药）物的检测液相色谱-串联质谱法	SF/Z JD0107005-2016	2016年9月22日
6	视觉功能障碍法医学鉴定规范	SF/Z JD0103004-2016	2016年9月22日
7	精神障碍者刑事责任能力评定指南	SF/Z JD0104002-2016	2016年9月22日
8	精神障碍者服刑能力评定指南	SF/Z JD0104003-2016	2016年9月22日

第六批（共36项）

序号	名称	编号	生效日期
1	人体前庭、平衡功能检查评定规范	SF/Z JD0103009-2018	2019年1月1日
2	法医临床学视觉电生理检查规范	SF/Z JD0103010-2018	2019年1月1日
3	男性生育功能障碍法医学鉴定	SF/Z JD0103011-2018	2019年1月1日
4	嗅觉障碍的法医学评定	SF/Z JD0103012-2018	2019年1月1日
5	精神障碍者民事行为能力评定指南	SF/Z JD0104004-2018	2019年1月1日
6	精神障碍者受审能力评定指南	SF/Z JD0104005-2018	2019年1月1日
7	法医物证鉴定X-STR检验规范	SF/Z JD0105006-2018	2019年1月1日
8	法医物证鉴定Y-STR检验规范	SF/Z JD0105007-2018	2019年1月1日
9	法医物证鉴定线粒体DNA检验规范	SF/Z JD0105008-2018	2019年1月1日
10	法医物证鉴定标准品DNA使用与管理规范	SF/Z JD0105009-2018	2019年1月1日

续表

序号	名称	编号	生效日期
11	常染色体 STR 基因座的法医学参数计算规范	SF/Z JD0105010-2018	2019年1月1日
12	法医学 STR 基因座命名规范	SF/Z JD0105011-2018	2019年1月1日
13	个体识别技术规范	SF/Z JD0105012-2018	2019年1月1日
14	血液中溴敌隆等13种抗凝血类杀鼠药的液相色谱-串联质谱检验方法	SF/Z JD0107018-2018	2019年1月1日
15	法医毒物有机质谱定性分析通则	SF/Z JD0107019-2018	2019年1月1日
16	血液中磷化氢及其代谢物的顶空气相色谱-质谱检验方法	SF/Z JD0107020-2018	2019年1月1日
17	生物检材中钩吻素子、钩吻素甲和钩吻素己的液相色谱-串联质谱检验方法	SF/Z JD0107021-2018	2019年1月1日
18	毛发中D9-四氢大麻酚、大麻二酚和大麻酚的液相色谱-串联质谱检验方法	SF/Z JD0107022-2018	2019年1月1日
19	生物检材中雷公藤甲素和雷公藤酯甲的液相色谱-串联质谱检验方法	SF/Z JD0107023-2018	2019年1月1日
20	尿液、毛发中S(+)-甲基苯丙胺、R(-)-甲基苯丙胺、S(+)-苯丙胺和R(-)-苯丙胺的液相色谱-串联质谱检验方法	SF/Z JD0107024-2018	2019年1月1日
21	毛发中15种毒品及代谢物的液相色谱-串联质谱检验方法	SF/Z JD0107025-2018	2019年1月1日
22	红外光谱法检验墨粉	SF/Z JD0203003-2018	2019年1月1日

第四章 鉴定意见

续表

序号	名称	编号	生效日期
23	书写墨迹中9种挥发性溶剂的检测气相色谱-质谱法	SF/Z JD0203004-2018	2019年1月1日
24	书写墨迹中9种染料的检测液相色谱-高分辨质谱法	SF/Z JD0203005-2018	2019年1月1日
25	微量物证鉴定通用规范	SF/ZJD0203006-2018	2019年1月1日
26	纤维物证鉴定规范	SF/Z JD0203007-2018	2019年1月1日
27	玻璃物证鉴定规范	SF/Z JD0203008-2018	2019年1月1日
28	数字图像修复技术规范	SF/Z JD0302003-2018	2019年1月1日
29	录像设备鉴定技术规范	SF/Z JD0304002-2018	2019年1月1日
30	数字声像资料提取与固定技术规范	SF/Z JD0300002-2018	2019年1月1日
31	照相设备鉴定技术规范	SF/Z JD0303001-2018	2019年1月1日
32	电子文档真实性鉴定技术规范	SF/Z JD0402004-2018	2019年1月1日
33	软件功能鉴定技术规范	SF/Z JD0403004-2018	2019年1月1日
34	伪基站检验操作规范	SF/Z JD0404001-2018	2019年1月1日
35	农业环境污染损害司法鉴定操作技术规范	SF/Z JD0606001-2018	2019年1月1日
36	农作物污染司法鉴定调查技术规范	SF/Z JD0606002-2018	2019年1月1日

第五章 勘验、检查、辨认、侦查实验等笔录

勘验、检查、辨认、侦查实验等所制作的书面记录统称为笔录证据。笔录证据所记载的是侦查人员从事某一侦查行为的全部过程,具有对侦查过程的真实性和合法性加以印证的作用,可视为实物证据和言词证据的过程性证据。不同类型的笔录证据的特点与问题存在差异,需要分别加以分析。

第一节 勘验、检查笔录的审查与判断

一、勘验、检查笔录的审查内容

勘验、检查笔录是司法人员对与犯罪有关的场所、物品、人身、尸体进行勘验、检查过程中制作的事实情况及其结果的记录。在司法实务中,大部分关键证据(如物证、书证)都是通过勘验、检查得以固定和保全的。因此,对物证、书证关联性、真实性、合法性的审查在很大程度上依赖于勘验、检查笔录记载的内容是否客观、准确、全面。同时,勘验、检查也是一项科学性较强的证据收集工作,必须遵守科学的工作规程,使用科学的技术方法。公安部印发的《公安机关刑事案件现场勘验检查规则》对勘验、检查的工作内容作了详细规定。《最高人民法院、最高人民检察院、公安部、国家安全部、司法部关于办理死刑案件审查判断证据若干问题的规定》第 25 条、第 26 条对勘验、检查笔录应当重点审查的内容、证据的效力分别作出了规定,《最高人民法院关于适用〈中华人民共和国刑事诉讼法〉的解释》第 102 条、第 103 条也作了类似规定。笔者根据上述规定,对勘验、检查笔录的审查内容予以整理。

第五章　勘验、检查、辨认、侦查实验等笔录

（一）主体是否合法

为了防止对公民权利的侵害以及对现场造成的破坏，根据法律规定，有权进行勘验、检查的主体有三类：一是侦查人员；二是侦查机关指派或者聘请有专门知识的人员，如法医、痕迹工程师；三是合议庭的审判人员。此外，对妇女身体的检查，应当由女性工作人员和医师进行。因此，为贯彻程序法定原则，对于非法定主体实施的勘验、检查行为应当认定为明显的程序违法，不能作出合理解释或说明的，相关笔录不得作为定案根据。

（二）见证人是否合法

由于见证人在场见证具有担保物证、书证提取真实性的作用，我国《刑事诉讼法》规定，勘验、检查的情况应当写成笔录，由参加勘验、检查的人和见证人签名或者盖章。见证人必须与案件无关，司法机关的工作人员或聘用人员（如辅警、公安机关聘用的司机），不得担任刑事诉讼活动的见证人。由于客观原因找不到见证人的，应当在笔录材料中注明情况，并对相关活动进行录像。缺乏见证人在场见证，又缺乏取证过程的录像，相关物证、书证的来源不清或存在疑问的，该书证、物证不得作为定案根据。

（三）现场是否出现变动

以犯罪现场形成后有无重大变化为根据，可以将犯罪现场划分为原始现场和变动现场。原始现场是未受到人为或者重大自然力改变或者破坏的现场，能够客观、真实地反映现场的原貌，有关犯罪痕迹、物证较为完整。变动现场是遭到人为或自然力的因素影响，现场原始情况以及痕迹、物证遭受不同程度的改变甚至破坏的现场。勘查人员要如实记录变动现场情况，客观、细致地开展勘查工作，从变动中努力发现没有变化的部分，并力争对证据的动态变化作出合理解释。

（四）提取物品、痕迹是否规范

现场勘验、检查的主要工作是收集证据，规范的现场勘验、检查工作必须有条理、系统地进行。要注重审查提取物品、痕迹等证据的形式、方法是否科学、规范。相关规范文件包括《公安机关勘验检查及处置制造毒品案件现场规定》《计算机犯罪现场勘验与电子证据检查规则》，更详细的内容可查阅相关技术标准，如《法庭科学现场勘查电子物证提取技术规范》（GA/T 1564—2019）对犯罪现场电子物证的提取作出的详细规范。

（五）证据收集是否全面

全面性是现场勘验、检查的基本原则。犯罪现场是发现证据的宝库，为全面收集证据，应当固定、提取与犯罪有关的痕迹、物品，对能够证明犯罪嫌疑人有罪或者无罪的各种物品和文件予以扣押，切勿在现场对证据收集作取舍，防止错失有价值的证据。

例如，在"李某伟杀妻无罪案"中，众多的犯罪证据（如李某伟衬衣上的喷溅型血迹经权威部门检验为被害人所留，李某伟的认罪口供以及李某伟的母亲证明李某伟在家里对她说了杀妻之事的证言）都指向李某伟是"凶手"这一事实。与此同时，从犯罪现场所提取的指印和足迹却没有被认定为与李某伟的指印与足迹相同，但这一无罪证据没有被收入卷宗随案移送，而是被留在了公安机关且已经灭失。

（六）笔录制作是否规范

现场勘验或检查笔录正文需要载明现场勘验过程及结果，要审查以下事项：有无在前言部分规范记录笔录文号、接警时间和内容、现场地点、现场保护的情况、勘验或检查的起止时间、天气情况、组织指挥人员等基本信息；有无在正文部分规范记录现场勘验或检查过程、现场情况以及证据提取情况；有无在结尾部分规范记录制图和照片、录像的数量，现场勘验或检查相关参与人员的签名等；勘验或检查不同现场或多次勘验或检查同一现场的，有无分别、分次制作笔录；补充勘验或检查的，有无说明补充勘验或检查的原由。

（七）笔录内容与现场录像、照片是否相符

勘验、检查现场，应当拍摄现场照片或者录像，对于重大案件的现场，应当录像。注重现场勘查笔录与现场图、现场照片、录像录音的比对审查，通过图文结合，全面、准确地审查现场情况。

例如，在"兰某故意伤害案"中，现场勘验笔录、提取痕迹物证登记表中并未提及菜刀，但勘验照片中出现了一把菜刀，该菜刀的来源需要进一步查明。

（八）现场勘验、检查照相、录像的基本要求

现场照相和录像包括方位、概貌、重点部位和细目四类，应当符合以下基本要求：①影像清晰、主题突出、层次分明、色彩真实；②清晰、准确地记录现场方位、周围环境及原始状态，记录痕迹、物证所在部位、形状、大

小及其相互之间的关系；③细目照相、录像应当放置比例尺；④现场照片需有文字说明；⑤重大案件以及因客观情况无法找到符合条件的见证人的案件应当现场录像；⑥需要移动尸体或提取证据的，应当对移动、提取前后的状况分别进行照相、录像。

（九）现场图的制作要求

现场勘验、检查人员应当制作现场方位图、现场平面示意图，并根据现场情况选择制作现场平面比例图、现场平面展开图、现场立体图和现场剖面图等。制作现场图应当符合以下基本要求：①标明案件名称、案发时间、案发地点；②完整反映现场的位置、范围；③准确反映与犯罪活动有关的主要物体，标明尸体、主要痕迹、主要物证、作案工具等具体位置；④文字说明简明、准确；⑤布局合理、重点突出、画面整洁、标识规范；⑥注明方向、图例、绘图单位、绘图日期和绘图人。

二、勘验、检查笔录的排除

《最高人民法院关于适用〈中华人民共和国刑事诉讼法〉的解释》第103条规定："勘验、检查笔录存在明显不符合法律、有关规定的情形，不能作出合理解释的，不得作为定案的根据。"其中，关于"明显"内涵的理解，是指违法违规情形一看便知、清清楚楚，不存争议，常见的违反义务性规范可能会影响笔录内容的真实性、证据来源的可靠性。"有关规定"是指《刑事诉讼法》以外的司法解释、部门规章、程序规范和技术标准。"合理解释"的前提是解释具有可能性，如果客观上没有解释的可能性就不会有解释的合理性。一般而言，解释的可能性发生在勘验、检查人员主观上存在疏忽、过失的场合，对于明知故犯或故意规避法律的违法、侵权行为，则不存在"合理解释"的问题。可见，勘验、检查笔录的排除要求较高，需要同时满足明显违法和不能作出合理解释两个条件。

（一）可以作出合理解释或说明的情形

对取证不规范的证据瑕疵，通常采取容忍原则和修复原则，总体承认证据的证明能力。以下为经过补证或说明，勘验、检查笔录仍可作为定案依据的具体情形：勘验、检查人员和见证人没有签名、盖章的；死者家属未在解剖通知书上签名、盖章的；勘验、检查笔录的日期和起止时间记载错误的；

勘验笔录上漏记已提取的物证或记载提取的物品数量有误的；文字记录与实物或者绘图、照片、录像不符的。

（二）可以作为"非法证据"排除的情形

勘验、检查笔录存在明显违法，无法作出合理解释或说明的，不得作为定案依据，即作为广义的"非法证据"予以排除，主要有以下七种情形：一是勘验、检查主体不适格，违反程序法定原则；二是现场勘验、检查人员未持《刑事案件现场勘验检查证》等相关证明文件；三是人身检查采用损害被检查人生命、健康或贬低其名誉和人格的方法，侵犯公民的基本权利；四是勘验、检查人员违反回避规定，带有个人偏私的勘验、检查；五是笔录中签名的勘验、检查人员未实际参与勘验、检查活动，冒用或虚假签名的；六是勘验、检查活动没有邀请适格见证人，导致所提取的证据来源不明或真伪不明的；七是勘验、检查笔录缺乏现场照片和现场图，无法证明证据的来源、特征及提取过程的。

例如，在"卓某坛被控贩卖毒品无罪案"中，根据相关法律规定，物证的提取过程应当有中立的见证人或者全程录音录像的佐证。法院认为，这一程序设计的立法本意是要求在物证等关键证据的提取上，不能仅有公安人员的单方面证明，而应有其他客观证据证明取证的合法性和证据的真实性，通过对侦查权的限制和监督最大限度地保护公民基本权利，防止冤假错案。本案所有物证（包括毒品）的提取笔录、扣押决定书及扣押清单，制作程序违法，无持有人合法签名，无适格的见证人，对相关扣押过程无录像及其他证据证明，仅凭公安人员单方面的证言亦不能作出合理解释或补正，因此难以排除其他合理可能性，相关物证应予以排除。

综上，勘验、检查是侦查机关收集实物类证据的重要手段，所形成的勘验、检查笔录与提取的证据共同组成证据链，共同证明犯罪事实。法律对勘验、检查笔录采信实行宽容原则，所以，在审查证据时主要审查其是否存在明显不符合法律、有关规定的情形以及瑕疵证据解释的正当性与合理性。

第二节 辨认笔录的审查与判断

辨认是指侦查人员组织的对特定场所、物品、个人、尸体等进行的辨别和确认活动。侦查人员通过组织辨认活动并对辨认过程和结果制作专门笔录，由侦查人员、辨认人、见证人签名或盖章，形成辨认笔录。辨认对特定的人或物是否与案件事实有关进行确定，进而确定案件事实，是一种重要的调查、核实证据的方式。

一、辨认结果真实性的判断

实务中，辨认笔录未附照片或照片数量不足、辨认时没有适格见证人都是常见的问题。这些问题会影响辨认笔录的证明能力。应注意审查辨认人的辨认能力、辨认程序的规范性以及辨认笔录的形式要件和实质内容。

对辨认结果真实性的判断可以参考以下五方面的因素：一是犯罪过程中，证人（被害人）观察嫌疑人的机会；二是证人的注意程度；三是证人对嫌疑人先前描述的准确性；四是证人演示说明当面遭遇的确定性程度；五是犯罪发生到当面对质的时间长短。

二、辨认笔录不得作为定案根据的情形

根据《最高人民法院关于适用〈中华人民共和国刑事诉讼法〉的解释》第105条的规定，辨认笔录具有下列情形之一的，不得作为定案的根据。

第一，辨认不是在调查人员、侦查人员主持下进行的（违反侦查员主持规则）。辨认属于侦查活动，与讯问嫌疑人、查封、扣押等侦查行为一样，必须由适格的调查人员、侦查人员负责，且人数为2人以上。如果辨认由其他人主持进行，辨认程序不具有合法性，辨认结果的真实性也难以保障。

第二，辨认前使辨认人见到辨认对象的（违反事先禁止见辨认对象规则）。辨认人事先见到辨认对象，容易先入为主，从而使后续的辨认程序沦为一种形式，导致辨认人的辨认结果不是来自"现场见闻"而是"事先所见"嫌疑对象所留下的印象。实务中，辨认人先进行"一对一"照片辨认，再进行列队辨认的，或者是辨认前通过网络、电视看到辨认对象的，违反了事先禁止见辨认对象规则，影响辨认结果的真实性。

例如，在"刘某故意伤害案"中，证人孟某、宋某、王某在2017年2月9日已观看了出警录像（录像中有被告人刘某），后又让此三人对被告人刘某进行辨认，该三人的辨认笔录不能作为证据使用。

第三，辨认活动没有个别进行的（违反分别辨认规则）。2名以上辨认人

对同一对象进行辨认时，应当分别进行。与分别讯问嫌疑人、询问证人同理，辨认分别进行是为了避免辨认人之间进行信息交流，防止辨认人掌握的辨认对象信息受到干扰。如果辨认未分别进行，各辨认人可能受到其他辨认人的影响，无法作出准确的辨认。同时，在共同辨认过程中，还可能导致辨认人在从众心理影响下作出错误的辨认。

第四，辨认对象没有混杂在类似的其他对象中，或者供辨认的对象数量不符合规定的（违反混杂辨认规则）。《公安机关办理刑事案件程序规定》第260条第2、3、4款规定，辨认犯罪嫌疑人时，被辨认的人数不得少于7人；对犯罪嫌疑人照片进行辨认的，不得少于10人的照片。辨认物品时，混杂的同类物品不得少于5件；对物品的照片进行辨认的，不得少于10个物品的照片。对场所、尸体等特定辨认对象进行辨认，或者辨认人能够准确描述物品独有特征的，陪衬物不受数量的限制。

混杂辨认是为了避免单一辨认对象可能导致的确证偏见。如果辨认人仅仅面对一名嫌疑人或者一件物品，即使未能对辨认对象形成内心确信，也可能作出肯定性的辨认结论。所以说，混杂辨认确有必要。

例如，辨认照片的，在照片选择上应遵循数量上的充足性和特征上的相似性原则，照片背景应尽量同一，照片类型、品质应当一致或相似，避免因缺乏相似性而使辨认人将注意力集中在某一种特殊照片上。

例如，在"胡某等人聚众斗殴案"中，证人肖某对一张纸上贴有的12张嫌疑人照片进行辨认，其中只有胡某穿着印有"看守所"字样的黄马甲。法院认为，辨认违反辨认对象相似性原则，对辨认笔录不予采信。

第五，辨认中给辨认人明显暗示或者明显有指认嫌疑的（违反禁止暗示指认规则）。不当的暗示或者指认，尤其是带有倾向性的暗示，极易影响辨认结果的真实性，无法确保公正与公平。在共同或者多次犯罪案件中，犯罪嫌疑人对相关人或场所回忆模糊时，侦查人员可能会在辨认过程中暗示或指认，这样会影响辨认结果。

例如，在"张某生强奸案"中，公安人员找来3名男子和张某生坐在一起，让受害幼女王某及其同学辨认。开始时，王某和同学并没有指认出张某生，民警反复提醒"再看一遍""看清楚鞋子"，直到王某等人指认出张某生为止。

第六，违反有关规定，不能确定辨认笔录真实性的其他情形。这是排除辨认笔录的兜底条款。实务中，在以下情形下不能确定辨认结果真实性，相关辨认笔录不得作为定案的根据：辨认过程的见证人为辅警的；只有辨认结果，没有辨认过程的；只有辨认笔录，没有被辨认对象的照片、录像等资料的。

三、辨认笔录与其他证据的印证情况

当辨认笔录存在程序违法时，如果不属于法定不得作为定案根据的情形，除了关注侦查机关能否补正或合理解释，还应当关注辨认笔录与其他证据之间能否印证，将辨认笔录放到整个证据体系中判断其真实性。

如果辨认存在程序问题，且与其他证据无法印证，其真实性无法确认。例如，在"刘某故意伤害案"中，证人孙某辨认被告人刘某的辨认笔录中见证人李某明系办案单位聘任的临时工作人员，违反了辨认的程序规定。并且，证人孙某的证言中并没有证实被告人刘某将孟某打伤的内容，其却在2017年12月1日对被告人刘某予以辨认。该辨认笔录与证言缺乏关联性。辨认笔录既违法又与在案证据无法印证，故难以被采信。

反之，如果辨认存在程序瑕疵，但与其他证据相印证，可以认定辨认笔录的真实性。例如，在"刘某胜诈骗案"中，黄某、肖某某均从10张年龄相近的不同男性正面免冠相片中辨认出刘某胜即本案参与诈骗犯罪的"九哥"。但黄某系未成年人，其辨认时无法定代理人或法律规定的其他成年人在场。法院认为，一方面，并无法律明确规定未成年人辨认时必须有法定代理人在场，且黄某的辨认行为与其年龄、智力相匹配；另一方面，黄某的辨认笔录与其供述完全印证，且与肖某某的供述及辨认笔录、扣押清单等证据相互印证。因此，黄某的辨认笔录可以作为定案根据。

总之，辨认过程，究其实质，是对辨认对象的同一性认定的过程。如果辨认结果显示，辨认的依据缺乏足够的特征点，仅有某些显著特征，就可能错误地将种类认定当作同一认定，导致错误辨认结果的发生。因此，要注意审查口供与辨认结果之间的细节差异和矛盾，最大限度地降低错误辨认的风险。

第三节 侦查实验笔录的审查与判断

侦查实验是为了查明与案件相关的某一事实在一定情况下能否发生，而依法将该事实的发生过程加以重演或再现的一种侦查活动。实务中，侦查实验结论通常被作为侦破案件的线索或者审查证据的方法，具有补强证据的价

值，通常不作为独立认定案件事实的证据。侦查实验是对过去发生的事实的重演，始终具有内在的"实验性"，难免有错误的风险。因此，为保证侦查实验结论的科学性，需要对相关影响因素进行研究与审查。

《最高人民法院关于适用〈中华人民共和国刑事诉讼法〉的解释》第106条规定："对侦查实验笔录应当着重审查实验的过程、方法，以及笔录的制作是否符合有关规定。"第107条规定："侦查实验的条件与事件发生时的条件有明显差异，或者存在影响实验结论科学性的其他情形的，侦查实验笔录不得作为定案的根据。"

根据上述规定，对侦查实验笔录的审查主要有两方面：一是笔录的实质要件，即侦查实验的合法性与科学性；二是笔录的形式要件，即"笔录的制作是否符合有关规定"。

一、侦查实验笔录不得作为定案根据的情形

（一）违反法律禁止性规定

《刑事诉讼法》第135条第3款规定："侦查实验，禁止一切足以造成危险、侮辱人格或者有伤风化的行为。"进行侦查实验，采取的手段、方法必须合理、规范，不得违反客观规律和操作规程，给相关人员带来生命、财产危险，禁止带有人身侮辱性、损害相关人员的人格尊严或者有损公序良俗的行为。实践中，禁止采用跳楼、性行为等危险或者有伤风化的方式进行侦查实验。

（二）实验的条件与事件发生时的条件有明显差异

对比两个条件是否具有明显差异，强调条件相似性，并不意味着所有条件必须一致或相似，容许存在一定的差异。那么，为保证条件的相似性，实验条件与事发条件和细节越清晰、越准确，其结论就越具有可信性。

例如，在"黄某祥交通肇事逃逸案"中，被告人黄某祥辩解其无法明辨视频中的汽车车牌是否为闽D.JL×X××；其对驾驶车辆是否与摩托车交会没有印象，也不知道所驾驶车辆的左前面板的碰撞刮擦痕迹是何时形成的；车内播放音响，其没有听到其他声响。法院认为，在侦查实验中，模拟在天气、驾驶车辆内音响、路灯灯光相似的状况下，两人分别驾驶与事故车辆相同车型的汽车、摩托车，摩托车驾驶人持锄头拖地、用手拍汽车左前叶子板，判断汽车驾驶人能否察觉车外情况及听到声响等情况。实验结果表明，驾乘人

员可以察觉并听到。本案中，公安机关在进行侦查实验时已尽可能模拟案发时的环境和条件，与案发时的客观条件无明显差异，亦不存在影响实验结论科学性的其他情形，该侦查实验笔录可以被作为证据采用。

又如，在"张某销售伪劣农药案"中，检察机关依据公安机关的侦查实验认定吕某、王某等种植户土豆腐烂的原因与使用张某销售的"多菌灵"有关。法院认为，牙克石市公安局所作的两次侦查实验分别是在2011年6月案发后的2013年和2014年进行的，这两次侦查实验的条件与事件发生时的条件有明显差异，故不能作为本案定罪依据。

(三) 实验结论不具有科学性

侦查实验是依科学原理、按科学方法进行的，侦查实验结果的说服力来源于实验过程的科学性和实验结果的客观正确性。实验条件相似性是侦查实验的根本要求，结论的科学性可以从实验场所的一致性、实验工具的同一性、实验环境的相似性、实验主体的同质性、实验过程的完整性、实验活动的反复性等方面把握。

例如，在"北海裴某德故意伤害案"中，侦查实验中裴某德的扮演者北海市公安局特警支队民警谭某不仅身材比裴某德本人要高，而且裴某德被指控酒后作案，但侦查实验中的"裴某德"毫无酒后特征。在行为方式上，被告人供述"徒步跟进"被害人，在实验中实验人员以"快速跑动"代替。本案中，无论是实验人员的身体特征还是行为方式都与行为人存在明显区别，因此，实验结论缺乏科学性。

二、侦查实验笔录的形式审查

《公安机关刑事案件现场勘验检查规则》第72条规定："对侦查实验的过程和结果，应当制作《侦查实验笔录》，参加侦查实验的人员应当在《侦查实验笔录》上签名。进行侦查实验，应当录音、录像。"

一般而言，需要审查侦查实验笔录内容的完整性，包括实验的时间、地点、侦查人员、实验人员、实验目的、实验条件、实验方法、实验过程、实验结果等，尤其是要结合侦查实验的同步录音录像，对其形式与实质进行整体审查。

总之，随着侦查技术的科技化，尽管侦查实验活动被运用得越来越少，但我们仍不可忽视侦查实验结论对破案和裁判者形成内心确信所起的作用。

【本章相关法律规定节选】

◆ 中华人民共和国刑事诉讼法

（2018年10月26日修正）

第二章 侦 查

第四节 勘验、检查

第一百二十八条【勘验、检查条件】 侦查人员对于与犯罪有关的场所、物品、人身、尸体应当进行勘验或者检查。在必要的时候，可以指派或者聘请具有专门知识的人，在侦查人员的主持下进行勘验、检查。

第一百二十九条【保护犯罪现场义务】 任何单位和个人，都有义务保护犯罪现场，并且立即通知公安机关派员勘验。

第一百三十条【勘验检查证明文件】 侦查人员执行勘验、检查，必须持有人民检察院或者公安机关的证明文件。

第一百三十一条【尸体解剖】 对于死因不明的尸体，公安机关有权决定解剖，并且通知死者家属到场。

第一百三十二条【人身检查和提取生物样本】 为了确定被害人、犯罪嫌疑人的某些特征、伤害情况或者生理状态，可以对人身进行检查，可以提取指纹信息，采集血液、尿液等生物样本。

犯罪嫌疑人如果拒绝检查，侦查人员认为必要的时候，可以强制检查。

检查妇女的身体，应当由女工作人员或者医师进行。

第一百三十三条【制作笔录】 勘验、检查的情况应当写成笔录，由参加勘验、检查的人和见证人签名或者盖章。

第一百三十四条【复验复查】 人民检察院审查案件的时候，对公安机关的勘验、检查，认为需要复验、复查时，可以要求公安机关复验、复查，并且可以派检察人员参加。

第一百三十五条【侦查实验】 为了查明案情，在必要的时候，经公安机关负责人批准，可以进行侦查实验。

第五章 勘验、检查、辨认、侦查实验等笔录

侦查实验的情况应当写成笔录，由参加实验的人签名或者盖章。

侦查实验，禁止一切足以造成危险、侮辱人格或者有伤风化的行为。

第五节 搜查

第一百三十六条【搜查对象】 为了收集犯罪证据、查获犯罪人，侦查人员可以对犯罪嫌疑人以及可能隐藏罪犯或者犯罪证据的人的身体、物品、住处和其他有关的地方进行搜查。

第一百三十七条【配合义务】 任何单位和个人，有义务按照人民检察院和公安机关的要求，交出可以证明犯罪嫌疑人有罪或者无罪的物证、书证、视听资料等证据。

第一百三十八条【出示搜查证】 进行搜查，必须向被搜查人出示搜查证。

在执行逮捕、拘留的时候，遇有紧急情况，不另用搜查证也可以进行搜查。

第一百三十九条【搜查时在场人】 在搜查的时候，应当有被搜查人或者他的家属，邻居或者其他见证人在场。

搜查妇女的身体，应当由女工作人员进行。

第一百四十条【搜查笔录】 搜查的情况应当写成笔录，由侦查人员和被搜查人或者他的家属，邻居或者其他见证人签名或者盖章。如果被搜查人或者他的家属在逃或者拒绝签名、盖章，应当在笔录上注明。

第六节 查封、扣押物证、书证

第一百四十一条【查封扣押对象】 在侦查活动中发现的可用以证明犯罪嫌疑人有罪或者无罪的各种财物、文件，应当查封、扣押；与案件无关的财物、文件，不得查封、扣押。

对查封、扣押的财物、文件，要妥善保管或者封存，不得使用、调换或者损毁。

第一百四十二条【扣押清单】 对查封、扣押的财物、文件，应当会同在场见证人和被查封、扣押财物、文件持有人查点清楚，当场开列清单一式二份，由侦查人员、见证人和持有人签名或者盖章，一份交给持有人，另一份附卷备查。

第一百四十三条【扣押邮件电报】 侦查人员认为需要扣押犯罪嫌疑人的

邮件、电报的时候，经公安机关或者人民检察院批准，即可通知邮电机关将有关的邮件、电报检交扣押。

不需要继续扣押的时候，应即通知邮电机关。

第一百四十四条【查询冻结对象】 人民检察院、公安机关根据侦查犯罪的需要，可以依照规定查询、冻结犯罪嫌疑人的存款、汇款、债券、股票、基金份额等财产。有关单位和个人应当配合。

犯罪嫌疑人的存款、汇款、债券、股票、基金份额等财产已被冻结的，不得重复冻结。

第一百四十五条【与案件无关财产处理】 对查封、扣押的财物、文件、邮件、电报或者冻结的存款、汇款、债券、股票、基金份额等财产，经查明确实与案件无关的，应当在三日以内解除查封、扣押、冻结，予以退还。

◆ **最高人民法院关于适用《中华人民共和国刑事诉讼法》的解释**

（2021年1月26日　法释〔2021〕1号）

第四章　证　据

第六节　勘验、检查、辨认、侦查实验等笔录的审查与认定

第一百零二条【勘验检查笔录审查内容】 对勘验、检查笔录应当着重审查以下内容：

（一）勘验、检查是否依法进行，笔录制作是否符合法律、有关规定，勘验、检查人员和见证人是否签名或者盖章；

（二）勘验、检查笔录是否记录了提起勘验、检查的事由，勘验、检查的时间、地点、在场人员、现场方位、周围环境等，现场的物品、人身、尸体等的位置、特征等情况，以及勘验、检查的过程；文字记录与实物或者绘图、照片、录像是否相符；现场、物品、痕迹等是否伪造、有无破坏；人身特征、伤害情况、生理状态有无伪装或者变化等；

（三）补充进行勘验、检查的，是否说明了再次勘验、检查的原因，前后勘验、检查的情况是否矛盾。

第一百零三条【勘验检查笔录排除情形】 勘验、检查笔录存在明显不符

第五章 勘验、检查、辨认、侦查实验等笔录

合法律、有关规定的情形，不能作出合理解释的，不得作为定案的根据。

第一百零四条【辨认笔录审查内容】 对辨认笔录应当着重审查辨认的过程、方法，以及辨认笔录的制作是否符合有关规定。

第一百零五条【辨认笔录排除情形】 辨认笔录具有下列情形之一的，不得作为定案的根据：

（一）辨认不是在调查人员、侦查人员主持下进行的；

（二）辨认前使辨认人见到辨认对象的；

（三）辨认活动没有个别进行的；

（四）辨认对象没有混杂在具有类似特征的其他对象中，或者供辨认的对象数量不符合规定的；

（五）辨认中给辨认人明显暗示或者明显有指认嫌疑的；

（六）违反有关规定，不能确定辨认笔录真实性的其他情形。

第一百零六条【侦查实验笔录审查】 对侦查实验笔录应当着重审查实验的过程、方法，以及笔录的制作是否符合有关规定。

第一百零七条【侦查实验笔录排除情形】 侦查实验的条件与事件发生时的条件有明显差异，或者存在影响实验结论科学性的其他情形的，侦查实验笔录不得作为定案的根据。

◆ **人民检察院刑事诉讼规则**

（2019年12月30日　高检发释字［2019］4号）

第九章　侦　查

第四节　勘验、检查

第一百九十六条【勘验检查对象】 检察人员对于与犯罪有关的场所、物品、人身、尸体应当进行勘验或者检查。必要时，可以指派检察技术人员或者聘请其他具有专门知识的人，在检察人员的主持下进行勘验、检查。

第一百九十七条【见证人】 勘验时，人民检察院应当邀请两名与案件无关的见证人在场。

勘查现场，应当拍摄现场照片。勘查的情况应当写明笔录并制作现场图，由参加勘查的人和见证人签名。勘查重大案件的现场，应当录像。

第一百九十八条 【尸解通知】 人民检察院解剖死因不明的尸体,应当通知死者家属到场,并让其在解剖通知书上签名或者盖章。

死者家属无正当理由拒不到场或者拒绝签名、盖章的,不影响解剖的进行,但是应当在解剖通知书上记明。对于身份不明的尸体,无法通知死者家属的,应当记明笔录。

第一百九十九条 【人身检查和生物样本提取】 为了确定被害人、犯罪嫌疑人的某些特征、伤害情况或者生理状态,人民检察院可以对其人身进行检查,可以提取指纹信息,采集血液、尿液等生物样本。

必要时,可以指派、聘请法医或者医师进行人身检查。采集血液等生物样本应当由医师进行。

犯罪嫌疑人如果拒绝检查,检察人员认为必要时可以强制检查。

检查妇女的身体,应当由女工作人员或者医师进行。

人身检查不得采用损害被检查人生命、健康或者贬低其名誉、人格的方法。在人身检查过程中知悉的被检查人的个人隐私,检察人员应当予以保密。

第二百条 【侦查实验】 为了查明案情,必要时经检察长批准,可以进行侦查实验。

侦查实验,禁止一切足以造成危险、侮辱人格或者有伤风化的行为。

第二百零一条 【参与人员】 侦查实验,必要时可以聘请有关专业人员参加,也可以要求犯罪嫌疑人、被害人、证人参加。

第五节 搜 查

第二百零二条 【要求出具证据】 人民检察院有权要求有关单位和个人,交出能够证明犯罪嫌疑人有罪或者无罪以及犯罪情节轻重的证据。

第二百零三条 【搜查对象】 为了收集犯罪证据,查获犯罪人,经检察长批准,检察人员可以对犯罪嫌疑人以及可能隐藏罪犯或者犯罪证据的人的身体、物品、住处、工作地点和其他有关的地方进行搜查。

第二百零四条 【参与人员】 搜查应当在检察人员的主持下进行,可以有司法警察参加。必要时,可以指派检察技术人员参加或者邀请当地公安机关、有关单位协助进行。

执行搜查的人员不得少于二人。

第二百零五条 【搜查手续】 搜查时,应当向被搜查人或者他的家属出示搜查证。

在执行逮捕、拘留的时候,遇有下列紧急情况之一,不另用搜查证也可以进行搜查:

(一) 可能随身携带凶器的;

(二) 可能隐藏爆炸、剧毒等危险物品的;

(三) 可能隐匿、毁弃、转移犯罪证据的;

(四) 可能隐匿其他犯罪嫌疑人的;

(五) 其他紧急情况。

搜查结束后,搜查人员应当在二十四小时以内补办有关手续。

第二百零六条【在场人】 搜查时,应当有被搜查人或者其家属、邻居或者其他见证人在场,并且对被搜查人或者其家属说明阻碍搜查、妨碍公务应负的法律责任。

搜查妇女的身体,应当由女工作人员进行。

第二百零七条【强制搜查】 搜查时,如果遇到阻碍,可以强制进行搜查。对以暴力、威胁方法阻碍搜查的,应当予以制止,或者由司法警察将其带离现场。阻碍搜查构成犯罪的,应当依法追究刑事责任。

第八节 辨 认

第二百二十三条【辨认对象】 为了查明案情,必要时,检察人员可以让被害人、证人和犯罪嫌疑人对与犯罪有关的物品、文件、尸体或场所进行辨认;也可以让被害人、证人对犯罪嫌疑人进行辨认,或者让犯罪嫌疑人对其他犯罪嫌疑人进行辨认。

第二百二十四条【辨认准备】 辨认应当在检察人员的主持下进行,执行辨认的人员不得少于二人。在辨认前,应当向辨认人详细询问被辨认对象的具体特征,避免辨认人见到被辨认对象,并应当告知辨认人有意作虚假辨认应负的法律责任。

第二百二十五条【单独规则】 几名辨认人对同一被辨认对象进行辨认时,应当由每名辨认人单独进行。必要时,可以有见证人在场。

第二百二十六条【混杂规则】 辨认时,应当将辨认对象混杂在其他对象中。不得在辨认前向辨认人展示辨认对象及其影像资料,不得给辨认人任何暗示。

辨认犯罪嫌疑人时,被辨认的人数不得少于七人,照片不得少于十张。

辨认物品时,同类物品不得少于五件,照片不得少于五张。

对犯罪嫌疑人的辨认,辨认人不愿公开进行时,可以在不暴露辨认人的情况下进行,并应当为其保守秘密。

第三百三十五条【复验复查】人民检察院审查案件时,对监察机关或者公安机关的勘验、检查,认为需要复验、复查的,应当要求其复验、复查,人民检察院可以派员参加;也可以自行复验、复查,商请监察机关或者公安机关派员参加,必要时也可以指派检察技术人员或者聘请其他有专门知识的人参加。

第三百三十六条【各类笔录核实】人民检察院对物证、书证、视听资料、电子数据及勘验、检查、辨认、侦查实验等笔录存在疑问的,可以要求调查人员或者侦查人员提供获取、制作的有关情况,必要时也可以询问提供相关证据材料的人员和见证人并制作笔录附卷,对物证、书证、视听资料、电子数据进行鉴定。

◆ **公安机关办理刑事案件程序规定**

(2020年7月20日　公安部令第159号)

第八章　侦　查

第四节　勘验、检查

第二百一十三条【勘查检查对象】侦查人员对于与犯罪有关的场所、物品、人身、尸体应当进行勘验或者检查,及时提取、采集与案件有关的痕迹、物证、生物样本等。在必要的时候,可以指派或者聘请具有专门知识的人,在侦查人员的主持下进行勘验、检查。

第二百一十四条【现场保护】发案地派出所、巡警等部门应当妥善保护犯罪现场和证据,控制犯罪嫌疑人,并立即报告公安机关主管部门。

执行勘查的侦查人员接到通知后,应当立即赶赴现场;勘查现场,应当持有刑事犯罪现场勘查证。

第二百一十五条【勘查人员】公安机关对案件现场进行勘查,侦查人员不得少于二人。

第五章 勘验、检查、辨认、侦查实验等笔录

第二百一十六条【拍照与制作笔录】勘查现场,应当拍摄现场照片、绘制现场图,制作笔录,由参加勘查的人和见证人签名。对重大案件的现场勘查,应当录音录像。

第二百一十七条【人身检查】为了确定被害人、犯罪嫌疑人的某些特征、伤害情况或者生理状态,可以对人身进行检查,依法提取、采集肖像、指纹等人体生物识别信息,采集血液、尿液等生物样本。被害人死亡的,应当通过被害人近亲属辨认、提取生物样本鉴定等方式确定被害人身份。

犯罪嫌疑人拒绝检查、提取、采集的,侦查人员认为必要的时候,经办案部门负责人批准,可以强制检查、提取、采集。

检查妇女的身体,应当由女工作人员或者医师进行。

检查的情况应当制作笔录,由参加检查的侦查人员、检查人员、被检查人员和见证人签名。被检查人员拒绝签名的,侦查人员应当在笔录中注明。

第二百一十八条【尸解通知】为了确定死因,经县级以上公安机关负责人批准,可以解剖尸体,并且通知死者家属到场,让其在解剖尸体通知书上签名。

死者家属无正当理由拒不到场或者拒绝签名的,侦查人员应当在解剖尸体通知书上注明。对身份不明的尸体,无法通知死者家属的,应当在笔录中注明。

第二百一十九条【尸体领回】对已查明死因,没有继续保存必要的尸体,应当通知家属领回处理,对于无法通知或者通知后家属拒绝领回的,经县级以上公安机关负责人批准,可以及时处理。

第二百二十条【复验复查】公安机关进行勘验、检查后,人民检察院要求复验、复查的,公安机关应当进行复验、复查,并可以通知人民检察院派员参加。

第二百二十一条【侦查实验】为了查明案情,在必要的时候,经县级以上公安机关负责人批准,可以进行侦查实验。

进行侦查实验,应当全程录音录像,并制作侦查实验笔录,由参加实验的人签名。

进行侦查实验,禁止一切足以造成危险、侮辱人格或者有伤风化的行为。

第五节 搜 查

第二百二十二条【搜查对象】 为了收集犯罪证据、查获犯罪人，经县级以上公安机关负责人批准，侦查人员可以对犯罪嫌疑人以及可能隐藏罪犯或者犯罪证据的人的身体、物品、住处和其他有关的地方进行搜查。

第二百二十三条【持证搜查】 进行搜查，必须向被搜查人出示搜查证，执行搜查的侦查人员不得少于二人。

第二百二十四条【无证搜查】 执行拘留、逮捕的时候，遇有下列紧急情况之一的，不用搜查证也可以进行搜查：

（一）可能随身携带凶器的；
（二）可能隐藏爆炸、剧毒等危险物品的；
（三）可能隐匿、毁弃、转移犯罪证据的；
（四）可能隐匿其他犯罪嫌疑人的；
（五）其他突然发生的紧急情况。

第二百二十五条【见证人】 进行搜查时，应当有被搜查人或者他的家属、邻居或者其他见证人在场。

公安机关可以要求有关单位和个人交出可以证明犯罪嫌疑人有罪或者无罪的物证、书证、视听资料等证据。遇到阻碍搜查的，侦查人员可以强制搜查。

搜查妇女的身体，应当由女工作人员进行。

第二百二十六条【搜查笔录】 搜查的情况应当制作笔录，由侦查人员和被搜查人或者他的家属，邻居或者其他见证人签名。

如果被搜查人拒绝签名，或者被搜查人在逃，他的家属拒绝签名或者不在场的，侦查人员应当在笔录中注明。

第六节 查封、扣押

第二百二十七条【查扣对象】 在侦查活动中发现的可用以证明犯罪嫌疑人有罪或者无罪的各种财物、文件，应当查封、扣押；但与案件无关的财物、文件，不得查封、扣押。

持有人拒绝交出应当查封、扣押的财物、文件的，公安机关可以强制查封、扣押。

第五章 勘验、检查、辨认、侦查实验等笔录

第二百二十八条【查扣决定书】 在侦查过程中需要扣押财物、文件的，应当经办案部门负责人批准，制作扣押决定书；在现场勘查或者搜查中需要扣押财物、文件的，由现场指挥人员决定；但扣押财物、文件价值较高或者可能严重影响正常生产经营的，应当经县级以上公安机关负责人批准，制作扣押决定书。

在侦查过程中需要查封土地、房屋等不动产，或者船舶、航空器以及其他不宜移动的大型机器、设备等特定动产的，应当经县级以上公安机关负责人批准并制作查封决定书。

第二百二十九条【查扣执行】 执行查封、扣押的侦查人员不得少于二人，并出示本规定第二百二十八条规定的有关法律文书。

查封、扣押的情况应当制作笔录，由侦查人员、持有人和见证人签名。对于无法确定持有人或者持有人拒绝签名的，侦查人员应当在笔录中注明。

第二百三十条【查扣清单】 对查封、扣押的财物和文件，应当会同在场见证人和被查封、扣押财物、文件的持有人查点清楚，当场开列查封、扣押清单一式三份，写明财物或者文件的名称、编号、数量、特征及其来源等，由侦查人员、持有人和见证人签名，一份交给持有人，一份交给公安机关保管人员，一份附卷备查。

对于财物、文件的持有人无法确定，以及持有人不在现场或者拒绝签名的，侦查人员应当在清单中注明。

依法扣押文物、贵金属、珠宝、字画等贵重财物的，应当拍照或者录音录像，并及时鉴定、估价。

执行查封、扣押时，应当为犯罪嫌疑人及其所扶养的亲属保留必需的生活费用和物品。能够保证侦查活动正常进行的，可以允许有关当事人继续合理使用有关涉案财物，但应当采取必要的保值、保管措施。

第二百三十一条【财物保管】 对作为犯罪证据但不便提取或者没有必要提取的财物、文件，经登记、拍照或者录音录像、估价后，可以交财物、文件持有人保管或者封存，并且开具登记保存清单一式两份，由侦查人员、持有人和见证人签名，一份交给财物、文件持有人，另一份连同照片或者录音录像资料附卷备查。财物、文件持有人应当妥善保管，不得转移、变卖、毁损。

第二百三十二条【电邮扣押】 扣押犯罪嫌疑人的邮件、电子邮件、电报，

应当经县级以上公安机关负责人批准，制作扣押邮件、电报通知书，通知邮电部门或者网络服务单位检交扣押。

不需要继续扣押的时候，应当经县级以上公安机关负责人批准，制作解除扣押邮件、电报通知书，立即通知邮电部门或者网络服务单位。

第二百三十三条【解除查扣】对查封、扣押的财物、文件、邮件、电子邮件、电报，经查明确实与案件无关的，应当在三日以内解除查封、扣押，退还原主或者原邮电部门、网络服务单位；原主不明确的，应当采取公告方式告知原主认领。在通知原主或者公告后六个月以内，无人认领的，按照无主财物处理，登记后上缴国库。

第二百三十四条【被害人合法财物返还】有关犯罪事实查证属实后，对于有证据证明权属明确且无争议的被害人合法财产及其孳息，且返还不损害其他被害人或者利害关系人的利益，不影响案件正常办理的，应当在登记、拍照或者录音录像和估价后，报经县级以上公安机关负责人批准，开具发还清单返还，并在案卷材料中注明返还的理由，将原物照片、发还清单和被害人的领取手续存卷备查。

领取人应当是涉案财物的合法权利人或者其委托的人；委托他人领取的，应当出具委托书。侦查人员或者公安机关其他工作人员不得代为领取。

查找不到被害人，或者通知被害人后，无人领取的，应当将有关财产及其孳息随案移送。

第二百三十五条【涉案财物保管】对查封、扣押的财物及其孳息、文件，公安机关应当妥善保管，以供核查。任何单位和个人不得违规使用、调换、损毁或者自行处理。

县级以上公安机关应当指定一个内设部门作为涉案财物管理部门，负责对涉案财物实行统一管理，并设立或者指定专门保管场所，对涉案财物进行集中保管。

对价值较低、易于保管，或者需要作为证据继续使用，以及需要先行返还被害人的涉案财物，可以由办案部门设置专门的场所进行保管。办案部门应当指定不承担办案工作的民警负责本部门涉案财物的接收、保管、移交等管理工作；严禁由侦查人员自行保管涉案财物。

第二百三十六条【难以保管财物处理】在侦查期间，对于易损毁、灭失、腐烂、变质而不宜长期保存，或者难以保管的物品，经县级以上公安机关主要负责人批准，可以在拍照或者录音录像后委托有关部门变卖、拍卖，变卖、拍卖的价款暂予保存，待诉讼终结后一并处理。

对于违禁品，应当依照国家有关规定处理；需要作为证据使用的，应当在诉讼终结后处理。

第九节 辨 认

第二百五十八条【辨认对象】为了查明案情，在必要的时候，侦查人员可以让被害人、证人或者犯罪嫌疑人对与犯罪有关的物品、文件、尸体、场所或者犯罪嫌疑人进行辨认。

第二百五十九条【个别进行】辨认应当在侦查人员的主持下进行。主持辨认的侦查人员不得少于二人。

几名辨认人对同一辨认对象进行辨认时，应当由辨认人个别进行。

第二百六十条【混杂规则】辨认时，应当将辨认对象混杂在特征相类似的其他对象中，不得在辨认前向辨认人展示辨认对象及其影像资料，不得给辨认人任何暗示。

辨认犯罪嫌疑人时，被辨认的人数不得少于七人；对犯罪嫌疑人照片进行辨认的，不得少于十人的照片。

辨认物品时，混杂的同类物品不得少于五件；对物品的照片进行辨认的，不得少于十个物品的照片。

对场所、尸体等特定辨认对象进行辨认，或者辨认人能够准确描述物品独有特征的，陪衬物不受数量的限制。

第二百六十一条【保密规则】对犯罪嫌疑人的辨认，辨认人不愿意公开进行时，可以在不暴露辨认人的情况下进行，并应当为其保守秘密。

第二百六十二条【辨认笔录】对辨认经过和结果，应当制作辨认笔录，由侦查人员、辨认人、见证人签名。必要时，应当对辨认过程进行录音录像。

◆ 公安机关刑事案件现场勘验检查规则

（2015年10月22日 公通字［2015］31号）

第二条【定义】刑事案件现场勘验、检查，是侦查人员运用科学技术手段，对与犯罪有关的场所、物品、人身、尸体等进行勘验、检查的侦查活动。

第三条【任务】 刑事案件现场勘验、检查的任务,是发现、固定、提取与犯罪有关的痕迹、物证及其他信息,存储现场信息资料,判断案件性质,分析犯罪过程,确定侦查方向和范围,为侦查破案、刑事诉讼提供线索和证据。

第四条【及时勘查】 公安机关对具备勘验、检查条件的刑事案件现场,应当及时进行勘验、检查。

第五条【勘查内容】 刑事案件现场勘验、检查的内容,包括现场保护、现场实地勘验检查、现场访问、现场搜索与追踪、侦查实验、现场分析、现场处理、现场复验与复查等。

第六条【勘查人员】 刑事案件现场勘验、检查由公安机关组织现场勘验、检查人员实施。必要时,可以指派或者聘请具有专门知识的人,在侦查人员的组织下进行勘验、检查。

公安机关现场勘验、检查人员是指公安机关及其派出机构经过现场勘验、检查专业培训考试,取得现场勘验、检查资格的侦查人员。

第七条【安全原则】 公安机关进行现场勘验、检查应当注意保护公民生命健康安全,尽量避免或者减少财产损失。

第八条【勘查原则】 刑事案件现场勘验、检查工作应当遵循依法、安全、及时、客观、全面、细致的原则。

现场勘验、检查人员应当严格遵守保密规定,不得擅自发布刑事案件现场有关情况,泄露国家秘密、商业秘密、个人隐私。

第三章 现场保护

第十四条【现场保护】 发案地公安机关接到刑事案件报警后,对于有犯罪现场的,应当迅速派员赶赴现场,做好现场保护工作。

第十五条【保护范围】 负责保护现场的人民警察应当根据案件具体情况,划定保护范围,设置警戒线和告示牌,禁止无关人员进入现场。

第十六条【保护规则】 负责保护现场的人民警察除抢救伤员、紧急排险等情况外,不得进入现场,不得触动现场上的痕迹、物品和尸体;处理紧急情况时,应当尽可能避免破坏现场上的痕迹、物品和尸体,对现场保护情况应当予以记录,对现场原始情况应当拍照或者录像。

第十七条【保护措施】 负责保护现场的人民警察对现场可能受到自然、

人为因素破坏的，应当对现场上的痕迹、物品和尸体等采取相应的保护措施。

第十八条【保护时间】保护现场的时间，从发现刑事案件现场开始，至现场勘验、检查结束。需要继续勘验、检查或者需要保留现场的，应当对整个现场或者部分现场继续予以保护。

第十九条【报告情况】负责现场保护的人民警察应当将现场保护情况及时报告现场勘验、检查指挥员。

第五章　现场实地勘验检查

第二十四条【勘查内容】公安机关对刑事案件现场进行勘验、检查不得少于二人。

勘验、检查现场时，应当邀请一至二名与案件无关的公民作见证人。由于客观原因无法由符合条件的人员担任见证人的，应当在笔录材料中注明情况，并对相关活动进行录像。

勘验、检查现场，应当拍摄现场照片，绘制现场图，制作笔录，由参加勘查的人和见证人签名。对重大案件的现场，应当录像。

第二十五条【紧急情况处理】现场勘验、检查人员到达现场后，应当了解案件发生、发现和现场保护情况。需要采取搜索、追踪、堵截、鉴别、安全检查和控制销赃等紧急措施的，应当立即报告现场指挥员，并依照有关法律法规果断处置。

具备使用警犬追踪或者鉴别条件的，在不破坏现场痕迹、物证的前提下，应当立即使用警犬搜索和追踪，提取有关物品、嗅源。

第二十六条【武装警戒】勘验、检查暴力犯罪案件现场，可以视案情部署武装警戒，防止造成新的危害后果。

第二十七条【安防措施】公安机关应当为现场勘验、检查人员配备必要的安全防护设施和器具。现场勘验、检查人员应当增强安全意识，注意自身防护。对涉爆、涉枪、放火、制毒、涉危险物质、危险场所等可能危害勘验、检查人身安全的现场，应当先由专业人员排除险情，再进行现场勘验、检查。

第二十八条【持证勘查】执行现场勘验、检查任务的人员，应当持有《刑事案件现场勘查证》。《刑事案件现场勘查证》由公安部统一样式，省级公安机关统一制发。

第二十九条【个人防护】执行现场勘验、检查任务的人员，应当使用相应的个人防护装置，防止个人指纹、足迹、DNA等信息遗留现场造成污染。

第三十条【进出现场】 勘验、检查现场时，非勘验、检查人员不得进入现场。确需进入现场的，应当经指挥员同意，并按指定路线进出现场。

第三十一条【勘查步骤】 现场勘验、检查按照以下工作步骤进行：

（一）巡视现场，划定勘验、检查范围；

（二）按照"先静后动，先下后上，先重点后一般，先固定后提取"的原则，根据现场实际情况确定勘验、检查流程；

（三）初步勘验、检查现场，固定和记录现场原始状况；

（四）详细勘验、检查现场，发现、固定、记录和提取痕迹、物证；

（五）记录现场勘验、检查情况。

第三十二条【信息采集】 勘验、检查人员应当及时采集并记录现场周边的视频信息、基站信息、地理信息及电子信息等相关信息。勘验、检查与电子数据有关的犯罪现场时，应当按照有关规范处置相关设备，保护电子数据和其他痕迹、物证。

第三十三条【现场遮挡】 勘验、检查繁华场所、敏感地区发生的煽动性或者影响较恶劣的案件时，应当采用适当方法对现场加以遮挡，在取证结束后及时清理现场，防止造成不良影响。

第三十四条【生物样本提取】 为了确定被害人、犯罪嫌疑人的某些特征、伤害情况或者生理状态，可以对人身进行检查，可以提取指纹信息，采集血液、口腔拭子、尿液等生物样本。犯罪嫌疑人拒绝检查、提取、采集的，侦查人员认为必要的时候，经办案部门负责人批准，可以强制检查、提取、采集。

检查妇女的身体，应当由女工作人员或者医师进行。

检查的情况应当制作笔录，由参加检查的侦查人员、检查人员、被检查人员和见证人签名。被检查人员拒绝签名的，侦查人员应当在笔录中注明。

第三十五条【法医验尸】 勘验、检查有尸体的现场，应当有法医参加。

第三十六条【尸体解剖】 为了确定死因，经县级以上公安机关负责人批准，可以解剖尸体。

第三十七条【解剖通知】 解剖尸体应当通知死者家属到场，并让死者家属在《解剖尸体通知书》上签名。死者家属无正当理由拒不到场或者拒绝签名的，可以解剖尸体，但是应当在《解剖尸体通知书》上注明。对于身份不明的尸体，无法通知死者家属的，应当在笔录中注明。

解剖外国人尸体应当通知死者家属或者其所属国家驻华使、领馆有关官员到场，并请死者家属或者其所属国家驻华使、领馆有关官员在《解剖尸体通知书》上签名。死者家属或者其所属国家驻华使、领馆有关官员无正当理由拒不到场或者拒绝签名的，可以解剖尸体，但应当在《解剖尸体通知书》上注明。对于身份不明外国人的尸体，无法通知死者家属或者有关使、领馆的，应当在笔录中注明。

第三十八条【移动记录】 移动现场尸体前，应当对尸体的原始状况及周围的痕迹、物品进行照相、录像，并提取有关痕迹、物证。

第三十九条【解剖场所】 解剖尸体应当在尸体解剖室进行。确因情况紧急，或者受条件限制，需要在现场附近解剖的，应当采取隔离、遮挡措施。

第四十条【物质提取】 检验、解剖尸体时，应当捺印尸体指纹和掌纹。必要时，提取血液、尿液、胃内容和有关组织、器官等。尸体指纹和掌纹因客观条件无法捺印时需在相关记录中注明。

第四十一条【同步照相】 检验、解剖尸体时，应当照相、录像。对尸体损伤痕迹和有关附着物等应当进行细目照相、录像。

对无名尸体的面貌、生理、病理特征，以及衣着、携带物品和包裹尸体物品等，应当进行详细检查和记录，拍摄辨认照片。

第六章 现场勘验检查工作记录

第四十二条【信息录入】 现场勘验、检查结束后，应当及时将现场信息录入"全国公安机关现场勘验信息系统"并制作《现场勘验检查工作记录》。其中，对命案现场信息应当在勘查结束后七个工作日内录入，对其他现场信息应当在勘查结束后五个工作日内录入。

《现场勘验检查工作记录》包括现场勘验笔录、现场图、现场照片、现场录像和现场录音。

第四十三条【记录原则】 现场勘验检查工作记录应当客观、全面、详细、准确、规范，能够作为核查现场或者恢复现场原状的依据。

第四十四条【勘查笔录要求】 现场勘验笔录正文需要载明现场勘验过程及结果，包括与犯罪有关的痕迹和物品的名称、位置、数量、性状、分布等情况，尸体的位置、衣着、姿势、血迹分布、性状和数量以及提取痕迹、物证情况等。

第四十五条【多次勘验】对现场进行多次勘验、检查的，在制作首次现场勘验检查工作记录后，逐次制作补充勘验检查工作记录。

第四十六条【附图】现场勘验、检查人员应当制作现场方位图、现场平面示意图，并根据现场情况选择制作现场平面比例图、现场平面展开图、现场立体图和现场剖面图等。

第四十七条【现场图要求】绘制现场图应当符合以下基本要求：

（一）标明案件名称，案件发现时间、案发地点；

（二）完整反映现场的位置、范围；

（三）准确反映与犯罪活动有关的主要物体，标明尸体、主要痕迹、主要物证、作案工具等具体位置；

（四）文字说明简明、准确；

（五）布局合理，重点突出，画面整洁，标识规范；

（六）现场图注明方向、图例、绘图单位、绘图日期和绘图人。

第四十八条【照录种类】现场照相和录像包括方位、概貌、重点部位和细目四种。

第四十九条【照录要求】现场照相和录像应当符合以下基本要求：

（一）影像清晰、主题突出、层次分明、色彩真实；

（二）清晰、准确记录现场方位、周围环境及原始状态，记录痕迹、物证所在部位、形状、大小及其相互之间的关系；

（三）细目照相、录像应当放置比例尺；

（四）现场照片需有文字说明。

第五十条【互相吻合】现场绘图、现场照相、录像、现场勘验笔录应当相互吻合。

第五十一条【妥善保存】现场绘图、现场照相、录像、现场勘验笔录等现场勘验、检查的原始资料应当妥善保存。现场勘验、检查原始记录可以用纸质形式或者电子形式记录，现场勘验、检查人员、见证人应当在现场签字确认，以电子形式记录的可以使用电子签名。

第七章　现场痕迹物品文件的提取与扣押

第五十二条【痕迹物证提取】现场勘验、检查中发现与犯罪有关的痕迹、物品，应当固定、提取。

提取现场痕迹、物品，应当分别提取，分开包装，统一编号，注明提取的地点、部位、日期，提取的数量、名称、方法和提取人；对特殊检材，应当采取相应的方法提取和包装，防止损坏或者污染。

第五十三条【秘密文件】 提取秘密级以上的文件，应当由县级以上公安机关负责人批准，按照有关规定办理，防止泄密。

第五十四条【全面扣押】 在现场勘验、检查中，应当对能够证明犯罪嫌疑人有罪或者无罪的各种物品和文件予以扣押；对有可能成为痕迹物证载体的物品、文件，应当予以提取、扣押，进一步检验，但不得扣押或者提取与案件无关的物品、文件，对与犯罪有关的物品、文件和有可能成为痕迹物证载体的物品、文件的持有人无正当理由拒绝交出物品、文件的，现场勘验、检查人员可以强行扣押或者提取。

第五十五条【扣押主体】 现场勘验、检查中需要扣押或者提取物品、文件的，由现场勘验、检查指挥员决定。执行扣押或者提取物品、文件时，侦查人员不得少于二人，并持有关法律文书和相关证件，同时应当有见证人在场。

第五十六条【违禁品查扣】 现场勘验、检查中，发现爆炸物品、毒品、枪支、弹药和淫秽物品以及其他危险品或者违禁物品，应当立即扣押，固定相关证据后，交有关部门处理。

第五十七条【扣押程序】 扣押物品、文件时，当场开具《扣押清单》，写明扣押的日期和物品、文件的名称、编号、数量、特征及其来源等，由侦查人员、见证人和物品、文件持有人分别签名或者盖章。对于持有人拒绝签名或者无法查清持有人的，应当在《扣押清单》上注明。

《扣押清单》一式三份，一份交物品、文件持有人，一份交公安机关保管人员，一份附卷备查。

提取现场痕迹、物品应当填写《提取痕迹、物证登记表》，写明物品、文件的编号、名称、数量、特征和来源等，由侦查人员、见证人和物品、文件持有人分别签名或者盖章。对于物品持有人拒绝签名或者无法查清持有人的，应当在《提取痕迹、物证登记表》上注明。

第五十八条【妥善保管】 对应当扣押但不便提取的物品、文件，经登记、拍照或者录像、估价后，可以交被扣押物品、文件持有人保管或者封存，并明确告知物品持有人应当妥善保管，不得转移、变卖、毁损。

交被扣押物品、文件持有人保管或者封存的，应当开具《登记保存清单》，在清单上写明封存地点和保管责任人，注明已经拍照或者录像，由侦查人员、见证人和持有人签名或者盖章。

《登记保存清单》一式两份，一份交给物品、文件持有人，一份连同照片或者录像资料附卷备查。

对应当扣押但容易腐烂变质以及其他不易保管的物品，权利人明确的，经其本人书面同意或者申请，经县级以上公安机关负责人批准，在拍照或者录像固定后委托有关部门变卖、拍卖，所得款项存入本单位唯一合规账户，待诉讼终结后一并处理。

第五十九条【财物发还】 对不需要继续保留或者经调查证实与案件无关的检材和被扣押物品、文件，应当及时退还原主，填写《发还清单》一式三份，由承办人、领取人签名或者盖章，一份交物品、文件的原主，一份交物品保管人，一份附卷备查。

第六十条【不服扣押】 对公安机关扣押物品、文件有疑问的，物品、文件持有人可以向扣押单位咨询；认为扣押不当的，可以向扣押物品、文件的公安机关申诉或者控告。

第六十一条【上级纠错】 上级公安机关发现下级公安机关扣押物品、文件不当的，应当责令下级公安机关纠正，下级公安机关应当立即执行。必要时，上级公安机关可以就申诉、控告事项直接作出处理决定。

第六十二条【建档管理】 对于现场提取的痕迹、物品和扣押的物品、文件，应当按照有关规定建档管理，存放于专门场所，由专人负责，严格执行存取登记制度，严禁侦查人员自行保管。

第八章 现场访问

第六十三条【访问对象】 现场勘验、检查人员应当向报案人、案件发现人，被害人及其亲属，其他知情人或者目击者了解、收集有关刑事案件现场的情况和线索。

第六十四条【访问内容】 现场访问包括以下主要内容：

（一）刑事案件发现和发生的时间、地点、详细经过，发现后采取的保护措施，现场情况，有无可疑人或者其他人在现场，现场有无反常情况，以及物品损失等情况；

（二）现场可疑人或者作案人数、作案人性别、年龄、口音、身高、体态、相貌、衣着打扮、携带物品及特征、来去方向、路线等；

（三）与刑事案件现场、被害人有关的其他情况。

第六十五条【询问笔录】现场访问应当制作询问笔录。

第九章 现场外围的搜索和追踪

第六十六条【搜索来源】现场勘验、检查中，应当根据痕迹、视频、嗅源、物证、目击者描述及其他相关信息对现场周围和作案人的来去路线进行搜索和追踪。

第六十七条【任务】现场搜索、追踪的任务包括：

（一）搜寻隐藏在现场周围或者尚未逃离的作案人；

（二）寻找与犯罪有关的痕迹、物品等；

（三）搜寻被害人尸体、人体生物检材、衣物等；

（四）寻找隐藏、遗弃的赃款赃物等；

（五）发现并排除可能危害安全的隐患；

（六）确定作案人逃跑的方向和路线，追踪作案人；

（七）发现现场周边相关视频信息。

第六十八条【物证提取】在现场搜索、追踪中，发现与犯罪有关的痕迹、物证，应当予以固定、提取。

第十章 侦查实验

第六十九条【实验目的】为了证实现场某一具体情节的形成过程、条件和原因等，可以进行侦查实验。

进行侦查实验应当经县级以上公安机关负责人批准。

第七十条【实验任务】侦查实验的任务包括：

（一）验证在现场条件下能否听到某种声音或者看到某种情形；

（二）验证在一定时间内能否完成某一行为；

（三）验证在现场条件下某种行为或者作用与遗留痕迹、物品的状态是否吻合；

（四）确定某种条件下某种工具能否形成某种痕迹；

（五）研究痕迹、物品在现场条件下的变化规律；

（六）分析判断某一情节的发生过程和原因；

（七）其他需要通过侦查实验作出进一步研究、分析、判断的情况。

第七十一条【侦查要求】侦查实验应当符合以下要求：

（一）侦查实验一般在发案地点进行，燃烧、爆炸等危险性实验，应当在其他能够确保安全的地点进行；

（二）侦查实验的时间、环境条件应当与发案时间、环境条件基本相同；

（三）侦查实验使用的工具、材料应当与发案现场一致或者基本一致；必要时，可以使用不同类型的工具或者材料进行对照实验；

（四）如条件许可，类同的侦查实验应当进行二次以上；

（五）评估实验结果应当考虑到客观环境、条件变化对实验的影响和可能出现的误差；

（六）侦查实验，禁止一切足以造成危险、侮辱人格或者有伤风化的行为。

第七十二条【实验笔录】对侦查实验的过程和结果，应当制作《侦查实验笔录》，参加侦查实验的人员应当在《侦查实验笔录》上签名。进行侦查实验，应当录音、录像。

第十一章　现场分析

第七十三条【应当分析】现场勘验、检查结束后，勘验、检查人员应当进行现场分析。

第七十四条【分析内容】现场分析的内容包括：

（一）侵害目标和损失；

（二）作案地点、场所；

（三）开始作案的时间和作案所需要的时间；

（四）作案人出入现场的位置、侵入方式和行走路线；

（五）作案人数；

（六）作案方式、手段和特点；

（七）作案工具；

（八）作案人在现场的活动过程；

（九）作案人的个人特征和作案条件；

（十）有无伪装或者其他反常现象；
（十一）作案动机和目的；
（十二）案件性质；
（十三）是否系列犯罪；
（十四）侦查方向和范围；
（十五）其他需要分析解决的问题。

第七十五条【信息录入】 勘验、检查人员在现场勘验、检查后，应当运用"全国公安机关现场勘验信息系统"和各种信息数据库开展刑事案件串并工作，并将串并案情况录入"全国公安机关现场勘验信息系统"。

第十二章　现场的处理

第七十六条【现场保留】 现场勘验、检查结束后，现场勘验、检查指挥员决定是否保留现场。

对不需要保留的现场，应当及时通知有关单位和人员进行处理。

对需要保留的现场，应当及时通知有关单位和个人，指定专人妥善保护。

第七十七条【保留程度】 对需要保留的现场，可以整体保留或者局部保留。

第七十八条【保留因素】 现场勘验、检查结束后，现场勘验、检查指挥员决定是否保留尸体。

（一）遇有死因未定、身份不明或者其他情况需要复验的，应当保存尸体；

（二）对没有必要继续保存的尸体，经县级以上公安机关负责人批准，应当立即通知死者家属处理。对无法通知或者通知后家属拒绝领回的，经县级以上公安机关负责人批准，可以按照有关规定及时处理；

（三）对没有必要继续保存的外国人尸体，经县级以上公安机关负责人批准，应当立即通知死者家属或者所属国驻华使、领馆的官员处理。对无法通知或者通知后外国人家属或者其所属国驻华使、领馆的官员拒绝领回的，经县级以上公安机关负责人批准，并书面通知外事部门后，可以按照有关规定及时处理。

第十三章 现场的复验、复查

第七十九条【复查情形】 遇有下列情形之一，应当对现场进行复验、复查：

（一）案情重大、现场情况复杂的；

（二）侦查工作需要从现场进一步收集信息、获取证据的；

（三）人民检察院审查案件时认为需要复验、复查的；

（四）当事人提出不同意见，公安机关认为有必要复验、复查的；

（五）其他需要复验、复查的。

第八十条【检察院派员】 对人民检察院要求复验、复查的，公安机关复验、复查时，可以通知人民检察院派员参加。

◆ **最高人民法院、最高人民检察院、公安部、国家安全部、司法部关于办理死刑案件审查判断证据若干问题的规定**

（2010年6月13日 法发〔2010〕20号）

第二十五条【审查内容】 对勘验、检查笔录应当着重审查以下内容：

（一）勘验、检查是否依法进行，笔录的制作是否符合法律及有关规定的要求，勘验、检查人员和见证人是否签名或者盖章等。

（二）勘验、检查笔录的内容是否全面、详细、准确、规范：是否准确记录了提起勘验、检查的事由，勘验、检查的时间、地点，在场人员、现场方位、周围环境等情况；是否准确记载了现场、物品、人身、尸体等的位置、特征等详细情况以及勘验、检查、搜查的过程；文字记载与实物或者绘图、录像、照片是否相符；固定证据的形式、方法是否科学、规范；现场、物品、痕迹等是否被破坏或者伪造，是否是原始现场；人身特征、伤害情况、生理状况有无伪装或者变化等。

（三）补充进行勘验、检查的，前后勘验、检查的情况是否有矛盾，是否说明了再次勘验、检查的原由。

（四）勘验、检查笔录中记载的情况与被告人供述、被害人陈述、鉴定意见等其他证据能否印证，有无矛盾。

第二十六条【排除情形】 勘验、检查笔录存在明显不符合法律及有关规定的情形，并且不能作出合理解释或者说明的，不能作为证据使用。

勘验、检查笔录存在勘验、检查没有见证人的，勘验、检查人员和见证人没有签名、盖章的，勘验、检查人员违反回避规定的等情形，应当结合案件其他证据，审查其真实性和关联性。

◆ 公安机关勘验检查及处置制造毒品案件现场规定

（2010年6月7日　公禁毒〔2010〕333号）

第一章　总　则

第二条【制毒现场】 制毒案件现场，是指利用毒品原植物或者制毒物品非法提炼、化学合成毒品以及以改变毒品成分和效用为目的，用混合等物理方法加工、配制毒品的地点，以及与制造毒品犯罪行为相关的场所。

第三条【现场处置】 制毒案件现场勘查及处置，是指侦查人员依法运用科学技术手段和方法，对与非法制造毒品有关的场所、物品等进行勘查、分析和处理的侦查活动。

第四条【任务】 制毒案件现场勘查及处置的任务，是发现、固定、提取与制造毒品犯罪有关的物品、痕迹等证据及其他信息，分析判断制造毒品的种类、工艺流程，处理现场遗留物品，为侦查办案、刑事诉讼提供线索和证据。

第五条【资格】 勘查制毒案件现场的公安民警应当具备制毒案件现场勘查的专业知识和技能，具有现场勘查资格。根据需要，可以聘请具有化学等相关专业知识的人员协助勘查。

第二章　现场保护和人身安全防护

第八条【现场保护】 发现制毒现场应当进行保护。制毒案件的现场保护由现场所在地公安机关负责，具体保护的期限和措施由案件侦查部门决定。

第九条【保护措施】 负责保护现场的公安民警应当根据案件侦查部门统一部署，划定保护范围，设置警示标志，禁止无关人员进入现场。

第十条【保护规范】 负责保护现场的公安民警除抢救伤员、保护物证等紧急情况外，不得进入现场。处理紧急情况时，应当尽可能避免破坏现场。

第十一条【采取措施】对可能给制毒案件现场及周围造成危险的，负责保护现场的公安民警应当采取有效措施，防止造成人身、财产损失。

第十二条【安全防护】公安机关应当为进入现场人员配备必要的专用安全防护装备，以防止有毒、有害、易燃、易爆或者腐蚀性物质对人身造成伤害。

安全防护装备的配备应当符合制毒案件现场勘查工作的需要。根据不同的防护等级，现场勘查人员应当配备适当等级的安全防护装备进入现场开展工作。

第十三条【注意事项】进入制毒案件现场人员应当注意以下事项：

（一）在无法确认制毒现场是否存在易燃、易爆等危险情况时，严禁触动电源、水源、气源开关；

（二）在触动或者搬动物品仪器设备前，应当先观察有无危险；

（三）严禁靠近打开的化学品容器闻吸；

（四）严禁将化学品接近热源或者火源；

（五）严禁品尝可疑或者未知化学品；

（六）严禁吸烟、饮水和进食；

（七）严禁直接接触化学品。

第四章 现场安全评估与危险排除

第二十条【安全评估】现场勘查应当首先进行现场安全评估。现场安全评估的任务是确认现场制毒物品、制毒设备，确定现场的安全级别，制定排除危险的方案。

第二十一条【现场记录】现场安全评估前，应当由现场安全员首先进入现场了解并记录现场状况。进入重大、复杂的封闭式现场时应当配备最高等级的安全防护装备。

第二十二条【人员】现场安全评估由现场指挥员、化学物证技术员和现场安全员共同进行。

第二十三条【考虑因素】现场安全评估应当重点考虑水、电、气和危险化学品等因素，对于存在的危险应当制定排除方案，并形成现场安全评估结论。

第二十四条【注意事项】现场安全员应当向进入现场人员通报现场存在

的危险，介绍个人安全防护装备的使用方法、清洗去污程序和注意事项。

第二十五条【警示标志】对现场危险进行排除，不能排除的要做出警示性说明并设置警示标志。

第二十六条【录像】现场安全评估活动应当进行录像。

第五章　现场实地勘查

第二十七条【查勘步骤】制毒案件现场勘查按照以下工作步骤进行：

（一）巡视现场，制定现场勘查方案；

（二）在勘查较大规模、较复杂制毒案件现场时，要划分勘查区域；

（三）初步勘查现场，固定和记录制毒各功能区域的原始状态；

（四）详细勘查现场，发现、固定、记录和提取毒品、毒品半成品、制毒物品、制毒文字图像资料、制毒设备和相关犯罪工具、痕迹等；

（五）制作制毒案件现场勘查报告。

第二十八条【统一编号】现场勘查中，应当对现场各区域以及毒品、毒品半成品、制毒物品、废液、制毒设备、工具等进行统一编号。

第二十九条【照相顺序】现场照相、录像应当在化学物证技术员指导下进行，以制毒工艺流程为序。具体包括以下基本内容：

（一）制毒现场方位、概貌；

（二）制毒设备、工具及其连接方式；

（三）制毒物品；

（四）最终产品、中间产品和废液。

第六章　现场物品痕迹文件的提取与扣押

第三十条【扣押范围】现场勘查中，应当对可疑毒品和制毒物品进行现场快速检验，确认案件性质和提取、扣押范围。

第三十一条【物品提取】现场勘查中与制毒案件有关的下列物品、痕迹应当固定、提取：

（一）可疑毒品；

（二）可疑毒品半成品；

（三）制毒物品；

（四）主要制毒设备内的可疑物质；

（五）制毒物品包装物、标签等；

（六）其他与制毒案件有关的物品、痕迹。

第三十二条【资料提取】 现场勘查中与制毒案件有关的下列文件、影像资料应当固定、提取：

（一）制毒工艺流程；

（二）制毒过程记录；

（三）台账和物品清单；

（四）制毒物品买卖票据、运输单据；

（五）监控录像；

（六）其他应当固定提取的资料。

第三十三条【称量提取】 现场勘查中，应当由二人以上对现场缴获的毒品、毒品半成品、制毒物品等称量、提取，并对物品种类、颜色、气味、状态、数量、包装等进行规范描述、记录。

第三十四条【分别规定】 可疑毒品、毒品半成品、制毒物品应当分别提取，分开包装，注明提取的区域、部位、名称、数量、方法、提取人和日期。

第三十五条【样品提取】 现场勘查中，可疑物品应当混匀后取样并编号。液体检材应当采用试管或者瓶子盛装，试管口密封，盛装液体的容器中要留有 1/4 至 1/3 空间。固体检材应当采用专用物证袋盛装。

第三十六条【物证扣押】 对固定、提取的下列物品、文件应当扣押：

（一）可疑毒品、毒品半成品、制毒物品；

（二）制毒设备；

（三）与制毒案件有关的文件、影像资料；

（四）其他应当扣押的物品、文件。

第七章　现场访问

第三十七条【了解情况】 现场勘查人员应当向相关人员了解、收集有关制毒案件现场及周围的情况，并记录在案。

第三十八条【访问内容】 现场访问包括以下内容：

（一）制毒现场使用的水、电、气等情况，制毒现场周围水质、空气、动植物等异常变化；

（二）在制毒现场存续期间，出入现场可疑人员的数量、体貌特征以及可疑交通工具等；

（三）其他与制毒现场相关的内容。

第八章　现场实验

第三十九条【现场实验】 现场勘查中，根据需要可以进行现场实验。进行现场实验应当经地（市）级以上公安机关负责人批准。

第四十条【实验目的】 现场实验的目的：

（一）验证在现场条件下能否制造出毒品或者毒品半成品；

（二）确定在现场条件下制毒的规模和周期；

（三）其他需要通过现场实验进一步研究、分析、判断的情况。

第四十一条【实验基础】 现场实验应当在化学物证技术员研究现场环境、制毒设备、制毒物品及犯罪嫌疑人供述的基础上进行。

第四十二条【实验报告】 现场实验应制作实验报告。

第九章　现场分析

第四十三条【人员组成】 现场分析应当由现场指挥员主持，现场安全员、化学物证技术员、办案人员及其他相关人员参加，必要时可以邀请有关专家参加。

第四十四条【分析内容】 现场分析的内容包括：

（一）判断现场是否为制毒现场；

（二）判断制造毒品的种类以及是否能制成毒品、毒品半成品；

（三）判断制造毒品的方法，制作工艺流程图；

（四）分析现场制毒物品用途；

（五）认定制毒设备及其功能；

（六）判断制毒现场的生产规模和周期；

（七）分析现场周围废气、废水、废渣排放情况；

（八）判断是否存在其他制毒关联现场；

（九）决定是否需要进一步勘查现场；

（十）推断制毒物品来源及毒品去向；

（十一）提出现场处置意见；

（十二）提出下一步侦查方向和范围；

(十三) 其他需要分析解决的问题。

第四十五条【分析报告】 现场分析结束后,应当及时撰写现场分析报告。

◆ 计算机犯罪现场勘验与电子证据检查规则

(2005年2月25日 公信安 [2005] 161号)

第二条【电子证据的内容】 在本规则中,电子证据包括电子数据、存储媒介和电子设备。

第三条【内容】 计算机犯罪现场勘验与电子证据检查包括:

(一) 现场勘验检查。是指在犯罪现场实施勘验,以提取、固定现场存留的与犯罪有关电子证据和其它相关证据。

(二) 远程勘验。是指通过网络对远程目标系统实施勘验,以提取、固定远程目标系统的状态和存留的电子数据。

(三) 电子证据检查。是指检查已扣押、封存、固定的电子证据,以发现和提取与案件相关的线索和证据。

第四条【任务】 计算机犯罪现场勘验与电子证据检查的任务是,发现、固定、提取与犯罪相关的电子证据及其他证据,进行现场调查访问,制作和存储现场信息资料,判断案件性质,确定侦查方向和范围,为侦查破案提供线索和证据。

第五条【规定】 计算机犯罪现场勘验与电子证据检查,应当严格遵守国家法律、法规的有关规定。不受其他任何单位、个人的干涉。

第六条【人员资质】 执行计算机犯罪现场勘验与电子证据检查任务的人员,应当具备计算机现场勘验与电子证据检查的专业知识和技能。

第七条【纪律规范】 计算机犯罪现场勘验与电子证据检查工作,应当以事实为依据,防止主观臆断,严禁弄虚作假。

第二章 组织与指挥

第八条【实施组织】 计算机犯罪现场勘验与电子证据检查,应当由县级以上公安机关公共信息网络安全监察部门负责组织实施。必要时,可以指派或者聘请具有专门知识的人参加。

第九条【人员要求】 对计算机犯罪现场进行勘验和对电子证据进行检查

不得少于二人。现场勘验检查，应当邀请一至两名与案件无关的公民作见证人。公安司法人员不能充当见证人。电子证据检查，应当遵循办案人员与检查人员分离的原则。检查工作应当由具备电子证据检查技能的专业技术人员实施，办案人员应当予以配合。

第十条【工作原则】对计算机犯罪现场勘验与电子证据检查应当统一指挥，周密组织，明确分工，落实责任。

第十一条【指挥员】计算机犯罪现场勘验与电子证据检查的指挥员应当由具有计算机犯罪现场勘验与电子证据检查专业知识和组织指挥能力的人民警察担任。重大、特别重大案件的勘验检查工作，指挥员由案发地公安机关负责人担任。必要时，上级公安机关可以直接组织指挥现场勘验和电子证据检查工作。

第三章 电子证据的固定与封存

第十二条【固定目的】固定和封存电子证据的目的是保护电子证据的完整性、真实性和原始性。

作为证据使用的存储媒介、电子设备和电子数据应当在现场固定或封存。

第十三条【封存方法】封存电子设备和存储媒介的方法是：

（一）采用的封存方法应当保证在不解除封存状态的情况下，无法使用被封存的存储媒介和启动被封存电子设备。

（二）封存前后应当拍摄被封存电子设备和存储媒介的照片并制作《封存电子证据清单》，照片应当从各个角度反映设备封存前后的状况，清晰反映封口或张贴封条处的状况。

第十四条【固定方法】固定存储媒介和电子数据包括以下方式：

（一）完整性校验方式。是指计算电子数据和存储媒介的完整性校验值，并制作、填写《固定电子证据清单》；

（二）备份方式。是指复制、制作原始存储媒介的备份，并依照第十三条规定的方法封存原始存储媒介；

（三）封存方式。对于无法计算存储媒介完整性校验值或制作备份的情形，应当依照第十三条规定的方法封存原始存储媒介，并在勘验、检查笔录上注明不计算完整性校验值或制作备份的理由。

第四章　现场勘验检查

第十五条【程序内容】 现场勘验检查程序包括：
（一）保护现场；
（二）收集证据；
（三）提取、固定易丢失数据；
（四）在线分析；
（五）提取、固定证物。

第十六条【现场录像】 对现场状况以及提取数据、封存物品文件的过程、在线分析的关键步骤应当录像，录像带应当编号封存。

第十七条 在现场拍摄的照片应当统一编号制作《勘验检查照片记录表》。

第十八条【完整性校验值】 在现场提取的易丢失数据以及现场在线分析时生成和提取的电子数据，应当计算其完整性校验值并制作、填写《固定电子证据清单》，以保证其完整性和真实性。

第十九条 在线分析是指在现场不关闭电子设备的情况下直接分析和提取电子系统中的数据。除以下情形外，一般不得实施在线分析：
（一）案件情况紧急，在现场不实施在线分析可能会造成严重后果的；
（二）情况特殊，不允许关闭电子设备或扣押电子设备的；
（三）在线分析不会损害目标设备中重要电子数据的完整性、真实性的。重要电子数据是指可能作为证据的电子数据。

第二十条 易丢失数据提取和在线分析，应当依循以下原则：
（一）不得将生成、提取的数据存储在原始存储媒介中。
（二）不得在目标系统中安装新的应用程序。如果因为特殊原因，需要在目标系统中安装新的应用程序的，应当在《现场勘验检查笔录》中记录所安装的程序及其目的。
（三）应当在《现场勘验检查笔录》中详细、准确记录实施的操作以及对目标系统可能造成的影响。

第二十一条 现场勘验检查结束后，应当在及时制作《现场勘验检查工作记录》。《现场勘验检查工作记录》由《现场勘验检查笔录》、《固定电子证据清单》、《封存电子证据清单》和《勘验检查照片记录表》等内容组成。

第五章　勘验、检查、辨认、侦查实验等笔录

第五章　远程勘验

第二十二条【目标】 远程勘验过程中提取的目标系统状态信息、目标网站内容以及勘验过程中生成的其它电子数据，应当计算其完整性校验值并制作《固定电子证据清单》。

第二十三条【方式】 应当采用录像、照相、截获计算机屏幕内容等方式记录远程勘验过程中提取、生成电子证据等关键步骤。

第二十四条【工作记录内容】 远程勘验结束后，应当及时制作《远程勘验工作记录》。《远程勘验工作记录》由《远程勘验笔录》、《固定电子证据清单》、《勘验检查照片记录表》以及截获的屏幕截图等内容组成。

第二十五条【网络监听】 通过网络监听获取特定主机通信内容以提取电子证据时，应当遵循与远程勘验相同的规定。

第六章　电子证据检查

第二十六条【完整性检查】 办案人员将电子证据移交给检查人员时应同时提供《固定电子证据清单》和《封存电子证据清单》的复印件，检查人员应当依照以下原则检查电子证据的完整性：

（一）对于以完整性校验方式保护的电子数据，检查人员应当核对其完整性校验值是否正确；

（二）对于以封存方式保护的电子设备或存储媒介，检查人员应当比对封存的照片与当前封存的状态是否一致；

（三）存储媒介完整性校验值不正确、封存状态不一致或未封存的，检查人员应当在《电子证据检查笔录》中注明，并由送检人签名。

第二十七条　电子证据检查包括：

（一）检查、分析电子证据中包含的电子数据，提取与案件相关的电子证据。

（二）检查、分析电子证据中包含的电子数据，制作《电子证据检查笔录》描述检查结论。

第二十八条【清单】 从电子证据中提取电子数据，应当制作《提取电子数据清单》，记录该电子数据的来源和提取方法。

第二十九条【备份原则】 复制、制作原始存储媒介的备份应当遵循以下

原则：

（一）复制并重新封存原始存储媒介。

（二）对解除封存状态、开始复制、复制结束、重新封存等关键步骤应当录像记录检查人员实施的操作。

（三）复制完成后应当依照第十三条规定重新封存原始存储媒介，并制作、填写《封存电子证据清单》。

第三十条【直接检查原始存储媒介情形】除下列情形外，不得直接检查原始存储媒介，应当制作、复制原始存储媒介的备份，并在备份存储媒介上实施检查：

（一）情况紧急的重大案件，不立即检查可能延误案件的侦查工作，导致严重后果的；

（二）已计算存储媒介的完整性校验值，检查过程能够保证不修改原始存储媒介所存储的数据的；

（三）因技术条件限制，无法复制原始存储媒介的。

第三十一条【直接检查原则】检查原始电子设备，或者因第三十条描述的原因，需要直接检查原始存储媒介的，应当遵循以下原则：

（一）对解除封存状态、检查过程的关键操作、重新封存等重要步骤应当录像；

（二）检查完毕后应当依照第十三条规定重新封存原始存储媒介和原始电子设备，并制作、填写《封存电子证据清单》。

（三）应当制作《原始证据使用记录》，记录直接检查原始证据的原因和目的、实施的操作、对原始存储媒介和原始电子设备中存储的信息可能产生的影响，并由两名检查人员签名。

第三十二条【工作记录】电子证据检查结束后，应当及时制作《电子证据检查工作记录》。

《电子证据检查工作记录》由《电子证据检查笔录》、《提取电子数据清单》、《封存电子证据清单》和《原始证据使用记录》等内容构成。

第七章 勘验检查记录

第三十三条【盖章签名】《现场勘验检查工作记录》、《远程勘验工作记录》、《电子证据检查工作记录》应当加盖骑缝章后由至少两名勘验、检查人

第五章 勘验、检查、辨认、侦查实验等笔录

员签名。

《现场勘验检查工作记录》应当由至少一名见证人签名。

第三十四条【笔录内容】《现场勘验检查笔录》的内容一般包括：

（一）基本情况。包括勘验检查的地点，起止时间，指挥人员、勘查人员的姓名、职务，见证人的姓名、住址等；

（二）现场情形。包括现场的设备环境、网络结构、运行状态等；

（三）勘查过程。包括勘查的基本情况，易丢失证据提取的过程、产生的数据，在线勘验、检查过程中实施的操作、对数据可能产生的影响、提取的数据，封存物品、固定证据的有关情况等；

（四）勘查结果。包括提取物证的有关情况、勘查形成的结论以及发现的案件线索等。

第三十五条 《现场勘查照片记录表》应当记录该相片拍摄的内容、对象，并编号入卷。拍摄的照片可以是数码照片或光学照片。

第三十六条 《远程勘验笔录》的内容一般包括：

（一）基本情况。包括勘验的起止时间，指挥人员、勘验人员的姓名、职务，勘验的对象，勘验的目的等；

（二）勘验过程。包括勘验使用的工具，勘验的方法与步骤，提取和固定数据的方法等；

（三）勘验结果。包括通过勘验发现的案件线索，目标系统的状况，目标网站的内容等。

第三十七条 《电子证据检查笔录》的内容一般包括：

（一）基本情况。包括检查的起止时间，指挥人员、勘验人员的姓名、职务，检查的对象，检查的目的等；

（二）检查过程。包括检查过程使用的工具，检查的方法与步骤，提取数据的方法等；

（三）检查结果。包括通过检查发现的案件线索，提取的信息内容等。

◆ 浙江省人民检察院公诉环节现场勘查材料审查运用工作指引

（2017年8月4日）

一、现场勘查材料审查运用的基本原则和方法

第一条【现场定义】 本指引所指的现场，是指与犯罪活动关联的场所，不仅包括案发现场，也包括犯罪预备及作案后活动等关联现场。就案发现场而言，包括中心以及周围现场。

现场勘查，是指侦查机关对与犯罪活动有关的场所以及场所内的物品、人身、尸体、痕迹进行的勘验、检查等侦查活动。完整的现场勘查包括现场保护、现场访问、实地勘查、现场处理、现场记录、现场分析等活动。

现场勘查材料，是指勘查人员对犯罪现场勘查后形成的现场勘查笔录、现场图、现场照片、现场录音录像、现场证据提取记录等反映现场勘查过程的记录类材料。

第二条【诉讼价值】 现场勘查材料作为刑事诉讼法定证据之一，应充分解读其诉讼价值。

（一）固定现场初始状态。通过勘查及时记录犯罪现场初始信息，防止时过境迁造成的现场改变带来的信息缺失。

（二）展示现场细节信息。勘查材料记录现场痕迹、物证等证据的具体位置、形态、数量、分布等细节信息，为分析案情、查清事实提供细节支持。

（三）揭示痕迹、物证等证据的来源。勘查材料记录对现场痕迹、物证等证据的提取情况，是证明现场证据来源、进行技术鉴定的原始依据。

（四）证明勘查活动的合法性。勘查材料记录侦查人员现场勘查的时间、地点、现场保护、现场访问、现场提取证据等情况，为判断勘查活动是否规范合法提供依据。

（五）提供现场重建的依据。通过现场勘查材料反映的原始状态和细节信息，运用逻辑经验分析方法，推演、重构犯罪过程。

（六）检验其他证据的真伪。通过运用现场勘查材料予以犯罪现场重建，有效甄别、检验犯罪嫌疑人的供述和辩解、被害人陈述、证人证言等证据的真实性、客观性。

第三条【审查原则】 现场勘查材料的审查运用，应当坚持以下原则：

（一）合法性审查原则。要注重审查侦查机关现场勘查是否规范、合法，

第五章　勘验、检查、辨认、侦查实验等笔录

依法排除非法证据，补正瑕疵证据。

（二）客观性证据优先运用原则。对审查确认的现场勘查获取的客观性证据应在定案中优先采用。

（三）客观全面原则。要客观、全面地运用现场勘查材料所载的各类信息，来还原和证明案件事实。

（四）科学解释原则。对现场痕迹、物证蕴含的信息要准确把握、科学解释，防止对客观性证据解释过度或解释不足。

（五）充分挖掘原则。要充分运用和解读现场勘查材料的证明力，并注重挖掘犯罪过程中形成的、侦查机关现场勘查遗漏的隐蔽证据、内知证据等，完善证据体系。

（六）综合验证原则。应综合在卷的物证、书证、鉴定意见、言词证据、辨认笔录、电子数据等证据，对现场勘查材料进行综合判断审查。

第四条【审查方法】 现场勘查材料的审查运用，应当坚持以下方法、路径：

（一）笔录审查与图片、录像审查相结合。注重现场勘查笔录与现场图、现场照片、录像录音的比对审查，通过图文结合，全面、准确地审查现场情况。

（二）阅卷审查与亲历性复勘相结合。在认真审查现场勘查材料的基础上，必要时应开展犯罪现场走访、复勘，注重现场勘查材料审查的亲历性和直观性。

（三）科学检验与专家咨询相结合。对现场勘查涉及的生物痕迹、车辆痕迹、工具痕迹、微量物证成分等专业性问题，应通过科学检验、专家咨询等方法予以鉴别、验证。

（四）专门审查与比对分析相结合。在细致、全面审查现场勘查笔录、现场图、照片、录像录音的基础上，比较分析勘查材料与在案其他证据是否相互印证。

（五）全案审查与证据挖掘相结合。结合犯罪嫌疑人的供述和辩解、被害人陈述、证人证言等证据反映的信息，通过现场复勘、调阅侦查内卷、重新或补充鉴定、侦查实验、电子数据检验等途径，充分挖掘和补强证据。

（六）综合分析与现场重建相结合。综合分析全案证据，运用逻辑经验法则，科学解释、准确把握现场痕迹、物证蕴含的信息，分析判断犯罪现场是

否发生特定事件和行为。

二、现场勘查材料的一般性审查

第五条【程序实体并重】 现场勘查材料的审查应程序事项和实体内容并重，对现场勘查的人员组成、基本过程、相关材料制作及现场勘查获取的证据、信息等方面进行全面、细致审查。

第六条【勘验人员资格】 审查现场勘查人员的组成是否符合法律规定。

（一）现场勘查是否由两名以上具有勘查资格的侦查人员进行，现场勘查笔录上是否有勘查人员的签名；

（二）在卷证据材料有无反映现场勘查人员存在同一时间勘查多个现场或出现在其他场合的情形；

（三）勘查有尸体的现场，有无法医参加。

第七条【适格见证人】 审查现场勘查见证人的参与是否符合法律规定。

（一）现场勘查有无见证人参与；

（二）现场勘查笔录有无见证人签名及身份说明，是否属于与案件无关的公民；

（三）因特殊情况无法找到见证人的，有无在现场勘查笔录中注明情况并对相关活动进行录像。

第八条【笔录要求】 审查现场勘查笔录是否符合规范要求。

（一）有无制作现场勘查笔录；

（二）勘查不同现场或多次勘查同一现场的，有无分别、分次制作笔录，补充勘查的有无说明补勘原由；

（三）有无在前言部分规范记录笔录文号，接警时间和内容，现场地点，现场保护情况，勘查的起止时间，天气情况，组织指挥人员等基本信息；

（四）有无在正文部分规范记录现场勘查过程、现场情况以及证据提取情况；

（五）有无在结尾部分规范记录制图和照片的数量、现场勘查相关参与人员的签名等。

第九条【照录要求】 审查现场勘查照片、录像是否符合规范要求：

（一）有无附现场照片，重大案件以及因客观情况无法找到符合条件的见证人的案件中有无现场录像；

第五章　勘验、检查、辨认、侦查实验等笔录

（二）现场照相、录像有无包括方位、概貌、重点部位和细目等，细目照相、录像有无放置比例尺，现场照片有无相应的文字说明等；

（三）现场照片、录像能否清晰、准确记录现场方位、周围环境及原始状态，能否记录痕迹、物证所在位置、形状、大小及其相互关系；

（四）对需要移动尸体或提取证据的，有无对移动、提取前后的状况分别进行照相、录像。

第十条【现场图要求】 审查现场图的制作是否符合规范要求。

（一）有无绘制现场图；

（二）现场图有无准确、完整反映现场的位置、范围；

（三）现场图有无准确、完整标明现场尸体、主要物品、痕迹等证据的具体位置；

（四）现场图有无注明方向、图例、绘图单位、绘图日期和绘图人。

第十一条【基本信息要求】 对现场勘查材料反映的基本信息，应当重点审查。

（一）发现犯罪现场及报案的相关人员，报案的具体时间和内容，现场勘查时间与案发时间的间隔；

（二）现场地点的具体方位、周围环境，现场系封闭还是开放，进出口的具体位置；

（三）依法开展现场保护、现场访问的情况，现场有无变动，变动的具体表现和具体原因。

第十二条【痕迹物证要求】 对现场勘查材料反映的现场痕迹、物证等证据的信息，应当重点审查。

（一）现场痕迹、物证等证据的部位、数量、性状、分布等情况，尸体的位置、衣着、姿势、损伤及血迹分布、形状和数量等；

（二）现场痕迹、物证等证据的提取情况、提取方式，有无附相应的提取清单、扣押清单，有无相应证据提取、扣押人员的签名或盖章；

（三）提取现场痕迹、物品等证据有无分别提取，分开包装，统一编号，有无注明提取的地点、部位、日期和提取的数量、名称、方法和提取人等，对特殊检材是否采取相应的方法提取和包装，防止损坏或者污染；

（四）对于现场提取的痕迹、物品和扣押的物品、文件，有无按照有关规定建档管理、存放于专门场所、由专人负责，有无严格执行存取登记制度；

（五）有无存在扣押、提取、保管、送检等清单和勘查材料记载不符的情形。

第十三条【材料比对】 审查现场勘查材料，要特别注重比对现场勘查笔录、现场图、现场照片、现场录音录像之间反映的内容是否相互吻合。

第十四条【问题处理】 经审查，发现侦查机关现场勘查活动及现场勘查材料制作存在不规范之处的，应当视不同情况分别处理。

（一）现场勘查整个过程存在不符合法律及有关规定的情形，且无法做出合理解释或者说明的，该现场勘查笔录不能作为证据使用；

（二）现场勘查部分环节存在明显不符合法律及有关规定的情形，且无法做出合理解释或者说明的，该环节涉及的有关证据应当依法予以排除；

（三）现场勘查虽存在不符合法律及有关规定的情形，但侦查机关能做出合理解释或者予以补正并经审查确认的，可作为证据使用。

三、犯罪现场常见信息的判读

第十五条【信息判读】 犯罪现场遗留的各类物证、痕迹等证据以及基本环境，均可能蕴含重要信息，为分析案件事实、进行现场重建提供具体依据，因而对于现场勘查材料记录的各类信息应当细致审查、深入判读。

第十六条【生物物证判读】 根据现场遗留的生物物证，可分析判读下列信息：

（一）根据现场遗留的血液、精液、体液、人体组织、人体排泄物等生物物证的 DNA 鉴定意见，分析判断何人到过现场。

（二）根据现场生物物证的来源位置，分析判断犯罪嫌疑人与被害人之间的接触状态、接触的具体部位。如，在被害人阴道内提取到犯罪嫌疑人精液，可证实犯罪嫌疑人与被害人发生过性关系的事实。

（三）根据现场生物物证的位置、分布，分析判断犯罪嫌疑人、被害人等在现场的活动路线。如通过与犯罪嫌疑人有关的毛发、唾液、汗渍等生物物证的具体位置、载体的分析，可判断犯罪嫌疑人在现场的行动轨迹、路线，为现场重建提供重要依据。

第十七条【血迹判读】 根据现场血迹的数量、形态以及分布，还可分析判读下列重要信息：

（一）根据现场血迹的不同形态，判断血迹形成原因。一般而言，喷溅状血迹，系人体动脉血管破裂时瞬间形成；滴落状血迹，系血液呈自由落体运动滴落于载体上形成；抛甩状血迹，系沾血的物体运动时血液被甩出而形成；擦拭状血迹，系带有血液的载体通过碰撞、触摸、擦蹭等方式，在接触面上留下所形成；流注状血迹，系血液受重力影响，沿物体表面向下运动所形成；血泊，系具有一定体积的血迹凝聚形成。

（二）根据现场血迹的数量、形态、分布，辨别犯罪现场。如，暴力性杀人案件中，初始现场的血迹一般而言数量大、形态多、范围广，尸体上的血迹能与其周边血迹连接一体；而移尸现场或无血迹或虽有血迹但数量和分布范围较为有限，形态表现较为单一，地面有时可见移尸形成的血拖痕等。

（三）根据现场血迹的形态、分布等，佐证伤情、死因以及作案工具。如，命案中尸检报告表明被害人系颈部遭锐器砍切致颈动脉离断大出血死亡，而现场勘查材料显示现场血迹呈发散性分布的喷溅式状态，两者相互吻合，更加确证被害人死因及作案工具系砍切类锐器这一事实。

（四）根据现场血迹的形态、方位及分布轨迹，进行犯罪现场重建，还原犯罪过程。通过现场血迹的形态、位置、高度以及血滴下落的角度，可分析导致出血的力的大小、导致出血的工具种类、打击的次数以及出血点附近的人或物的相对位置，同时可进一步推断与流血事件有关的多个事件的先后发生顺序、被害人或犯罪嫌疑人在犯罪现场的移动轨迹。如，现场血迹分布集中且形态单一，可表明被害人对危险没有防范而遭到突然袭击或者无力反抗；反之，现场血迹分布范围广且形态多样，表明犯罪时有过激烈搏斗或者挣扎躲避。

第十八条【手印判读】 根据现场手印（指纹），可分析判读下列信息：

（一）不同人员的手印（指纹）具有不同的形态及特征，根据现场手印（指纹）分析判断到过现场的人员及人数。

（二）根据现场手印（指纹）的分布情况，分析判断犯罪嫌疑人接触过现场何种物品以及如何选择进出口、行进路线等信息。如，在窗台、门板上发现有犯罪嫌疑人的手印（指纹），分析判断犯罪嫌疑人进出现场有可能采用了爬窗、推门等方式。

（三）根据手印（指纹）的位置、载体，分析判断犯罪嫌疑人的动机和目的。如，盗窃案中在隐蔽的重要财物存放处发现有犯罪嫌疑人手印（指纹），可印证其获取他人财物的动机和目的。

（四）根据现场手印（指纹）的分布规律、用力大小、用力方向，与接触物、作案工具痕迹之间的位置关系以及在作案工具上的分布情况等信息，分析判断犯罪嫌疑人在现场使用了何种作案工具、力的作用方式，以及为了达到犯罪目的所采取的作案手段等。如，故意杀人（伤害）案中，刀柄上的手印（指纹）不仅能证明犯罪嫌疑人使用了该刀具，同时通过手印（指纹）在刀柄上的具体位置、指位分布，可进一步分析犯罪嫌疑人使用该刀具时系直握还是反握、系双手握还是单手握等，继而可进一步判读犯罪嫌疑人行凶时的方位、力度等重要信息。

（五）根据现场手印（指纹）的位置、角度、方向，左右手手印（指纹）的相互位置关系、手印（指纹）与足迹、工具痕迹等的位置关系，分析判断犯罪嫌疑人在遗留手印（指纹）时的行为动作、位置和姿势。如，从室外爬窗入内与从室内握窗外望，两种情形所留下的手印（指纹）方向通常不会一致。

第十九条【足迹判读】根据现场足迹，可分析判读下列信息：

（一）不同人员的足迹具有不同的形态及特征，根据现场足迹分析判断到过现场的人员及人数。

（二）根据对现场同类足迹位置的标识、串联，分析判断相关人员的活动路线和活动范围。如，入室犯罪案件中，通过对犯罪嫌疑人足迹的串联，分析判断犯罪嫌疑人从何处入室、入室后行动的顺序以及最后从何处离开。

（三）根据现场地面足迹中犯罪嫌疑人足迹与被害人足迹的相互情况，分析判断犯罪嫌疑人在作案过程中与被害人的相对位置关系。如，两种相对并立的足迹，可分析是二人相向站立时留下的足迹；两种动态交织、杂乱的足迹，可分析是二人拉扯、扭打时形成的足迹。

第二十条【工具痕迹判读】根据现场工具痕迹，可分析判读下列信息：

（一）根据现场工具痕迹的具体形态，分析判断作案工具的种类、大小、长短、材质、大致的规格形状等。如，现场留有轮廓呈方形的凹陷痕迹，则可能由斧锤等方形顶面形成；凹陷痕迹呈梯形斜面状，则可能是由螺丝刀类工具撬压形成。

（二）根据工具痕迹的具体形态，分析判断犯罪嫌疑人的作案手段、作案活动心理。如工具痕迹的大小、方向和作用点，可分析犯罪嫌疑人的犯罪手法以及使用相应作案工具时的方式、力度等。

第二十一条【车痕判读】根据现场车辆痕迹，可分析判读下列信息：

（一）根据现场遗留的轮胎印痕、花纹、宽度、磨损及轮距等情况，分析判断涉案车辆。

（二）根据现场遗留的汽车零件、车身漆皮、玻璃碎片以及车辆的碰撞、刮擦痕迹等，分析判断涉案车辆。

（三）根据汽车轮胎的痕迹及痕迹周围的路面形状变化情况，分析判断车辆的行驶方向，如一般而言轮胎花纹的展开方向，便是车辆的前进方向。

（四）根据现场路面轮胎痕、路面刮擦痕、车辆变形等情况，结合专业技术检测，可判断车辆的行驶速度以及是否曾经刹车、有无载有重物等情形。

第二十二条【微量物证判读】 根据现场微量物证，可分析判读下列信息：

（一）根据花粉、土壤、木屑、纤维、化学成分等微量物证，分析判断相关人员与犯罪现场的关联。如，犯罪嫌疑人身上粘附有犯罪现场才存在的植物组织，分析判断犯罪嫌疑人曾接触过现场；反之，现场存在大量某种特定物质（如花粉），而在犯罪嫌疑人人身和物品上未检见该种物质，在排除事后清洁等情形下，即应判断犯罪嫌疑人未到过现场。

（二）根据现场遗留的微量物证，分析判断相关人员在现场的活动。如，根据犯罪嫌疑人的随身携带物品、作案工具在接触物体上留下的剥离物、粘附物，分析判断犯罪嫌疑人与现场物体的接触情况。

（三）根据现场遗留的微量物证，分析判断犯罪嫌疑人与被害人之间的接触状态。如，在故意杀人、抢劫、强奸等案中，犯罪嫌疑人与被害人在现场遗留的各自微量物证交织在同一地点或连续在同一路线上，分析判断二者的接触情况及活动路线。

第二十三条【物品状态判读】 对于室内犯罪现场而言，根据家具、衣物等的摆放的位置和状况，可分析判读下列信息：

（一）根据现场家具有无撬锁、开柜，衣裤口袋、包有无翻动等变动情况，分析判断犯罪嫌疑人是否翻动过现场。

（二）根据家具、衣物等的移动或损坏情况，分析判断犯罪嫌疑人和被害人在犯罪现场的行为。如，根据现场家具、衣物摆放是否混乱、现场物品是否损坏等情况，分析判断犯罪嫌疑人和被害人在现场是否发生过搏斗。

（三）根据现场家具、衣物的倒伏、叠放形态，分析判断事件发生的顺序。如，存在明显搏斗痕迹的现场中，通过现场家具物品在相互位置上是否具有先后连续关系，分析判断引起家具物品变动的行为之间的先后顺序。

第二十四条 【现场环境判读】 根据现场勘查材料记录的犯罪现场基本环境、方位等内容，可分析判读下列重要信息：

（一）根据犯罪现场系封闭或开放、一般人能否自由进出等情况，分析判断犯罪嫌疑人的特定范围。如，像住宅等具有封闭性且进出口未存在撬锁、爬窗等痕迹的，较有可能为熟人作案。

（二）根据现场建筑物的结构、进出口位置等，分析犯罪嫌疑人进出现场的路线、通道；结合进出口部位留有的痕迹、物证，分析犯罪嫌疑人进出现场的方式、手段。

（三）结合作案时间，根据现场所处的位置及周围环境，分析判断犯罪嫌疑人行为活动的特征、相关行为是否符合常理。如，入室盗窃案中，犯罪嫌疑人在深夜时分出现在非居住的犯罪现场及周围，表明具有作案嫌疑。

四、犯罪现场信息的综合判读

第二十五条 【综合判读】 对现场勘查材料记录的所有现场信息，应结合鉴定意见比对核实、全面研读、综合分析，依照经验法则、逻辑法则，分析判断作案时间、地点、人员及人数、工具及过程。

第二十六条 【作案时间判读】 作案时间的分析判断：

（一）根据现场有识别价值的物品所揭示的时间予以分析。如，现场的日历、票证、损坏的钟表以及电脑使用、手机通讯时间等。

（二）根据现场有关物品的状态和痕迹的新旧程度予以分析。如，现场血迹的凝固、干燥程度、现场食物的腐烂、变质情况等。

（三）根据尸体现象及胃内容物情况予以分析。如，从尸体衣着推断遇害的大致季节；从尸体的腐化程度推断与遇害时的时间相隔；从胃内容物的种类、消化程度推断死亡时间等。

（四）根据天气变化情况予以分析。通过现场某些遗留物、痕迹特征、现场某些物品的移位变化等信息推断案发时段的天气情况，如，现场是否留有雨伞、雨鞋、湿鞋印、雪鞋印等，从而分析判断行为人作案的时间段。

第二十七条 【作案地点判读】 作案地点的分析判断：

（一）根据现场发现的各种痕迹、物证予以分析。如，根据现场尸体、血迹、人体组织残存的位置、分布、形态等信息，分析判断是否系杀人现场。

（二）根据现场的特殊环境以及与犯罪嫌疑人、被害人的特殊关系予以分析。如，被害人住处内发现有喷溅状的被害人血迹，但被害人尸体被发现于人烟偏僻的山中且死因系遭锐器切断颈动脉失血性死亡,通过对比两处现场的空间环境以及与被害人的关系,分析判断被害人极有可能系在自己住处遇害后被抛尸山中。

(三)根据尸表检查、尸体解剖所提供的各种信息加以分析,如,根据死者身上是否附有现场以外的泥土、植物等,分析判断尸体有无进行转移。

(四)要善于根据现场痕迹、物证之间的不自然关系、现场的种种矛盾迹象,来分析判断现场有无被犯罪嫌疑人破坏、清理、伪造过。

第二十八条【作案人员判断】 作案人员及人数的分析判断:

(一)根据现场遗留的生物物证予以分析。如,现场是否留下不同的血迹、精斑、毛发、分泌排泄物等。

(二)根据现场发现的痕迹予以分析。如,现场是否留下不同的手印(指纹)、足迹、枪弹痕迹、工具痕迹等。

(三)根据现场遗留的随身携带物品予以分析。如,现场是否留下不同的手套、烟头、手机、交通工具等。

(四)根据现场尸体的伤痕予以分析。如,尸体上是否有不同种凶器造成的伤痕或枪弹痕迹等。

(五)根据现场某种行为的难易程度予以分析。如,现场被盗的物件数量多、体积大、质量重,单人单次难以搬走;在杀人、抢劫、强奸现场同时有多名被害人,单人难以实施等。

(六)对于现场发现的第三人痕迹,要重视分析留下第三人痕迹的原因,结合现场的具体环境、是否具有开放性等情况,分析判断系同案犯所留,还是案件无关人员所留。

第二十九条【作案工具判断】 作案工具的分析判断:

(一)根据现场遗留的工具痕迹予以分析。如,现场是否留有工具切割、撬压痕迹或枪弹痕迹等。

(二)根据现场遗留的工具、凶器的碎片以及包装物、擦拭物等分析作案工具的种类。如,现场是否留有木棍碎屑、刀具外套等。

(三)根据被害人有关损伤情况予以分析,如根据创口形状、创缘是否平整、有无组织间桥、骨折情况等损伤特点,分析致伤物的形状、大小、长度、厚度等特征。

第三十条【作案行为判断】 作案行为的分析判断:

（一）根据现场遗留的手印（指纹）、足迹、毛发等证据，分析判断犯罪嫌疑人进出现场的路线、接触现场物品的情况，在现场的行为动作。

（二）根据现场被翻动破坏情况和丢失财物的所在位置，分析判断犯罪嫌疑人的作案目标。如，现场的衣柜、抽屉有明显的翻动痕迹，但衣柜、抽屉内的财物却没有丢失，可表明犯罪嫌疑人的作案目标并非侵财，而另有其他目的。

（三）根据现场物证、痕迹的分布、形态以及尸体状况等信息，分析判断案件性质。如，死者被发现从高楼房间坠楼死亡，头部有遭钝物击打痕迹，现场勘查显示死者房间内的枕席上留有血迹，阳台门框留有明显低于死者身高的擦拭血迹，且死者坠楼时赤足、足底干净，同时身上无竖直流注状血迹、掌上亦无擦拭血迹，从上述信息已能充分排除被害人系自主坠楼的可能性。

（四）根据血迹、毛发、手印（指纹）、足迹等痕迹、物证的形态及其分布状况等，分析判断犯罪嫌疑人的行为顺序。如，命案中在保险柜处发现沾有被害人血迹的犯罪嫌疑人手印（指纹），可分析判定犯罪嫌疑人行凶后又实施了侵财行为。

五、现场勘查材料的比对综合运用

第三十一条【综合比对】 审查现场勘查材料，应结合鉴定意见、犯罪嫌疑人供述和辩解、被害人陈述、证人证言、辨认笔录、电子数据、视听资料、侦查实验笔录等证据，进行对照审查、比对分析、互相验证，注重综合运用。

第三十二条 现场勘查材料与鉴定意见的比对运用：

（一）对犯罪现场的生物物证、痕迹物证等各类信息，应结合相关鉴定意见，客观分析、科学研读。

（二）注重比对鉴定意见书所列检材在现场勘查材料上有无相应记载，有无存在检材无法说明证据来源或者现场提取的物证、痕迹等证据未送检的情况。对于现场遗留的重要物证、痕迹，需要专业鉴定但侦查机关未予以鉴定的，应及时要求鉴定。

第三十三条 现场勘查材料与犯罪嫌疑人供述、辩解的比对运用：

（一）对于犯罪嫌疑人的有罪供述，重点验证供述内容与现场勘查反映的情况是否相符。从犯罪嫌疑人供述的进出现场路线、人员接触情况、具体作案过程等各方面内容，根据现场勘查材料反映的现场基本环境、进出口位置、现场痕迹、物证等证据的位置、形态等信息，比对两者之间是否吻合，判断

第五章 勘验、检查、辨认、侦查实验等笔录

犯罪嫌疑人的供述是否客观、真实。

（二）对于犯罪嫌疑人的辩解，要结合现场勘查材料予以检验。1. 对于犯罪嫌疑人未到过犯罪现场的辩解，可通过现场检出的且犯罪嫌疑人不能合理解释的血迹、精液、体液、毛发、指纹等证据予以证伪。2. 对于犯罪嫌疑人到过现场但未作案的辩解，应根据不同案件类型，结合现场勘查发现的痕迹、物证的位置、形态等信息加以综合分析。如，交通肇事逃逸案中，犯罪嫌疑人辩解到过现场但未发生交通事故，可从事故现场发现的犯罪嫌疑人车辆的碎片以及犯罪嫌疑人车辆上提取的被害人血迹等证据予以反驳。3. 对于犯罪嫌疑人的罪轻辩解，亦可通过犯罪现场的各类信息予以检验。如，对于故意杀人案中犯罪嫌疑人关于自己只是轻轻捅了被害人一刀的辩解，可从现场尸体的创口数量、创口位置、创道深度及走向等信息予以反驳。

（三）运用现场勘查材料检验犯罪嫌疑人供述、辩解的真伪时，应注重根据犯罪嫌疑人口供进行现场证据、信息的挖掘和补强。对于犯罪嫌疑人供述中提到的、但在现场勘查材料中得不到反映的现场以及现场周围的细节信息，应通过复勘现场、要求侦查机关补充侦查等方式，挖掘和补充前次现场勘查遗漏的证据、信息，通过"先供后证"的方式，更进一步确证犯罪嫌疑人口供的真实性。

（四）运用现场勘查材料验证犯罪嫌疑人供述、辩解的真伪时，不仅要注重现场痕迹、物证"有"的分析，也应注重"无"的分析。如，犯罪嫌疑人提到将犯罪现场的某件物品带走，而经现场勘查并经被害人或被害人家属确认，现场的确缺少该物品，从而验证犯罪嫌疑人供述的真实性。而对于现场应"有"某种痕迹、物证，但现场却未发现该痕迹、物证时，也应予以充分留意。如，犯罪嫌疑人供述将作案刀具遗留在现场，但现场勘查未发现该刀具，对此，应分析查证系犯罪嫌疑人不真实供述所致、还是系侦查机关现场勘查有遗漏或是其他原因等。对影响案件定罪量刑的疑点必须进行充分查证、合理解释。

第三十四条 现场勘查材料与被害人陈述、证人证言的比对运用：

（一）根据被害人陈述、证人证言，了解现场的原貌变动、物品增减、案发前后人员进出等情况，从而更加全面掌握现场勘查基本情况，更加准确运用现场勘查材料的各类信息。

（二）对于案发时身在现场的被害人所作的陈述、以及目击全部或部分犯

罪过程的证人所作的证言，应结合现场勘查材料反映的相关信息，分析判断被害人陈述、证人证言是否客观、真实。

第三十五条 现场勘查材料与辨认笔录的比对运用：

（一）通过犯罪嫌疑人、被害人等对现场遗留物品的辨认，建立现场物品与犯罪嫌疑人、被害人的客观联系，进一步确证案件细节事实。

（二）犯罪嫌疑人辨认、指认犯罪现场的，应注意犯罪嫌疑人辨认、指认的具体时间，确定侦查机关是否系根据犯罪嫌疑人辨认、指认，找到犯罪现场或是在犯罪现场找到隐蔽性很强的痕迹、物证等证据。

第三十六条 现场勘查材料与电子数据、视听资料的比对运用：

（一）对犯罪嫌疑人在实施犯罪行为过程中使用各类通信工具特别是移动通信工具的案件，应结合手机通信记录、移动轨迹，分析判断犯罪嫌疑人有无出现在犯罪现场附近、出现在犯罪现场的时间，从而更加动态地反映犯罪嫌疑人活动的时空轨迹。

（二）对犯罪嫌疑人在实施犯罪行为过程中使用机动车辆等交通工具的，应结合道路监控视频、行车轨迹识别系统等信息，分析判断有无可疑车辆在犯罪现场及其周围出现。在确定有可疑车辆的基础上，进一步查清犯罪嫌疑人与该车辆的客观联系，继而通过行车轨迹分析犯罪嫌疑人犯罪前后的活动轨迹。

（三）对于犯罪现场或现场周围有监控的，结合监控录像，进一步确证犯罪嫌疑人进出犯罪现场、在现场实施犯罪行为等事实。在监控录像不清晰、不完整的情形下，要善于利用现场勘查材料分析犯罪嫌疑人现场作案的活动细节，两者之间相互补充，共同证明犯罪事实。

第三十七条 现场勘查材料与侦查实验的比对运用：

（一）为了证实犯罪现场某一具体情节的形成过程、条件和原因，可进行现场实验。通过实验结果，进一步验证在现场条件下能否听到某种声音或看到某种情形；在一定时间内能否完成某种行为；某种行为与遗留痕迹、物品状态能否吻合；某种工具能否形成某种痕迹；痕迹、物品在现场条件下的变化规律；某一情节的发生过程和原因；其他需要现场实验做出进一步研究、分析、判断的情况。

（二）对于侦查机关已有的侦查实验，应根据侦查实验结果，结合现场勘查材料，分析案发现场有无发生特定的事实、情节。对于侦查机关未进行侦查实验、审查后认为有必要的，可要求侦查机关针对某一待验证的具体情形进行侦查实验。

（三）在运用侦查实验结果时，应当事先审查侦查实验的时间、环境条件是否与案发时间、环境条件基本相同；现场实验使用的工具、材料与案件现场是否基本一致；同一实验有无进行多次，结论是否同一；实验有无遵守法律的相关规定等。

第三十八条　在对证据单个比对分析的基础上，综合在案的所有证据，充分利用犯罪现场痕迹、物证的状态、位置、相互关系、检验结论、现场实验结论以及言词证据提供的信息，依照犯罪过程脉络，科学重建犯罪现场，客观还原犯罪情景，排除合理怀疑，查明案件事实。

六、附则

第三十九条　最高人民法院、最高人民检察院、公安部2016年9月联合下发的《关于办理刑事案件收集提取和审查判断电子数据若干问题的规定》，对电子数据的勘查、提取规则以及审查判断内容均有明确规定，故本指引未单独涉及电子数据的现场勘查内容，而注重于犯罪现场痕迹、物证等信息的审查运用。

第四十条　本指引仅作为公诉案件中现场勘查材料审查运用工作指导性文件，不得作为案件处理的援引依据。

第六章

视听资料、电子证据

第一节 视听资料的审查与判断

视听资料又称音像资料,是指以录音带、录像带、移动存储设备、电子磁盘等相关设备记载的声音、图像、活动画面,具有直观动态性、较强真实性、高科技性等证据特点。从外部载体来看,视听资料具有实物证据的物理表现形式;从内部载体来看,与书证相似,视听资料以声音、图像等信息表达思想内容。与其他证据形式相比,视听资料的形成、制作、收集、储存、展示环节都要运用高科技手段,一旦出现不规范操作,便容易导致证据失真问题。因此,需要重视审查视听资料内容的完整性与规范性。

一、审查内容

与其他实物证据一样,视听资料的同一性需要经过鉴真程序判断,主要通过对视听资料记录的声音、图像、动态画面的真实性加以验证,以便确认这些声音、图像、动态画面没有发生实质性的变化。根据《最高人民法院关于适用〈中华人民共和国刑事诉讼法〉的解释》第108条的规定,可以从四个维度重点审查视听资料的内容。

(一)来源的合法性

在司法实践中,侦查机关通过科技手段获取的视听资料来源有:一是公安机关专用的监控系统。例如,"天网工程""雪亮工程"等在公共场所安装的视频监控。二是公共和私人住宅的安防系统。许多公共机构(如政府机关、银行、超市)以及个人住宅,基于安防考虑都会安装视频监控。三是现场目击证人的拍摄。在智能手机普及的今天,犯罪现场的目击证人可能用手机拍摄记录犯罪过程。四是犯罪现场的便携式录音录像设备。

对于侦查机关通过专用视频监控系统收集的视听资料，应当出具情况说明，说明证据的来源。对于采取技术侦查措施或搜查、扣押等侦查活动收集的视听资料，应当提供《采取技术侦查措施决定书》《搜查证》《扣押决定书》等法律文书。对于向有关机构和私人调取的视听资料，应当提供《调取证据通知书》。

（二）制作过程的规范性

鉴于视听资料依赖于科技设备的支持，在制作和提取过程中存在剪辑、增减、删除和编辑等伪造、变造的风险，对其所有的制作过程要严格审查。一查制作设备的性能和工作状态，如设备是否为合格产品，是否在有效检验期内，是否取得认证认可等，以此反映设备的适格性；二查对视听资料制作过程的说明，体现在提取笔录中，包括是否载明制作人员或持有人的身份，制作时间、地点、条件和制作方法，以及内容和制作过程是否真实，有无剪辑、增加、删改等情形；三查视听资料制作过程中是否存在威胁、引诱当事人等违反法律及有关规定的情形。提取视频资料的过程，必要时应当录音录像。对制作过程存在疑问的，可以通知制作人和持有人出庭作证。

（三）是否为原件

如同物证、书证一样，视听资料也适用最佳证据规则。视听资料应当尽量调取原件，取得原件有困难或者因保密需要不能调取原件的，可以调取副本或者复制件。需要注意的是，视听资料是否为原件，有无复制及复制份数；如是复制件的，是否附有无法调取原件的原因、复制件制作过程和原件存放地点的说明，制作人、原视听资料持有人是否签名或者盖章。

当视听资料复制件的真实性面临质疑时，可从以下思路提供证据材料证明：一是复制件来源真实，复制过程中并未发生改变；二是复制件存在备份，剪辑处理的版本与原始的复制件核对无异议。

（四）关联性和证明价值

对于清晰完整的视听资料，其与案件事实的关联自动呈现，但由于设备性能、拍摄角度、天气等原因，视听资料记录的信息可能存在缺陷，如图像不清晰、没有声音、仅拍摄部分行为或局部图像等。存在缺陷的视频资料不能与案件事实充分关联，需要结合其他证据进行完善，使证据之间互相印证，展现视听资料的证明价值。

例如，在"王某某抢劫杀人案"中，被告人在抢劫被害人的银行卡后逼迫被害人说出密码，随后戴头盔前往异地某取款机，使用被害人的银行卡取款。自动取款机的监控录像显示，取款人戴着头盔，面貌特征无法看清，但能显示取款人仅用右手食指敲击按键输入密码。经讯问被告人，其对戴头盔到该处取款机取款，并用右手食指输入密码的细节供认不讳。该视听资料与被告人供述相互印证，可作为证据采纳。

二、视听资料的排除

（一）真伪不明的视听资料强制性排除

无论任何证据，只要无法保证真实性，便都不具有证据力。视听资料具有高科技的特点，经常发生外部载体被篡改、伪造或者内部载体被删除、增加、修改等情形，以致真伪难辨，如不确定排除性规则，则会造成证据采信错误，从而造成事实认定错误。因此，刑事证据法对于真伪不明的视听资料，确定强制性排除的法律后果。

例如，在"周某某受贿再审无罪案"中，原判决据以定罪的证据不确实、不充分，证据之间不能排除合理的怀疑，导致本案定罪量刑的基本事实依法不能成立。特别是同步视听资料并非依法封存的原件，且有专业软件剪接的情形，其真实性无法保障。辩护人曾将其中日期为2008年1月1日的光盘置入法院的计算机光驱，点击右键查看其可执行文件属性，可见创建时间、修改时间和访问时间，即日戳，均为2008年1月1日，与光盘封面及文件内容时间完全一致。但日期为2008年5月12日、13日的光盘显示，其日戳为2005年1月1日16时11分15秒，该时本案并未发生，不存在讯问。

（二）证据瑕疵的相对性排除

视听资料的制作、取得的时间、地点等有疑问，不能提供必要证明或者作出合理解释的，不得作为定案的依据。侦查机关、公诉机关在对视听资料的收集、提取、移送、展示、鉴定等各个环节中，无法保证证据保管链条的完整性，难以证明视听资料外部载体和内部载体的同一性的，属于视听资料在鉴定真伪方面存在缺陷或者瑕疵的情形，视为证据瑕疵，并确立了可补证的排除规则。

例如，在"刘某杰故意杀人案"中，对公诉机关提供的案发经过监控视频,辩护人认为取得地点、方式、来源不明。经补证,侦查机关出具情况说明,解释视听资料来源于×县092号"天网工程",是直接从后台数据库中复制出来的,并对监控视频中的时间与北京时间的误差予以说明。法院认为,该监控视频来源合法,客观记录了案发全过程,与在案其他证据互相印证,可以作为定案根据。

总之,视听资料只要来源明确、图像可识别、未经非法处理,一般均能在案件中起到较高的证明作用。

第二节 电子数据的审查与判断

一、电子数据的概念与特点

电子数据是现代信息技术的产物,是以数字化形式存储、处理、传输的能够证明案件事实的信息。电子数据包括:网页、博客、微博客等网络平台发布的信息;手机短信、电子邮件、即时通信、通信群组等网络应用服务的通信信息;用户注册信息、身份认证信息、电子交易记录、通信记录、登录日志等信息;文档、图片、音频、视频、数字证书、计算机程序等电子文件。可见,电子数据具有内容丰富、信息海量、存储需要电子介质、无限快速传播、解读系间接式、极强的稳定性与安全性等特点。

有的学者认为,随着电子信息技术的现代化,电子数据具有脆弱性,容易篡改且不易被发觉。其实不然,大量案例表明,任何对电子数据的删除、修改等操作行为均会留下相应的痕迹,通过技术手段可以发现与修复。可见,电子数据还具有可恢复性特点。

二、电子数据的审查与判断

立足司法实践,对电子数据的审查,既要重视审查其合法性、真实性、关联性,又要关注其来源、保管链条完整性以及证明价值。

(一)合法性

合法性是指证据的取证主体、形式及程序或者提取方法符合法律规定。

(1)取证主体。根据2016年《最高人民法院、最高人民检察院、公安部关于办理刑事案件收集提取和审查判断电子数据若干问题的规定》第7条的规定,收集、提取电子数据,应当由 2 名以上侦查人员进行。取证方法应当符合相关技术标准。由于电子数据的提取具有较强的专业性,通常需要专业的侦查人员提取,或者在侦查人员的主持下,由电子数据取证专业人员(如计算机专家、第三方机构)提取。要注意审查取证人员的专业资质、从业经验,判断取证主体的适格性。

(2)取证手续。对于常规现场勘验、检查过程中发现和提取的电子数据,参照勘验、检查的程序进行。进行网络远程勘验时,需要采取技术侦查措施的,应依法经过严格审批,相关手续随案移送。同时,向相关个人或单位调取电子数据的,应当依法制作《调取证据通知书》。

(3)取证过程。《公安机关办理刑事案件电子数据取证规则》对扣押、封存原始存储介质,现场提取电子数据,网络在线提取电子数据,冻结电子数据均有详细的程序规范。

(4)检查处理。对扣押的原始存储介质或者提取的电子数据,需要通过数据恢复、破解、搜索、仿真、关联、统计、比对等方式,进一步发现和提取与案件相关的线索和证据。电子数据检查应当符合相关技术标准。例如,对手机的电子数据检查处理,应当遵循公安部发布的《移动终端取证检验方法》(GA/T 1170—2014);对电子邮件的电子数据检查,应当依照公安部发布的《电子邮件检验技术方法》(GA/T 1172—2014)。

(二)真实性

(1)电子数据真实性的要素。关于电子数据的来源、形式、制作过程及设备情况等是否正常且有无被修改破坏的情况,需着重审查以下内容:是否移送原始存储介质;在原始存储介质无法封存、不便移送时,有无说明原因,并注明收集、提取过程及原始存储介质的存放地点或者电子数据的来源等情况;电子数据是否具有数字签名、数字证书等特殊标识;电子数据的收集、提取过程是否可以重现;电子数据如有增加、删除、修改等情形,是否附有说明;电子数据的完整性是否可以保证。

(2)电子数据的完整性。对电子数据是否完整,应当根据保护电子数据完整性的相应方法进行验证:审查原始存储介质的扣押、封存状态;审查电子数据的收集、提取过程,查看录像;比对电子数据完整性校验值;与备份的电子数据进行比较;审查冻结后的访问操作日志。

（3）电子数据的损耗。电子数据存于特定的物质媒介之中，如硬盘或磁盘之中。为了便于观察，需要将电子数据转化为能够解释的形式，如文本、录音或录像等。电子数据的析取过程中可能产生损耗。从硬盘收集电子数据的许多工具都存在程序错误，导致只能复制部分数据或者析取结果存在错误。因此，为确保电子数据对原始数据的精确复制，应当提交原始数据，以便在电子数据发生损耗时核对原始数据。

（4）电子数据内容的真实性。认定电子数据内容真实性主要有五种方法，即自认法、推定法、证人具结法、专家鉴定法、电子签名法。通过上述任一方法检验均可认定该电子数据经过了鉴定，具有真实性。

例如，在"快播案"中，4台服务器保管链条断裂，证据真实性存疑。北京市海淀区人民法院审理后认为，在案证据显示，海淀区文化委员会针对侵犯著作权违法活动进行行政执法检查时，于2013年11月18日从光通公司扣押了涉案4台服务器，随即移交给北京市版权局进行著作权鉴定。2014年4月10日，海淀区公安分局依法调取了该4台服务器，随即移交给北京市公安局治安管理总队进行淫秽物品审验鉴定。在该4台服务器的扣押、移交、鉴定过程中，执法机关只登记了服务器接入互联网的IP地址，没有记载服务器的其他特征，而公安机关的淫秽物品审验鉴定人员错误地记载了硬盘的数量和容量。由于接入互联网的IP地址不能充分证明服务器与快播公司的关联关系，前后鉴定意见所记载的服务器的硬盘数量和容量存在矛盾，让人对现有存储淫秽视频的服务器是否为原始扣押的服务器、是否由快播公司实际控制使用产生了合理怀疑。

（三）关联性

电子数据是保存在特定存储介质里的虚拟信息，需要存储介质与被告人关联，或者确认被告人网络身份与现实身份的同一性等人格化处理，才能建立电子数据的关联性，体现其证明价值。

（1）存储介质与被告人关联。通常根据被告人的供述与辩解、证人证言、辨认笔录等综合判断被告人的网络身份与现实身份。

（2）被告人网络身份与现实身份的同一性认定。可以通过核查相关IP地址、网络活动记录、上网终端归属、相关证人证言以及犯罪嫌疑人、被告人供述和辩解等进行综合判断。

例如，在"曾某某非法经营案"中，曾某某贩卖伪劣香烟给下家汤某某，委托客运班车司机洪某某运输，通过手机微信支付香烟货款和运费。侦查机关从上述三人的手机中提取相关证据，结合相关笔录材料，确认被告人曾某某的微信名为"文义"，被告人汤某某的微信名为"赚得回"，司机洪某某的微信名为"洪弟"。

综上，电子数据真伪不明时不得被作为定案的根据，其他的证据瑕疵可以补正或解释。所以，电子数据审查的最终落脚点是对其真实性的判断。

【本章相关法律规定节选】

◆ 最高人民法院关于适用《中华人民共和国刑事诉讼法》的解释

（2021 年 1 月 26 日　法释〔2021〕1 号）

第四章　证　据

第七节　视听资料、电子数据的审查与认定

第一百零八条【视听资料的审查内容】 对视听资料应当着重审查以下内容：

（一）是否附有提取过程的说明，来源是否合法；

（二）是否为原件，有无复制及复制份数；是复制件的，是否附有无法调取原件的原因、复制件制作过程和原件存放地点的说明，制作人、原视听资料持有人是否签名；

（三）制作过程中是否存在威胁、引诱当事人等违反法律、有关规定的情形；

（四）是否写明制作人、持有人的身份，制作的时间、地点、条件和方法；

（五）内容和制作过程是否真实，有无剪辑、增加、删改等情形；

（六）内容与案件事实有无关联。

对视听资料有疑问的，应当进行鉴定。

第一百零九条【排除情形】 视听资料具有下列情形之一的，不得作为定案的根据：

（一）系篡改、伪造或者无法确定真伪的；

（二）制作、取得的时间、地点、方式等有疑问，不能作出合理解释的。

第一百一十条【电子数据的审查内容】 对电子数据是否真实，应当着重审查以下内容：

（一）是否移送原始存储介质；在原始存储介质无法封存、不便移动时，有无说明原因，并注明收集、提取过程及原始存储介质的存放地点或者电子数据的来源等情况；

（二）是否具有数字签名、数字证书等特殊标识；

（三）收集、提取的过程是否可以重现；

（四）如有增加、删除、修改等情形的，是否附有说明；

（五）完整性是否可以保证。

第一百一十一条【电子数据完整性审查】 对电子数据是否完整，应当根据保护电子数据完整性的相应方法进行审查、验证：

（一）审查原始存储介质的扣押、封存状态；

（二）审查电子数据的收集、提取过程，查看录像；

（三）比对电子数据完整性校验值；

（四）与备份的电子数据进行比较；

（五）审查冻结后的访问操作日志；

（六）其他方法。

第一百一十二条【电子数据合法性审查】 对收集、提取电子数据是否合法，应当着重审查以下内容

（一）收集、提取电子数据是否由二名以上调查人员、侦查人员进行，取证方法是否符合相关技术标准；

（二）收集、提取电子数据，是否附有笔录、清单，并经调查人员、侦查人员、电子数据持有人、提供人、见证人签名或者盖章；没有签名或者盖章的，是否注明原因；对电子数据的类别、文件格式等是否注明清楚；

（三）是否依照有关规定由符合条件的人员担任见证人，是否对相关活动进行录像；

（四）采用技术调查、侦查措施收集、提取电子数据的，是否依法经过严格的批准手续；

（五）进行电子数据检查的，检查程序是否符合有关规定。

第一百一十三条【电子数据瑕疵内容】 电子数据的收集、提取程序有下

列瑕疵，经补正或者作出合理解释的，可以采用；不能补正或者作出合理解释的，不得作为定案的根据：

（一）未以封存状态移送的；

（二）笔录或者清单上没有调查人员或者侦查人员、电子数据持有人、提供人、见证人签名或者盖章的；

（三）对电子数据的名称、类别、格式等注明不清的；

（四）有其他瑕疵的。

第一百一十四条【排除情形】电子数据具有下列情形之一的，不得作为定案的根据：

（一）系篡改、伪造或者无法确定真伪的；

（二）有增加、删除、修改等情形，影响电子数据真实性的；

（三）其他无法保证电子数据真实性的情形。

第一百一十五条【电子数据移送审查】对视听资料、电子数据，还应当审查是否移送文字抄清材料以及对绰号、暗语、俗语、方言等不易理解内容的说明。未移送的，必要时，可以要求人民检察院移送。

◆ 公安机关办理刑事案件程序规定

（2020年7月20日　公安部令第159号）

第六十三条【行政执法收集的客观性证据】公安机关接受或者依法调取的行政机关在行政执法和查办案件过程中收集的物证、书证、视听资料、电子数据、鉴定意见、勘验笔录、检查笔录等证据材料，经公安机关审查符合法定要求的，可以作为证据使用。

第六十四条【物证复印件适用情形】收集、调取的物证应当是原物。只有在原物不便搬运、不易保存或者依法应当由有关部门保管、处理或者依法应当返还时，才可以拍摄或者制作足以反映原物外形或者内容的照片、录像或者复制品。

物证的照片、录像或者复制品经与原物核实无误或者经鉴定证明为真实的，或者以其他方式确能证明其真实的，可以作为证据使用。原物的照片、录像或者复制品，不能反映原物的外形和特征的，不能作为证据使用。

第六十五条【书证复印件适用情形】收集、调取的书证应当是原件。只

第六章 视听资料、电子证据

有在取得原件确有困难时，才可以使用副本或者复制件。

书证的副本、复制件，经与原件核实无误或者经鉴定证明为真实的，或者以其他方式确能证明其真实的，可以作为证据使用。书证有更改或者更改迹象不能作出合理解释的，或者书证的副本、复制件不能反映书证原件及其内容的，不能作为证据使用。

第六十六条【电子证据复印件适用情形】 收集、调取电子数据，能够扣押电子数据原始存储介质的，应当扣押原始存储介质，并制作笔录、予以封存。

确因客观原因无法扣押原始存储介质的，可以现场提取或者网络在线提取电子数据。无法扣押原始存储介质，也无法现场提取或者网络在线提取的，可以采取打印、拍照或者录音录像等方式固定相关证据，并在笔录中注明原因。

收集、调取的电子数据，足以保证完整性，无删除、修改、增加等情形的，可以作为证据使用。经审查无法确定真伪，或者制作、取得的时间、地点、方式等有疑问，不能提供必要证明或者作出合理解释的，不能作为证据使用。

第六十七条【证据复印件制作】 物证的照片、录像或者复制品，书证的副本、复制件，视听资料、电子数据的复制件，应当附有关制作过程及原件、原物存放处的文字说明，并由制作人和物品持有人或者物品持有单位有关人员签名。

第三百七十五条【司法协助范围】 公安机关进行刑事司法协助和警务合作的范围，主要包括犯罪情报信息的交流与合作，调查取证，安排证人作证或者协助调查，查封、扣押、冻结涉案财物，没收、返还违法所得及其他涉案财物，送达刑事诉讼文书，引渡、缉捕和递解犯罪嫌疑人、被告人或者罪犯，以及国际条约、协议规定的其他刑事司法协助和警务合作事宜。

◆ 人民检察院办理网络犯罪案件规定

（2021年1月22日）

第二条【定义】 本规定所称网络犯罪是指针对信息网络实施的犯罪，利用信息网络实施的犯罪，以及其他上下游关联犯罪。

第七条【加强电子数据审查】 人民检察院办理网络犯罪案件应当加强对电子数据收集、提取、保全、固定等的审查，充分运用同一电子数据往往具有的多元关联证明作用，综合运用电子数据与其他证据，准确认定案件事实。

第二章 引导取证和案件审查

第十一条【构建证据体系】 人民检察院办理网络犯罪案件应当重点围绕主体身份同一性、技术手段违法性、上下游行为关联性等方面全面审查案件事实和证据，注重电子数据与其他证据之间的相互印证，构建完整的证据体系。

第十二条【引导取证】 经公安机关商请，根据追诉犯罪的需要，人民检察院可以派员适时介入重大、疑难、复杂网络犯罪案件的侦查活动，并对以下事项提出引导取证意见：

（一）案件的侦查方向及可能适用的罪名；

（二）证据的收集、提取、保全、固定、检验、分析等；

（三）关联犯罪线索；

（四）追赃挽损工作；

（五）其他需要提出意见的事项。

人民检察院开展引导取证活动时，涉及专业性问题的，可以指派检察技术人员共同参与。

第十三条【了解情况】 人民检察院可以通过以下方式了解案件办理情况：

（一）查阅案件材料；

（二）参加公安机关对案件的讨论；

（三）了解讯（询）问犯罪嫌疑人、被害人、证人的情况；

（四）了解、参与电子数据的收集、提取；

（五）其他方式。

第十四条【侦查介入】 人民检察院介入网络犯罪案件侦查活动，发现关联犯罪或其他新的犯罪线索，应当建议公安机关依法立案或移送相关部门；对于犯罪嫌疑人不构成犯罪的，依法监督公安机关撤销案件。

第十五条【取证意见】 人民检察院可以根据案件侦查情况，向公安机关提出以下取证意见：

（一）能够扣押、封存原始存储介质的，及时扣押、封存；

（二）扣押可联网设备时，及时采取信号屏蔽、信号阻断或者切断电源等方式，防止电子数据被远程破坏；

（三）及时提取账户密码及相应数据，如电子设备、网络账户、应用软件等的账户密码，以及存储于其中的聊天记录、电子邮件、交易记录等；

（四）及时提取动态数据，如内存数据、缓存数据、网络连接数据等；

（五）及时提取依赖于特定网络环境的数据，如点对点网络传输数据、虚拟专线网络中的数据等；

（六）及时提取书证、物证等客观证据，注意与电子数据相互印证。

第十六条【补侦提纲】 对于批准逮捕后要求公安机关继续侦查、不批准逮捕后要求公安机关补充侦查或者审查起诉退回公安机关补充侦查的网络犯罪案件，人民检察院应当重点围绕本规定第十二条第一款规定的事项，有针对性地制作继续侦查提纲或者补充侦查提纲。对于专业性问题，应当听取检察技术人员或者其他有专门知识的人的意见。

人民检察院应当及时了解案件继续侦查或者补充侦查的情况。

第十七条【身份同一审查】 认定网络犯罪的犯罪嫌疑人，应当结合全案证据，围绕犯罪嫌疑人与原始存储介质、电子数据的关联性、犯罪嫌疑人网络身份与现实身份的同一性，注重审查以下内容：

（一）扣押、封存的原始存储介质是否为犯罪嫌疑人所有、持有或者使用；

（二）社交、支付结算、网络游戏、电子商务、物流等平台的账户信息、身份认证信息、数字签名、生物识别信息等是否与犯罪嫌疑人身份关联；

（三）通话记录、短信、聊天信息、文档、图片、语音、视频等文件内容是否能够反映犯罪嫌疑人的身份；

（四）域名、IP 地址、终端 MAC 地址、通信基站信息等是否能够反映电子设备为犯罪嫌疑人所使用；

（五）其他能够反映犯罪嫌疑人主体身份的内容。

第十八条【证据关联性审查】 认定犯罪嫌疑人的客观行为，应当结合全案证据，围绕其利用的程序工具、技术手段的功能及其实现方式、犯罪行为和结果之间的关联性，注重审查以下内容：

（一）设备信息、软件程序代码等作案工具；

（二）系统日志、域名、IP 地址、WiFi 信息、地理位置信息等是否能够反映犯罪嫌疑人的行为轨迹；

（三）操作记录、网络浏览记录、物流信息、交易结算记录、即时通信信息等是否能够反映犯罪嫌疑人的行为内容；

（四）其他能够反映犯罪嫌疑人客观行为的内容。

第十九条【主观认定】认定犯罪嫌疑人的主观方面，应当结合犯罪嫌疑人的认知能力、专业水平、既往经历、人员关系、行为次数、获利情况等综合认定，注重审查以下内容：

（一）反映犯罪嫌疑人主观故意的聊天记录、发布内容、浏览记录等；

（二）犯罪嫌疑人行为是否明显违背系统提示要求、正常操作流程；

（三）犯罪嫌疑人制作、使用或者向他人提供的软件程序是否主要用于违法犯罪活动；

（四）犯罪嫌疑人支付结算的对象、频次、数额等是否明显违反正常交易习惯；

（五）犯罪嫌疑人是否频繁采用隐蔽上网、加密通信、销毁数据等措施或者使用虚假身份；

（六）其他能够反映犯罪嫌疑人主观方面的内容。

第二十条【情节后果判断】认定犯罪行为的情节和后果，应当结合网络空间、网络行为的特性，从违法所得、经济损失、信息系统的破坏、网络秩序的危害程度以及对被害人的侵害程度等综合判断，注重审查以下内容：

（一）聊天记录、交易记录、音视频文件、数据库信息等能够反映犯罪嫌疑人违法所得、获取和传播数据及文件的性质、数量的内容；

（二）账号数量、信息被点击次数、浏览次数、被转发次数等能够反映犯罪行为对网络空间秩序产生影响的内容；

（三）受影响的计算机信息系统数量、服务器日志信息等能够反映犯罪行为对信息网络运行造成影响程度的内容；

（四）被害人数量、财产损失数额、名誉侵害的影响范围等能够反映犯罪行为对被害人的人身、财产等造成侵害的内容；

（五）其他能够反映犯罪行为情节、后果的内容。

第二十一条【综合认定】人民检察院办理网络犯罪案件，确因客观条件限制无法逐一收集相关言词证据的，可以根据记录被害人人数、被侵害的计算机信息系统数量、涉案资金数额等犯罪事实的电子数据、书证等证据材料，在审查被告人及其辩护人所提辩解、辩护意见的基础上，综合全案证据材料，对相关犯罪事实作出认定。

第二十二条【抽样验证】对于数量众多的同类证据材料，在证明是否具有同样的性质、特征或者功能时，因客观条件限制不能全部验证的，可以进行抽样验证。

第二十三条【专门审查】对鉴定意见、电子数据等技术性证据材料，需要进行专门审查的，应当指派检察技术人员或者聘请其他有专门知识的人进行审查并提出意见。

第二十四条【自行侦查】人民检察院在审查起诉过程中，具有下列情形之一的，可以依法自行侦查：

（一）公安机关未能收集的证据，特别是存在灭失、增加、删除、修改风险的电子数据，需要及时收集和固定的；

（二）经退回补充侦查未达到补充侦查要求的；

（三）其他需要自行侦查的情形。

第二十五条【公安配合】自行侦查由检察官组织实施，开展自行侦查的检察人员不得少于二人。需要技术支持和安全保障的，由人民检察院技术部门和警务部门派员协助。必要时，可以要求公安机关予以配合。

第二十六条【公益诉讼线索】人民检察院办理网络犯罪案件的部门，发现或者收到侵害国家利益、社会公共利益的公益诉讼案件线索的，应当及时移送负责公益诉讼的部门处理。

第三章 电子数据的审查

第二十七条【电子数据形式】电子数据是以数字化形式存储、处理、传输的，能够证明案件事实的数据，主要包括以下形式：

（一）网页、社交平台、论坛等网络平台发布的信息；

（二）手机短信、电子邮件、即时通信、通讯群组等网络通讯信息；

（三）用户注册信息、身份认证信息、数字签名、生物识别信息等用户身份信息；

（四）电子交易记录、通信记录、浏览记录、操作记录、程序安装、运行、删除记录等用户行为信息；

（五）恶意程序、工具软件、网站源代码、运行脚本等行为工具信息；

（六）系统日志、应用程序日志、安全日志、数据库日志等系统运行信息；

（七）文档、图片、音频、视频、数字证书、数据库文件等电子文件及其创建时间、访问时间、修改时间、大小等文件附属信息。

第二十八条【取证方式】 电子数据取证主要包括以下方式：收集、提取电子数据；电子数据检查和侦查实验；电子数据检验和鉴定。

收集、提取电子数据可以采取以下方式：

（一）扣押、封存原始存储介质；

（二）现场提取电子数据；

（三）在线提取电子数据；

（四）冻结电子数据；

（五）调取电子数据。

第二十九条【综合审查】 人民检察院办理网络犯罪案件，应当围绕客观性、合法性、关联性的要求对电子数据进行全面审查。注重审查电子数据与案件事实之间的多元关联，加强综合分析，充分发挥电子数据的证明作用。

第三十条【真实性审查】 对电子数据是否客观、真实，注重审查以下内容：

（一）是否移送原始存储介质，在原始存储介质无法封存、不便移动时，是否说明原因，并注明相关情况；

（二）电子数据是否有数字签名、数字证书等特殊标识；

（三）电子数据的收集、提取过程及结果是否可以重现；

（四）电子数据有增加、删除、修改等情形的，是否附有说明；

（五）电子数据的完整性是否可以保证。

第三十一条【完整性审查】 对电子数据是否完整，注重审查以下内容：

（一）原始存储介质的扣押、封存状态是否完好；

（二）比对电子数据完整性校验值是否发生变化；

（三）电子数据的原件与备份是否相同；

（四）冻结后的电子数据是否生成新的操作日志。

第三十二条【合法性审查】 对电子数据的合法性，注重审查以下内容：

（一）电子数据的收集、提取、保管的方法和过程是否规范；

（二）查询、勘验、扣押、调取、冻结等的法律手续是否齐全；

（三）勘验笔录、搜查笔录、提取笔录等取证记录是否完备；

（四）是否由符合法律规定的取证人员、见证人、持有人（提供人）等参与，因客观原因没有见证人、持有人（提供人）签名或者盖章的，是否说明原因；

（五）是否按照有关规定进行同步录音录像；

（六）对于收集、提取的境外电子数据是否符合国（区）际司法协作及相关法律规定的要求。

第三十三条【关联性审查】 对电子数据的关联性，注重审查以下内容：

（一）电子数据与案件事实之间的关联性；

（二）电子数据及其存储介质与案件当事人之间的关联性。

第三十四条【封存规范性审查】 原始存储介质被扣押封存的，注重从以下方面审查扣押封存过程是否规范：

（一）是否记录原始存储介质的品牌、型号、容量、序列号、识别码、用户标识等外观信息，是否与实物一一对应；

（二）是否封存或者计算完整性校验值，封存前后是否拍摄被封存原始存储介质的照片，照片是否清晰反映封口或者张贴封条处的状况；

（三）是否由取证人员、见证人、持有人（提供人）签名或者盖章。

第三十五条 对原始存储介质制作数据镜像予以提取固定的，注重审查以下内容：

……

（二）是否附有制作数据镜像的工具、方法、过程等必要信息；

……

第三十六条【提取原始数据审查】 提取原始存储介质中的数据内容并予以固定的，注重审查以下内容：

（一）是否记录原始存储介质的品牌、型号、容量、序列号、识别码、用户标识等外观信息，是否记录原始存储介质的存放位置、使用人、保管人；

（二）所提取数据内容的原始存储路径，提取的工具、方法、过程等信息，是否一并提取相关的附属信息、关联痕迹、系统环境等信息；

……

第三十七条【在线提取审查】 对于在线提取的电子数据，注重审查以下内容：

（一）是否记录反映电子数据来源的网络地址、存储路径或者数据提取时的进入步骤等；

（二）是否记录远程计算机信息系统的访问方式、电子数据的提取日期和时间、提取的工具、方法等信息，是否一并提取相关的附属信息、关联痕迹、系统环境等信息；

（三）是否计算完整性校验值；

（四）是否由取证人员、见证人、持有人（提供人）签名或者盖章。

对可能无法重复提取或者可能出现变化的电子数据，是否随案移送反映提取过程的拍照、录像、截屏等材料。

第三十八条【冻结数据审查】 对冻结的电子数据，注重审查以下内容：

（一）冻结手续是否符合规定；

（二）冻结的电子数据是否与案件事实相关；

（三）冻结期限是否即将到期、有无必要继续冻结或者解除；

（四）冻结期间电子数据是否被增加、删除、修改等。

第三十九条【调取数据审查】 对调取的电子数据，注重审查以下内容：

（一）调取证据通知书是否注明所调取的电子数据的相关信息；

（二）被调取单位、个人是否在通知书回执上签名或者盖章；

（三）被调取单位、个人拒绝签名、盖章的，是否予以说明；

（四）是否计算完整性校验值或者以其他方法保证电子数据的完整性。

第四十条【检查实验审查】 对电子数据进行检查、侦查实验，注重审查以下内容：

（一）是否记录检查过程、检查结果和其他需要记录的内容，并由检查人员签名或者盖章；

（二）是否记录侦查实验的条件、过程和结果，并由参加侦查实验的人员签名或者盖章；

（三）检查、侦查实验使用的电子设备、网络环境等是否与发案现场一致或者基本一致；

（四）是否使用拍照、录像、录音、通信数据采集等一种或者多种方式客观记录检查、侦查实验过程。

第四十一条【检验鉴定审查】 对电子数据进行检验、鉴定，注重审查以下内容：

第六章 视听资料、电子证据

（一）鉴定主体的合法性。包括审查司法鉴定机构、司法鉴定人员的资质，委托鉴定事项是否符合司法鉴定机构的业务范围，鉴定人员是否存在回避等情形；

（二）鉴定材料的客观性。包括鉴定材料是否真实、完整、充分，取得方式是否合法，是否与原始电子数据一致；

（三）鉴定方法的科学性。包括鉴定方法是否符合国家标准、行业标准，方法标准的选用是否符合相关规定；

（四）鉴定意见的完整性。是否包含委托人、委托时间、检材信息、鉴定或者分析论证过程、鉴定结果以及鉴定人签名、日期等内容；

（五）鉴定意见与其他在案证据能否相互印证。

对于鉴定机构以外的机构出具的检验、检测报告，可以参照本条规定进行审查。

第四十二条【行政证据转化】 行政机关在行政执法和查办案件过程中依法收集、提取的电子数据，人民检察院经审查符合法定要求的，可以作为刑事案件的证据使用。

第四十三条【排除规则】 电子数据的收集、提取程序有下列瑕疵，经补正或者作出合理解释的，可以采用；不能补正或者作出合理解释的，不得作为定案的根据：

（一）未以封存状态移送的；

（二）笔录或者清单上没有取证人员、见证人、持有人（提供人）签名或者盖章的；

（三）对电子数据的名称、类别、格式等注明不清的；

（四）有其他瑕疵的。

第四十四条【真实性不明排除】 电子数据系篡改、伪造、无法确定真伪的，或者有其他无法保证电子数据客观、真实情形的，不得作为定案的根据。

电子数据有增加、删除、修改等情形，但经司法鉴定、当事人确认等方式确定与案件相关的重要数据未发生变化，或者能够还原电子数据原始状态、查清变化过程的，可以作为定案的根据。

第四十五条【情况说明】 对于无法直接展示的电子数据，人民检察院可以要求公安机关提供电子数据的内容、存储位置、附属信息、功能作用等情况的说明，随案移送人民法院。

第四章 出庭支持公诉

第四十六条【庭前会议】 人民检察院依法提起公诉的网络犯罪案件，具有下列情形之一的，可以建议人民法院召开庭前会议：

（一）案情疑难复杂的；

（二）跨国（边）境、跨区域案件社会影响重大的；

（三）犯罪嫌疑人、被害人等人数众多、证据材料较多的；

（四）控辩双方对电子数据合法性存在较大争议的；

（五）案件涉及技术手段专业性强，需要控辩双方提前交换意见的；

（六）其他有必要召开庭前会议的情形。

必要时，人民检察院可以向法庭申请指派检察技术人员或者聘请其他有专门知识的人参加庭前会议。

第四十七条【证据示证】 人民法院开庭审理网络犯罪案件，公诉人出示证据可以借助多媒体示证、动态演示等方式进行。必要时，可以向法庭申请指派检察技术人员或者聘请其他有专门知识的人进行相关技术操作，并就专门性问题发表意见。

公诉人在出示电子数据时，应当从以下方面进行说明：

（一）电子数据的来源、形成过程；

（二）电子数据所反映的犯罪手段、人员关系、资金流向、行为轨迹等案件事实；

（三）电子数据与被告人供述、被害人陈述、证人证言、物证、书证等的相互印证情况；

（四）其他应当说明的内容。

第四十八条【针对性答辩】 在法庭审理过程中，被告人及其辩护人针对电子数据的客观性、合法性、关联性提出辩解或者辩护意见的，公诉人可以围绕争议点从证据来源是否合法，提取、复制、制作过程是否规范，内容是否真实完整，与案件事实有无关联等方面，有针对性地予以答辩。

第四十九条【庭审同录】 支持、推动人民法院开庭审判网络犯罪案件全程录音录像。对庭审全程录音录像资料，必要时人民检察院可以商请人民法院复制，并将存储介质附检察卷宗保存。

第五章　跨区域协作办案

第五十条【加强协作】 对跨区域网络犯罪案件，上级人民检察院应当加强统一指挥和统筹协调，相关人民检察院应当加强办案协作。

第五十一条【统一调配】 上级人民检察院根据办案需要，可以统一调用辖区内的检察人员参与办理网络犯罪案件。

第五十二条【协作内容】 办理关联网络犯罪案件的人民检察院可以相互申请查阅卷宗材料、法律文书，了解案件情况，被申请的人民检察院应当予以协助。

第五十三条【应当配合】 承办案件的人民检察院需要向办理关联网络犯罪案件的人民检察院调取证据材料的，可以持相关法律文书和证明文件申请调取在案证据材料，被申请的人民检察院应当配合。

第五十四条【异地调证】 承办案件的人民检察院需要异地调查取证的，可以将相关法律文书及证明文件传输至证据所在地的人民检察院，请其代为调查取证。相关法律文书应当注明具体的取证对象、方式、内容和期限等。

被请求协助的人民检察院应当予以协助，及时将取证结果送达承办案件的人民检察院；无法及时调取的，应当作出说明。被请求协助的人民检察院有异议的，可以与承办案件的人民检察院进行协商；无法解决的，由承办案件的人民检察院报请共同的上级人民检察院决定。

第五十五条【远程询问】 承办案件的人民检察院需要询问异地证人、被害人的，可以通过远程视频系统进行询问，证人、被害人所在地的人民检察院应当予以协助。远程询问的，应当对询问过程进行同步录音录像。

第六章　跨国（边）境司法协作

第五十六条【协作原则】 办理跨国网络犯罪案件应当依照《中华人民共和国国际刑事司法协助法》及我国批准加入的有关刑事司法协助条约，加强国际司法协作，维护我国主权、安全和社会公共利益，尊重协作国司法主权、坚持平等互惠原则，提升跨国司法协作质效。

第五十七条【协作程序】 地方人民检察院在案件办理中需要向外国请求刑事司法协助的，应当制作刑事司法协助请求书并附相关材料，经报最高人民检察院批准后，由我国与被请求国间司法协助条约规定的对外联系机关向外国提出申请。没有刑事司法协助条约的，通过外交途径联系。

第五十八条【证据移交】 人民检察院参加现场移交境外证据的检察人员不少于二人，外方有特殊要求的除外。

移交、开箱、封存、登记的情况应当制作笔录，由最高人民检察院或者承办案件的人民检察院代表、外方移交人员签名或者盖章，一般应当全程录音录像。有其他见证人的，在笔录中注明。

第五十九条【证据审查】 人民检察院对境外收集的证据，应当审查证据来源是否合法、手续是否齐备以及证据的移交、保管、转换等程序是否连续、规范。

第六十条【港澳台协作】 人民检察院办理涉香港特别行政区、澳门特别行政区、台湾地区的网络犯罪案件，需要当地有关部门协助的，可以参照本规定及其他相关规定执行。

第七章 附 则

第六十一条 人民检察院办理网络犯罪案件适用本规定，本规定没有规定的，适用其他相关规定。

第六十二条【用语定义】 本规定中下列用语的含义：

（一）信息网络，包括以计算机、电视机、固定电话机、移动电话机等电子设备为终端的计算机互联网、广播电视网、固定通信网、移动通信网等信息网络，以及局域网络；

（二）存储介质，是指具备数据存储功能的电子设备、硬盘、光盘、优盘、记忆棒、存储芯片等载体；

（三）完整性校验值，是指为防止电子数据被篡改或者破坏，使用散列算法等特定算法对电子数据进行计算，得出的用于校验数据完整性的数据值；

（四）数字签名，是指利用特定算法对电子数据进行计算，得出的用于验证电子数据来源和完整性的数据值；

（五）数字证书，是指包含数字签名并对电子数据来源、完整性进行认证的电子文件；

（六）生物识别信息，是指计算机利用人体所固有的生理特征（包括人脸、指纹、声纹、虹膜、DNA等）或者行为特征（步态、击键习惯等）来进行个人身份识别的信息；

（七）运行脚本，是指使用一种特定的计算机编程语言，依据符合语法要求编写的执行指定操作的可执行文件；

（八）数据镜像，是指二进制（0101 排序的数据码流）相同的数据复制件，与原件的内容无差别；

（九）MAC 地址，是指计算机设备中网卡的唯一标识，每个网卡有且只有一个 MAC 地址。

第六十三条 人民检察院办理国家安全机关、海警机关、监狱等移送的网络犯罪案件，适用本规定和其他相关规定。

◆ 办理跨境赌博犯罪案件若干问题的意见

（2020 年 10 月 16 日　公通字〔2020〕14 号）

七、关于跨境赌博犯罪案件证据的收集和审查判断

（一）【注重电子证据收集】公安机关、人民检察院、人民法院在办理跨境赌博犯罪案件中应当注意对电子证据的收集、审查判断。公安机关应当遵守法定程序，遵循有关技术标准，全面、客观、及时收集、提取电子证据；人民检察院、人民法院应当围绕真实性、合法性、关联性审查判断电子证据。

公安机关、人民检察院、人民法院收集、提取、固定、移送、展示、审查、判断电子证据应当严格依照《最高人民法院、最高人民检察院、公安部关于办理刑事案件收集提取和审查判断电子数据若干问题的规定》《最高人民法院、最高人民检察院、公安部关于办理网络犯罪案件适用刑事诉讼程序若干问题的意见》的规定进行。

（二）【技术证据与手续随案移送】公安机关采取技术侦查措施收集的证据材料，能够证明案件事实的，应当随案移送，并移送批准采取技术侦查措施的法律文书。

（三）【境外证据】依照国际条约、刑事司法协助、互助协议或者平等互助原则，请求证据材料所在地司法机关收集，或者通过国际警务合作机制、国际刑警组织启动合作取证程序收集的境外证据材料，公安机关应当对其来源、提取人、提取时间或者提供人、提供时间以及保管移交的过程等作出说明。

当事人及其辩护人、诉讼代理人提供的来自境外的证据材料，该证据材

料应当经所在国公证机关证明,所在国中央外交主管机关或者其授权机关认证,并经我国驻该国使、领馆认证。未经证明、认证的,不能作为证据使用。

来自境外的证据材料,能够证明案件事实且符合刑事诉讼法及相关规定的,经查证属实,可以作为定案的根据。

◆ **公安机关办理刑事案件电子数据取证规则**

(2019年2月1日　公通字〔2018〕41号)

第一章　总　则

第一条【立法目的】 为规范公安机关办理刑事案件电子数据取证工作,确保电子数据取证质量,提高电子数据取证效率,根据《中华人民共和国刑事诉讼法》《公安机关办理刑事案件程序规定》等有关规定,制定本规则。

第二条【取证原则】 公安机关办理刑事案件应当遵守法定程序,遵循有关技术标准,全面、客观、及时地收集、提取涉案电子数据,确保电子数据的真实、完整。

第三条【取证范围】 电子数据取证包括但不限于:
(一) 收集、提取电子数据;
(二) 电子数据检查和侦查实验;
(三) 电子数据检验与鉴定。

第四条【保密原则】 公安机关电子数据取证涉及国家秘密、警务工作秘密、商业秘密、个人隐私的,应当保密;对于获取的材料与案件无关的,应当及时退还或者销毁。

第五条【行政证据转化】 公安机关接受或者依法调取的其他国家机关在行政执法和查办案件过程中依法收集、提取的电子数据可以作为刑事案件的证据使用。

第二章　收集提取电子数据

第一节　一般规定

第六条【取证人员】 收集、提取电子数据,应当由二名以上侦查人员进行。必要时,可以指派或者聘请专业技术人员在侦查人员主持下进行收集、提取电子数据。

第七条【取证措施】 收集、提取电子数据，可以根据案情需要采取以下一种或者几种措施、方法：

（一）扣押、封存原始存储介质；

（二）现场提取电子数据；

（三）网络在线提取电子数据；

（四）冻结电子数据；

（五）调取电子数据。

第八条【固定方式】 具有下列情形之一的，可以采取打印、拍照或者录像等方式固定相关证据：

（一）无法扣押原始存储介质并且无法提取电子数据的；

（二）存在电子数据自毁功能或装置，需要及时固定相关证据的；

（三）需现场展示、查看相关电子数据的。

根据前款第二、三项的规定采取打印、拍照或者录像等方式固定相关证据后，能够扣押原始存储介质的，应当扣押原始存储介质；不能扣押原始存储介质但能够提取电子数据的，应当提取电子数据。

第九条【打印等固定要求】 采取打印、拍照或者录像方式固定相关证据的，应当清晰反映电子数据的内容，并在相关笔录中注明采取打印、拍照或者录像等方式固定相关证据的原因，电子数据的存储位置、原始存储介质特征和所在位置等情况，由侦查人员、电子数据持有人（提供人）签名或者盖章；电子数据持有人（提供人）无法签名或者拒绝签名的，应当在笔录中注明，由见证人签名或者盖章。

第二节 扣押、封存原始存储介质

第十条【原件扣封】 在侦查活动中发现的可以证明犯罪嫌疑人有罪或者无罪、罪轻或者罪重的电子数据，能够扣押原始存储介质的，应当扣押、封存原始存储介质，并制作笔录，记录原始存储介质的封存状态。

勘验、检查与电子数据有关的犯罪现场时，应当按照有关规范处置相关设备，扣押、封存原始存储介质。

第十一条【封存要求】 对扣押的原始存储介质，应当按照以下要求封存：

（一）保证在不解除封存状态的情况下，无法使用或者启动被封存的原始存储介质，必要时，具备数据信息存储功能的电子设备和硬盘、存储卡等内部存储介质可以分别封存；

（二）封存前后应当拍摄被封存原始存储介质的照片。照片应当反映原始存储介质封存前后的状况，清晰反映封口或者张贴封条处的状况；必要时，照片还要清晰反映电子设备的内部存储介质细节；

（三）封存手机等具有无线通信功能的原始存储介质，应当采取信号屏蔽、信号阻断或者切断电源等措施。

第十二条【扣押清单】对扣押的原始存储介质，应当会同在场见证人和原始存储介质持有人（提供人）查点清楚，当场开列《扣押清单》一式三份，写明原始存储介质名称、编号、数量、特征及其来源等，由侦查人员、持有人（提供人）和见证人签名或者盖章，一份交给持有人（提供人），一份交给公安机关保管人员，一份附卷备查。

第十三条【持有人不明处理】对无法确定原始存储介质持有人（提供人）或者原始存储介质持有人（提供人）无法签名、盖章或者拒绝签名、盖章的，应当在有关笔录中注明，由见证人签名或者盖章。由于客观原因无法由符合条件的人员担任见证人的，应当在有关笔录中注明情况，并对扣押原始存储介质的过程全程录像。

第十四条【其他证据印证】扣押原始存储介质，应当收集证人证言以及犯罪嫌疑人供述和辩解等与原始存储介质相关联的证据。

第十五条【相关情况注明】扣押原始存储介质时，可以向相关人员了解、收集并在有关笔录中注明以下情况：

（一）原始存储介质及应用系统管理情况，网络拓扑与系统架构情况，是否由多人使用及管理，管理及使用人员的身份情况；

（二）原始存储介质及应用系统管理的用户名、密码情况；

（三）原始存储介质的数据备份情况，有无加密磁盘、容器，有无自毁功能，有无其它移动存储介质，是否进行过备份，备份数据的存储位置等情况；

（四）其他相关的内容。

第三节 现场提取电子数据

第十六条【现场提取情形】具有下列无法扣押原始存储介质情形之一的，可以现场提取电子数据：

第六章 视听资料、电子证据

（一）原始存储介质不便封存的；

（二）提取计算机内存数据、网络传输数据等不是存储在存储介质上的电子数据的；

（三）案件情况紧急，不立即提取电子数据可能会造成电子数据灭失或者其他严重后果的；

（四）关闭电子设备会导致重要信息系统停止服务的；

（五）需通过现场提取电子数据排查可疑存储介质的；

（六）正在运行的计算机信息系统功能或者应用程序关闭后，没有密码无法提取的；

（七）其他无法扣押原始存储介质的情形。

无法扣押原始存储介质的情形消失后，应当及时扣押、封存原始存储介质。

第十七条【保护设备】 现场提取电子数据可以采取以下措施保护相关电子设备：

（一）及时将犯罪嫌疑人或者其他相关人员与电子设备分离；

（二）在未确定是否易丢失数据的情况下，不能关闭正在运行状态的电子设备；

（三）对现场计算机信息系统可能被远程控制的，应当及时采取信号屏蔽、信号阻断、断开网络连接等措施；

（四）保护电源；

（五）有必要采取的其他保护措施。

第十八条【提取要求】 现场提取电子数据，应当遵守以下规定：

（一）不得将提取的数据存储在原始存储介质中；

（二）不得在目标系统中安装新的应用程序。如果因为特殊原因，需要在目标系统中安装新的应用程序的，应当在笔录中记录所安装的程序及目的；

（三）应当在有关笔录中详细、准确记录实施的操作。

第十九条【笔录清单】 现场提取电子数据，应当制作《电子数据现场提取笔录》，注明电子数据的来源、事由和目的、对象、提取电子数据的时间、地点、方法、过程、不能扣押原始存储介质的原因、原始存储介质的存放地点，并附《电子数据提取固定清单》，注明类别、文件格式、完整性校验值等，由侦查人员、电子数据持有人（提供人）签名或者盖章；电子数据持有人（提供人）无法签名或者拒绝签名的，应当在笔录中注明，由见证人签名或者盖章。

第二十条【数据压缩】 对提取的电子数据可以进行数据压缩，并在笔录中注明相应的方法和压缩后文件的完整性校验值。

第二十一条【完整校验值】 由于客观原因无法由符合条件的人员担任见证人的，应当在《电子数据现场提取笔录》中注明情况，并全程录像，对录像文件应当计算完整性校验值并记入笔录。

第二十二条【妥善保管】 对无法扣押的原始存储介质且无法一次性完成电子数据提取的，经登记、拍照或者录像后，可以封存后交其持有人（提供人）保管，并且开具《登记保存清单》一式两份，由侦查人员、持有人（提供人）和见证人签名或者盖章，一份交给持有人（提供人），另一份连同照片或者录像资料附卷备查。

持有人（提供人）应当妥善保管，不得转移、变卖、毁损，不得解除封存状态，不得未经办案部门批准接入网络，不得对其中可能用作证据的电子数据增加、删除、修改。必要时，应当保持计算机信息系统处于开机状态。

对登记保存的原始存储介质，应当在七日以内作出处理决定，逾期不作出处理决定的，视为自动解除。经查明确实与案件无关的，应当在三日以内解除。

第四节 网络在线提取电子数据

第二十三条【在线提取情形】 对公开发布的电子数据、境内远程计算机信息系统上的电子数据，可以通过网络在线提取。

第二十四条【计算完整性校验值】 网络在线提取应当计算电子数据的完整性校验值；必要时，可以提取有关电子签名认证证书、数字签名、注册信息等关联性信息。

第二十五条【过程录拍】 网络在线提取时，对可能无法重复提取或者可能会出现变化的电子数据，应当采用录像、拍照、截获计算机屏幕内容等方式记录以下信息：

（一）远程计算机信息系统的访问方式；

（二）提取的日期和时间；

（三）提取使用的工具和方法；

（四）电子数据的网络地址、存储路径或者数据提取时的进入步骤等；

（五）计算完整性校验值的过程和结果。

第二十六条【笔录内容】 网络在线提取电子数据应当在有关笔录中注明电子数据的来源、事由和目的、对象，提取电子数据的时间、地点、方法、过程，不能扣押原始存储介质的原因，并附《电子数据提取固定清单》，注明类别、文件格式、完整性校验值等，由侦查人员签名或者盖章。

第二十七条【远程勘验情形】 网络在线提取时需要进一步查明下列情形之一的，应当对远程计算机信息系统进行网络远程勘验：

（一）需要分析、判断提取的电子数据范围的；

（二）需要展示或者描述电子数据内容或者状态的；

（三）需要在远程计算机信息系统中安装新的应用程序的；

（四）需要通过勘验行为让远程计算机信息系统生成新的除正常运行数据外电子数据的；

（五）需要收集远程计算机信息系统状态信息、系统架构、内部系统关系、文件目录结构、系统工作方式等电子数据相关信息的；

（六）其他网络在线提取时需要进一步查明有关情况的情形。

第二十八条【勘验主体】 网络远程勘验由办理案件的县级公安机关负责。上级公安机关对下级公安机关刑事案件网络远程勘验提供技术支援。对于案情重大、现场复杂的案件，上级公安机关认为有必要时，可以直接组织指挥网络远程勘验。

第二十九条【勘验原则】 网络远程勘验应当统一指挥，周密组织，明确分工，落实责任。

第三十条【见证人】 网络远程勘验应当由符合条件的人员作为见证人。由于客观原因无法由符合条件的人员担任见证人的，应当在《远程勘验笔录》中注明情况，并按照本规则第二十五条的规定录像，录像可以采用屏幕录像或者录像机录像等方式，录像文件应当计算完整性校验值并记入笔录。

第三十一条【勘验笔录】 远程勘验结束后，应当及时制作《远程勘验笔录》，详细记录远程勘验有关情况以及勘验照片、截获的屏幕截图等内容。由侦查人员和见证人签名或者盖章。

远程勘验并且提取电子数据的，应当按照本规则第二十六条的规定，在《远程勘验笔录》注明有关情况，并附《电子数据提取固定清单》。

第三十二条【笔录要求】《远程勘验笔录》应当客观、全面、详细、准确、规范，能够作为还原远程计算机信息系统原始情况的依据，符合法定的证据要求。

对计算机信息系统进行多次远程勘验的，在制作首次《远程勘验笔录》后，逐次制作补充《远程勘验笔录》。

第三十三条【访问权限】网络在线提取或者网络远程勘验时，应当使用电子数据持有人、网络服务提供者提供的用户名、密码等远程计算机信息系统访问权限。

采用技术侦查措施收集电子数据的，应当严格依照有关规定办理批准手续。收集的电子数据在诉讼中作为证据使用时，应当依照刑事诉讼法第一百五十四条规定执行。

第三十四条【全程同录】对以下犯罪案件，网络在线提取、远程勘验过程应当全程同步录像：

（一）严重危害国家安全、公共安全的案件；

（二）电子数据是罪与非罪、是否判处无期徒刑、死刑等定罪量刑关键证据的案件；

（三）社会影响较大的案件；

（四）犯罪嫌疑人可能被判处五年有期徒刑以上刑罚的案件；

（五）其他需要全程同步录像的重大案件。

第三十五条【软件版号】网络在线提取、远程勘验使用代理服务器、点对点传输软件、下载加速软件等网络工具的，应当在《网络在线提取笔录》或者《远程勘验笔录》中注明采用的相关软件名称和版本号。

第五节 冻结电子数据

第三十六条【冻结情形】具有下列情形之一的，可以对电子数据进行冻结：

（一）数据量大，无法或者不便提取的；

（二）提取时间长，可能造成电子数据被篡改或者灭失的；

（三）通过网络应用可以更为直观地展示电子数据的；

（四）其他需要冻结的情形。

第三十七条【冻结手续】冻结电子数据，应当经县级以上公安机关负责人批准，制作《协助冻结电子数据通知书》，注明冻结电子数据的网络应用账号等信息，送交电子数据持有人、网络服务提供者或者有关部门协助办理。

第三十八条【解除手续】不需要继续冻结电子数据时，应当经县级以上公安机关负责人批准，在三日以内制作《解除冻结电子数据通知书》，通知电子数据持有人、网络服务提供者或者有关部门执行。

第三十九条【冻结期限】冻结电子数据的期限为六个月。有特殊原因需要延长期限的，公安机关应当在冻结期限届满前办理继续冻结手续。每次续冻期限最长不得超过六个月。继续冻结的，应当按照本规则第三十七条的规定重新办理冻结手续。逾期不办理继续冻结手续的，视为自动解除。

第四十条【冻结方法】冻结电子数据，应当采取以下一种或者几种方法：
（一）计算电子数据的完整性校验值；
（二）锁定网络应用账号；
（三）采取写保护措施；
（四）其他防止增加、删除、修改电子数据的措施。

第六节 调取电子数据

第四十一条【调取手续】公安机关向有关单位和个人调取电子数据，应当经办案部门负责人批准，开具《调取证据通知书》，注明需要调取电子数据的相关信息，通知电子数据持有人、网络服务提供者或者有关部门执行。被调取单位、个人应当在通知书回执上签名或者盖章，并附完整性校验值等保护电子数据完整性方法的说明，被调取单位、个人拒绝盖章、签名或者附说明的，公安机关应当注明。必要时，应当采用录音或者录像等方式固定证据内容及取证过程。

公安机关应当协助因客观条件限制无法保护电子数据完整性的被调取单位、个人进行电子数据完整性的保护。

第四十二条【异地协作】公安机关跨地域调查取证的，可以将《办案协作函》和相关法律文书及凭证传真或者通过公安机关信息化系统传输至协作地公安机关。协作地办案部门经审查确认后，在传来的法律文书上加盖本地办案部门印章后，代为调查取证。

协作地办案部门代为调查取证后，可以将相关法律文书回执或者笔录邮寄至办案地公安机关，将电子数据或者电子数据的获取、查看工具和方法说明通过公安机关信息化系统传输至办案地公安机关。

办案地公安机关应当审查调取电子数据的完整性，对保证电子数据的完整性有疑问的，协作地办案部门应当重新代为调取。

第三章 电子数据的检查和侦查实验

第一节 电子数据检查

第四十三条【检查方式】 对扣押的原始存储介质或者提取的电子数据，需要通过数据恢复、破解、搜索、仿真、关联、统计、比对等方式，以进一步发现和提取与案件相关的线索和证据时，可以进行电子数据检查。

第四十四条【检查人员】 电子数据检查，应当由二名以上具有专业技术的侦查人员进行。必要时，可以指派或者聘请有专门知识的人参加。

第四十五条【技术标准】 电子数据检查应当符合相关技术标准。

第四十六条【核对方式】 电子数据检查应当保护在公安机关内部移交过程中电子数据的完整性。移交时，应当办理移交手续，并按照以下方式核对电子数据：

（一）核对其完整性校验值是否正确；

（二）核对封存的照片与当前封存的状态是否一致。

对于移交时电子数据完整性校验值不正确、原始存储介质封存状态不一致或者未封存可能影响证据真实性、完整性的，检查人员应当在有关笔录中注明。

第四十七条【检查原则】 检查电子数据应当遵循以下原则：

（一）通过写保护设备接入到检查设备进行检查，或者制作电子数据备份、对备份进行检查；

（二）无法使用写保护设备且无法制作备份的，应当注明原因，并全程录像；

（三）检查前解除封存、检查后重新封存前后应当拍摄被封存原始存储介质的照片，清晰反映封口或者张贴封条处的状况；

（四）检查具有无线通信功能的原始存储介质，应当采取信号屏蔽、信号阻断或者切断电源等措施保护电子数据的完整性。

第四十八条【笔录内容】 检查电子数据，应当制作《电子数据检查笔录》，记录以下内容：

（一）基本情况。包括检查的起止时间，指挥人员、检查人员的姓名、职务，检查的对象，检查的目的等；

（二）检查过程。包括检查过程使用的工具，检查的方法与步骤等；

（三）检查结果。包括通过检查发现的案件线索、电子数据、等相关信息。

（四）其他需要记录的内容。

第四十九条【固定清单】 电子数据检查时需要提取电子数据的，应当制作《电子数据提取固定清单》，记录该电子数据的来源、提取方法和完整性校验值。

第二节 电子数据侦查实验

第五十条【侦查实验】 为了查明案情，必要时，经县级以上公安机关负责人批准可以进行电子数据侦查实验。

第五十一条【实验任务】 电子数据侦查实验的任务包括：

（一）验证一定条件下电子设备发生的某种异常或者电子数据发生的某种变化；

（二）验证在一定时间内能否完成对电子数据的某种操作行为；

（三）验证在某种条件下使用特定软件、硬件能否完成某种特定行为、造成特定后果；

（四）确定一定条件下某种计算机信息系统应用或者网络行为能否修改、删除特定的电子数据；

（五）其他需要验证的情况。

第五十二条【实验要求】 电子数据侦查实验应当符合以下要求：

（一）应当采取技术措施保护原始存储介质数据的完整性；

（二）有条件的，电子数据侦查实验应当进行二次以上；

（三）侦查实验使用的电子设备、网络环境等应当与发案现场一致或者基本一致；必要时，可以采用相关技术方法对相关环境进行模拟或者进行对照实验；

（四）禁止可能泄露公民信息或者影响非实验环境计算机信息系统正常运行的行为。

第五十三条 【实录过程】 进行电子数据侦查实验,应当使用拍照、录像、录音、通信数据采集等一种或多种方式客观记录实验过程。

第五十四条 进行电子数据侦查实验,应当制作《电子数据侦查实验笔录》,记录侦查实验的条件、过程和结果,并由参加侦查实验的人员签名或者盖章。

第四章 电子数据委托检验与鉴定

第五十五条 【鉴定启动】 为了查明案情,解决案件中某些专门性问题,应当指派、聘请有专门知识的人进行鉴定,或者委托公安部指定的机构出具报告。

需要聘请有专门知识的人进行鉴定,或者委托公安部指定的机构出具报告的,应当经县级以上公安机关负责人批准。

第五十六条 【送检材料】 侦查人员送检时,应当封存原始存储介质、采取相应措施保护电子数据完整性,并提供必要的案件相关信息。

第五十七条 【独立鉴定】 公安部指定的机构及其承担检验工作的人员应当独立开展业务并承担相应责任,不受其他机构和个人影响。

第五十八条 【鉴定要求】 公安部指定的机构应当按照法律规定和司法审判机关要求承担回避、保密、出庭作证等义务,并对报告的真实性、合法性负责。

公安部指定的机构应当运用科学方法进行检验、检测,并出具报告。

第五十九条 【设备合格】 公安部指定的机构应当具备必需的仪器、设备并且依法通过资质认定或者实验室认可。

第六十条 【出具报告】 委托公安部指定的机构出具报告的其他事宜,参照《公安机关鉴定规则》等有关规定执行。

第五章 附 则

第六十一条 本规则自2019年2月1日起施行。公安部之前发布的文件与本规则不一致的,以本规则为准。

第六章 视听资料、电子证据

◆ **最高人民法院、最高人民检察院、公安部关于办理刑事案件收集提取和审查判断电子数据若干问题的规定**

（2016年9月9日 法发〔2016〕22号）

为规范电子数据的收集提取和审查判断，提高刑事案件办理质量，根据《中华人民共和国刑事诉讼法》等有关法律规定，结合司法实际，制定本规定。

一、一般规定

第一条【定义】 电子数据是案件发生过程中形成的，以数字化形式存储、处理、传输的，能够证明案件事实的数据。

电子数据包括但不限于下列信息、电子文件：

（一）网页、博客、微博客、朋友圈、贴吧、网盘等网络平台发布的信息；

（二）手机短信、电子邮件、即时通信、通讯群组等网络应用服务的通信信息；

（三）用户注册信息、身份认证信息、电子交易记录、通信记录、登录日志等信息；

（四）文档、图片、音视频、数字证书、计算机程序等电子文件。

以数字化形式记载的证人证言、被害人陈述以及犯罪嫌疑人、被告人供述和辩解等证据，不属于电子数据。确有必要的，对相关证据的收集、提取、移送、审查，可以参照适用本规定。

第二条【收集和审查标准】 侦查机关应当遵守法定程序，遵循有关技术标准，全面、客观、及时地收集、提取电子数据；人民检察院、人民法院应当围绕真实性、合法性、关联性审查判断电子数据。

第三条【协助义务】 人民法院、人民检察院和公安机关有权依法向有关单位和个人收集、调取电子数据。有关单位和个人应当如实提供。

第四条【保密】 电子数据涉及国家秘密、商业秘密、个人隐私的，应当保密。

第五条【保护方法】 对作为证据使用的电子数据，应当采取以下一种或者几种方法保护电子数据的完整性：

（一）扣押、封存电子数据原始存储介质；
（二）计算电子数据完整性校验值；
（三）制作、封存电子数据备份；
（四）冻结电子数据；
（五）对收集、提取电子数据的相关活动进行录像；
（六）其他保护电子数据完整性的方法。

第六条 【证据使用】 初查过程中收集、提取的电子数据，以及通过网络在线提取的电子数据，可以作为证据使用。

二、电子数据的收集与提取

第七条 【取证人数】 收集、提取电子数据，应当由二名以上侦查人员进行。取证方法应当符合相关技术标准。

第八条 【扣押原物】 收集、提取电子数据，能够扣押电子数据原始存储介质的，应当扣押、封存原始存储介质，并制作笔录，记录原始存储介质的封存状态。

封存电子数据原始存储介质，应当保证在不解除封存状态的情况下，无法增加、删除、修改电子数据。封存前后应当拍摄被封存原始存储介质的照片，清晰反映封口或者张贴封条处的状况。

封存手机等具有无线通信功能的存储介质，应当采取信号屏蔽、信号阻断或者切断电源等措施。

第九条 【完整性校验值】 具有下列情形之一，无法扣押原始存储介质的，可以提取电子数据，但应当在笔录中注明不能扣押原始存储介质的原因、原始存储介质的存放地点或者电子数据的来源等情况，并计算电子数据的完整性校验值：

（一）原始存储介质不便封存的；
（二）提取计算机内存数据、网络传输数据等不是存储在存储介质上的电子数据的；
（三）原始存储介质位于境外的；
（四）其他无法扣押原始存储介质的情形。

对于原始存储介质位于境外或者远程计算机信息系统上的电子数据，可以通过网络在线提取。

为进一步查明有关情况，必要时，可以对远程计算机信息系统进行网络远程勘验。进行网络远程勘验，需要采取技术侦查措施的，应当依法经过严格的批准手续。

第十条【其他方法】 由于客观原因无法或者不宜依据第八条、第九条的规定收集、提取电子数据的，可以采取打印、拍照或者录像等方式固定相关证据，并在笔录中说明原因。

第十一条【事先批准】 具有下列情形之一的，经县级以上公安机关负责人或者检察长批准，可以对电子数据进行冻结：

（一）数据量大，无法或者不便提取的；

（二）提取时间长，可能造成电子数据被篡改或者灭失的；

（三）通过网络应用可以更为直观地展示电子数据的；

（四）其他需要冻结的情形。

第十二条【冻结程序】 冻结电子数据，应当制作协助冻结通知书，注明冻结电子数据的网络应用账号等信息，送交电子数据持有人、网络服务提供者或者有关部门协助办理。解除冻结的，应当在三日内制作协助解除冻结通知书，送交电子数据持有人、网络服务提供者或者有关部门协助办理。

冻结电子数据，应当采取以下一种或者几种方法：

（一）计算电子数据的完整性校验值；

（二）锁定网络应用账号；

（三）其他防止增加、删除、修改电子数据的措施。

第十三条【调取通知】 调取电子数据，应当制作调取证据通知书，注明需要调取电子数据的相关信息，通知电子数据持有人、网络服务提供者或者有关部门执行。

第十四条【提取笔录】 收集、提取电子数据，应当制作笔录，记录案由、对象、内容、收集、提取电子数据的时间、地点、方法、过程，并附电子数据清单，注明类别、文件格式、完整性校验值等，由侦查人员、电子数据持有人（提供人）签名或者盖章；电子数据持有人（提供人）无法签名或者拒绝签名的，应当在笔录中注明，由见证人签名或者盖章。有条件的，应当对相关活动进行录像。

第十五条【见证人】 收集、提取电子数据，应当根据刑事诉讼法的规定，由符合条件的人员担任见证人。由于客观原因无法由符合条件的人员担任见证人的，应当在笔录中注明情况，并对相关活动进行录像。

针对同一现场多个计算机信息系统收集、提取电子数据的，可以由一名见证人见证。

第十六条【检查】对扣押的原始存储介质或者提取的电子数据，可以通过恢复、破解、统计、关联、比对等方式进行检查。必要时，可以进行侦查实验。

电子数据检查，应当对电子数据存储介质拆封过程进行录像，并将电子数据存储介质通过写保护设备接入到检查设备进行检查；有条件的，应当制作电子数据备份，对备份进行检查；无法使用写保护设备且无法制作备份的，应当注明原因，并对相关活动进行录像。

电子数据检查应当制作笔录，注明检查方法、过程和结果，由有关人员签名或者盖章。进行侦查实验的，应当制作侦查实验笔录，注明侦查实验的条件、经过和结果，由参加实验的人员签名或者盖章。

第十七条【司法鉴定】对电子数据涉及的专门性问题难以确定的，由司法鉴定机构出具鉴定意见，或者由公安部指定的机构出具报告。对于人民检察院直接受理的案件，也可以由最高人民检察院指定的机构出具报告。

具体办法由公安部、最高人民检察院分别制定。

三、电子数据的移送与展示

第十八条【随案移送】收集、提取的原始存储介质或者电子数据，应当以封存状态随案移送，并制作电子数据的备份一并移送。

对网页、文档、图片等可以直接展示的电子数据，可以不随案移送打印件；人民法院、人民检察院因设备等条件限制无法直接展示电子数据的，侦查机关应当随案移送打印件，或者附展示工具和展示方法说明。

对冻结的电子数据，应当移送被冻结电子数据的清单，注明类别、文件格式、冻结主体、证据要点、相关网络应用账号，并附查看工具和方法的说明。

第十九条对侵入、非法控制计算机信息系统的程序、工具以及计算机病毒等无法直接展示的电子数据，应当附电子数据属性、功能等情况的说明。

对数据统计量、数据同一性等问题，侦查机关应当出具说明。

第二十条【通知移送】公安机关报请人民检察院审查批准逮捕犯罪嫌疑

人，或者对侦查终结的案件移送人民检察院审查起诉的，应当将电子数据等证据一并移送人民检察院。人民检察院在审查批准逮捕和审查起诉过程中发现应当移送的电子数据没有移送或者移送的电子数据不符合相关要求的，应当通知公安机关补充移送或者进行补正。

对于提起公诉的案件，人民法院发现应当移送的电子数据没有移送或者移送的电子数据不符合相关要求的，应当通知人民检察院。

公安机关、人民检察院应当自收到通知后三日内移送电子数据或者补充有关材料。

第二十一条【证据出示】控辩双方向法庭提交的电子数据需要展示的，可以根据电子数据的具体类型，借助多媒体设备出示、播放或者演示。必要时，可以聘请具有专门知识的人进行操作，并就相关技术问题作出说明。

四、电子数据的审查与判断

第二十二条【真实性审查】对电子数据是否真实，应当着重审查以下内容：

（一）是否移送原始存储介质；在原始存储介质无法封存、不便移动时，有无说明原因，并注明收集、提取过程及原始存储介质的存放地点或者电子数据的来源等情况；

（二）电子数据是否具有数字签名、数字证书等特殊标识；

（三）电子数据的收集、提取过程是否可以重现；

（四）电子数据如有增加、删除、修改等情形的，是否附有说明；

（五）电子数据的完整性是否可以保证。

第二十三条【完整性审查】对电子数据是否完整，应当根据保护电子数据完整性的相应方法进行验证：

（一）审查原始存储介质的扣押、封存状态；

（二）审查电子数据的收集、提取过程，查看录像；

（三）比对电子数据完整性校验值；

（四）与备份的电子数据进行比较；

（五）审查冻结后的访问操作日志；

（六）其他方法。

第二十四条【合法性审查】对收集、提取电子数据是否合法，应当着重审查以下内容：

（一）收集、提取电子数据是否由二名以上侦查人员进行，取证方法是否符合相关技术标准；

（二）收集、提取电子数据，是否附有笔录、清单，并经侦查人员、电子数据持有人（提供人）、见证人签名或者盖章；没有持有人（提供人）签名或者盖章的，是否注明原因；对电子数据的类别、文件格式等是否注明清楚；

（三）是否依照有关规定由符合条件的人员担任见证人，是否对相关活动进行录像；

（四）电子数据检查是否将电子数据存储介质通过写保护设备接入到检查设备；有条件的，是否制作电子数据备份，并对备份进行检查；无法制作备份且无法使用写保护设备的，是否附有录像。

第二十五条【身份核实】 认定犯罪嫌疑人、被告人的网络身份与现实身份的同一性，可以通过核查相关 IP 地址、网络活动记录、上网终端归属、相关证人证言以及犯罪嫌疑人、被告人供述和辩解等进行综合判断。

认定犯罪嫌疑人、被告人与存储介质的关联性，可以通过核查相关证人证言以及犯罪嫌疑人、被告人供述和辩解等进行综合判断。

第二十六条【鉴定人出庭】 公诉人、当事人或者辩护人、诉讼代理人对电子数据鉴定意见有异议，可以申请人民法院通知鉴定人出庭作证。人民法院认为鉴定人有必要出庭的，鉴定人应当出庭作证。

经人民法院通知，鉴定人拒不出庭作证的，鉴定意见不得作为定案的根据。对没有正当理由拒不出庭作证的鉴定人，人民法院应当通报司法行政机关或者有关部门。

公诉人、当事人或者辩护人、诉讼代理人可以申请法庭通知有专门知识的人出庭，就鉴定意见提出意见。

对电子数据涉及的专门性问题的报告，参照适用前三款规定。

第二十七条【补正情形】 电子数据的收集、提取程序有下列瑕疵，经补正或者作出合理解释的，可以采用；不能补正或者作出合理解释的，不得作为定案的根据：

（一）未以封存状态移送的；

（二）笔录或者清单上没有侦查人员、电子数据持有人（提供人）、见证人签名或者盖章的；

（三）对电子数据的名称、类别、格式等注明不清的；
（四）有其他瑕疵的。

第二十八条【排除情形】 电子数据具有下列情形之一的，不得作为定案的根据：
（一）电子数据系篡改、伪造或者无法确定真伪的；
（二）电子数据有增加、删除、修改等情形，影响电子数据真实性的；
（三）其他无法保证电子数据真实性的情形。

五、附则

第二十九条【用语含义】 本规定中下列用语的含义：
（一）存储介质，是指具备数据信息存储功能的电子设备、硬盘、光盘、优盘、记忆棒、存储卡、存储芯片等载体。
（二）完整性校验值，是指为防止电子数据被篡改或者破坏，使用散列算法等特定算法对电子数据进行计算，得出的用于校验数据完整性的数据值。
（三）网络远程勘验，是指通过网络对远程计算机信息系统实施勘验，发现、提取与犯罪有关的电子数据，记录计算机信息系统状态，判断案件性质，分析犯罪过程，确定侦查方向和范围，为侦查破案、刑事诉讼提供线索和证据的侦查活动。
（四）数字签名，是指利用特定算法对电子数据进行计算，得出的用于验证电子数据来源和完整性的数据值。
（五）数字证书，是指包含数字签名并对电子数据来源、完整性进行认证的电子文件。
（六）访问操作日志，是指为审查电子数据是否被增加、删除或者修改，由计算机信息系统自动生成的对电子数据访问、操作情况的详细记录。

第三十条 本规定自2016年10月1日起施行。之前发布的规范性文件与本规定不一致的，以本规定为准。

◆ 最高人民法院、最高人民检察院、公安部关于办理网络犯罪案件适用刑事诉讼程序若干问题的意见

(2014年5月4日 公通字〔2014〕10号)

五、关于电子数据的取证与审查

13.【主体要求】收集、提取电子数据，应当由二名以上具备相关专业知识的侦查人员进行。取证设备和过程应当符合相关技术标准，并保证所收集、提取的电子数据的完整性、客观性。

14.【封存原始存储介质】收集、提取电子数据，能够获取原始存储介质的，应当封存原始存储介质，并制作笔录，记录原始存储介质的封存状态，由侦查人员、原始存储介质持有人签名或者盖章；持有人无法签名或者拒绝签名的，应当在笔录中注明，由见证人签名或者盖章。有条件的，侦查人员应当对相关活动进行录像。

15.【提取电子数据】具有下列情形之一，无法获取原始存储介质的，可以提取电子数据，但应当在笔录中注明不能获取原始存储介质的原因、原始存储介质的存放地点等情况，并由侦查人员、电子数据持有人、提供人签名或者盖章；持有人、提供人无法签名或者拒绝签名的，应当在笔录中注明，由见证人签名或者盖章；有条件的，侦查人员应当对相关活动进行录像：

(1) 原始存储介质不便封存的；

(2) 提取计算机内存存储的数据、网络传输的数据等不是存储在存储介质上的电子数据的；

(3) 原始存储介质位于境外的；

(4) 其他无法获取原始存储介质的情形。

16.【提取笔录】收集、提取电子数据应当制作笔录，记录案由、对象、内容，收集、提取电子数据的时间、地点、方法、过程，电子数据的清单、规格、类别、文件格式、完整性校验值等，并由收集、提取电子数据的侦查人员签名或者盖章。远程提取电子数据的，应当说明原因，有条件的，应当对相关活动进行录像。通过数据恢复、破解等方式获取被删除、隐藏或者加密的电子数据的，应当对恢复、破解过程和方法作出说明。

17.【电子数据展示】收集、提取的原始存储介质或者电子数据，应当以

封存状态随案移送，并制作电子数据的复制件一并移送。

对文档、图片、网页等可以直接展示的电子数据，可以不随案移送电子数据打印件，但应当附有展示方法说明和展示工具；人民法院、人民检察院因设备等条件限制无法直接展示电子数据的，公安机关应当随案移送打印件。

对侵入、非法控制计算机信息系统的程序、工具以及计算机病毒等无法直接展示的电子数据，应当附有电子数据属性、功能等情况的说明。

对数据统计数量、数据同一性等问题，公安机关应当出具说明。

18.【司法鉴定】对电子数据涉及的专门性问题难以确定的，由司法鉴定机构出具鉴定意见，或者由公安部指定的机构出具检验报告。

第七章 技术侦查证据的审查与判断

一、概述

技术侦查措施是指由设区的市一级以上公安机关负责技术侦查的部门实施的记录监控、行踪监控、通信监控、场所监控等秘密侦查的专门技术手段。

公安部曾颁发《关于技术侦查工作的规定》，规定了技术侦查的适用对象、审批制度、法律责任等。

2012年《刑事诉讼法》第二次修正时在"侦查"部分专设一节规定了技术侦查措施。技术侦查措施所取得的证据包括但不限于物证、书证、视听资料等。

从审查案件受理表、破案经过、情况说明等证据材料来看，案件来源为匿名举报、工作中发现的，采取技术侦查措施的可能性较大，有的情况说明会直接写明采取了技术侦查措施。从会见被告人的角度看，可以询问案发的经过和案发前的异常情况等，寻找被告人在归案前被监控的迹象。

二、技术侦查证据的审查与判断

（一）合法性

未经法定程序采取的技术侦查措施取得的证据不具有证据能力。

（1）可采取技术侦查措施的案件范围。对于危害国家安全犯罪、恐怖活动犯罪、黑社会性质的组织犯罪、重大毒品犯罪、其他可能判处七年以上有期徒刑、利用职权实施的严重侵犯公民人身权利的重大犯罪案件，根据侦查犯罪或追捕犯罪嫌疑人的需要，经过设区的市一级以上侦查机关负责人的同意并经过严格批准，可以采取技术侦查措施。

(2) 采取技术侦查措施的时间。侦查机关在立案后才能采取技术侦查措施。

实务中，仍有个别侦查机关在案件初查过程中采取技术侦查措施。例如，在"孙某运输毒品案"中，公安人员出庭说明在立案前半年就采取了监听等技术侦查措施，且在该案立案之前，公安机关依照法定程序对另外一起网络赌博犯罪案件进行立案并采取网络监控措施，对牵涉孙某的事实亦依法进行了相关技侦工作。

(3) 技术侦查措施的种类、适用对象和期限。批准决定应当根据侦查犯罪的需要，确定采取技术侦查措施的种类和适用对象。批准决定自签发之日起3个月以内有效。对于不需要继续采取技术侦查措施的，应当及时解除；对于复杂、疑难案件，期限届满仍有必要继续采取技术侦查措施的，经过批准，有效期可以延长，每次不得超过3个月。采取技术侦查措施，必须严格按照批准的措施种类、适用对象和期限执行。

(二) 实质内容

(1) 技术侦查证据的举证、质证程序。为规范技术侦查证据的使用，《人民法院办理刑事案件第一审普通程序法庭调查规程（试行）》第36条第1款规定，采用技术侦查措施收集的证据，应当当庭出示。当庭出示、辨认、质证可能危及有关人员的人身安全，或者可能产生其他严重后果的，应当采取不暴露有关人员身份、不公开技术侦查措施和方法等保护措施。

这种对技术侦查证据以公开质证为原则、不公开为例外的做法，符合以审判为中心的要义。因此，公诉机关应当对认定被告人有罪或无罪、犯罪定性、罪刑轻重（尤其是适用死刑）等关键证据材料随案移送，在法庭上出示。

必要的时候，法庭决定在庭外对技术侦查证据进行核实的，可以召集公诉人和辩护律师到场，在场人员应当签署保密承诺书，并履行保密义务。所谓必要的时候，主要指以下两种情形：一是不暴露有关人员身份、技术方法不足以使审判人员确信这些证据材料的真实性、可靠性，无法作出判决的；二是采取不暴露有关人员身份、技术方法等保护措施无法防止严重后果发生的。

(2) 技术侦查证据的关联性和证明力。有些技术侦查证据（包括被告人的具体犯罪行为），自身就能够体现与案件事实的关联性，通常是定案的关键证据。例如，将监听音频资料作为证据使用的，还应同时收集证明语音主体身份的证据。被告人否认语言系其所讲，而该证据是认定案件事实的关键证据的，应当依法委托司法鉴定，对被告人的声音与音频语音的同一性进行声纹鉴定。对于音频资料中涉及的绰号、暗语、俗语、方言等，侦查机关应当结合被告人的供述、证人证言、案件特点及行业潜规则等解释说明其含义。

例如，在"吴某岸贩卖毒品案"中，有技术侦查证据材料和声纹鉴定意见为佐证。通过对技术侦查录音所作的声纹鉴定，确认了被告人吴某岸与魏某对毒品数量、价格进行商讨的事实，证明了被告人吴某岸具有贩卖毒品的主观故意。但是，本案完整证据链的形成还有赖于其他在案证据对技术侦查证据所反映事实内容的客观印证，技术侦查证据在本案整个案件事实的认定中发挥了重要的佐证作用：转账记录和写有账号的短信能够侧面印证技术侦查证据中被告人之间的谈话内容，录音里提到的毒品价格、数量以及枪支弹药的数量均与现场起获的一致，从而也反向证明了技术侦查证据的客观真实性。所以，即使技术侦查证据具有较强的客观性和证明力，但仍然还是需要综合全案其他证据来认定案件事实。由此可见，在证据条件较好的案件中，技术侦查证据直接运用于庭审，不仅能够更好地还原案件客观事实，还能与其他在案证据形成印证，以增强法官的内心确信。

总之，技术侦查证据的特殊性在于其侦查措施，重点审查侦查措施的合法性，所得证据按照证据种类属性分别审查，判断其证据能力与证明力。

【本章相关法律规定节选】

◆ 中华人民共和国刑事诉讼法

（2018年10月26日修正）

第二章 侦 查

第八节 技术侦查措施

第一百五十条【适用情形】 公安机关在立案后，对于危害国家安全犯罪、恐怖活动犯罪、黑社会性质的组织犯罪、重大毒品犯罪或者其他严重危害社会的犯罪案件，根据侦查犯罪的需要，经过严格的批准手续，可以采取技侦查措施。

人民检察院在立案后,对于利用职权实施的严重侵犯公民人身权利的重大犯罪案件,根据侦查犯罪的需要,经过严格的批准手续,可以采取技术侦查措施,按照规定交有关机关执行。

追捕被通缉或者批准、决定逮捕的在逃的犯罪嫌疑人、被告人,经过批准,可以采取追捕所必需的技术侦查措施。

第一百五十一条【有效期限】 批准决定应当根据侦查犯罪的需要,确定采取技术侦查措施的种类和适用对象。批准决定自签发之日起三个月以内有效。对于不需要继续采取技术侦查措施的,应当及时解除;对于复杂、疑难案件,期限届满仍有必要继续采取技术侦查措施的,经过批准,有效期可以延长,每次不得超过三个月。

第一百五十二条【严格执行】 采取技术侦查措施,必须严格按照批准的措施种类、适用对象和期限执行。

侦查人员对采取技术侦查措施过程中知悉的国家秘密、商业秘密和个人隐私,应当保密;对采取技术侦查措施获取的与案件无关的材料,必须及时销毁。

采取技术侦查措施获取的材料,只能用于对犯罪的侦查、起诉和审判,不得用于其他用途。

公安机关依法采取技术侦查措施,有关单位和个人应当配合,并对有关情况予以保密。

第一百五十三条【卧底侦查与控制下交付】 为了查明案情,在必要的时候,经公安机关负责人决定,可以由有关人员隐匿其身份实施侦查。但是,不得诱使他人犯罪,不得采用可能危害公共安全或者发生重大人身危险的方法。

对涉及给付毒品等违禁品或者财物的犯罪活动,公安机关根据侦查犯罪的需要,可以依照规定实施控制下交付。

第一百五十四条【技侦证据使用】 依照本节规定采取侦查措施收集的材料在刑事诉讼中可以作为证据使用。如果使用该证据可能危及有关人员的人身安全,或者可能产生其他严重后果的,应当采取不暴露有关人员身份、技术方法等保护措施,必要的时候,可以由审判人员在庭外对证据进行核实。

◆ 最高人民法院关于适用《中华人民共和国刑事诉讼法》的解释

（2021年1月26日　法释〔2021〕1号）

第四章　证　据

第八节　技术调查、侦查证据的审查与认定

第一百一十六条【证据地位】 依法采取技术调查、侦查措施收集的材料在刑事诉讼中可以作为证据使用。

采取技术调查、侦查措施收集的材料，作为证据使用的，应当随案移送。

第一百一十七条【保护措施】 使用采取技术调查、侦查措施收集的证据材料可能危及有关人员的人身安全，或者可能产生其他严重后果的，可以采取下列保护措施：

（一）使用化名等代替调查、侦查人员及有关人员的个人信息；

（二）不具体写明技术调查、侦查措施使用的技术设备和技术方法；

（三）其他必要的保护措施。

第一百一十八条【附说明材料】 移送技术调查、侦查证据材料的，应当附采取技术调查、侦查措施的法律文书、技术调查、侦查证据材料清单和有关说明材料。

移送采用技术调查、侦查措施收集的视听资料、电子数据的，应当制作新的存储介质，并附制作说明，写明原始证据材料、原始存储介质的存放地点等信息，由制作人签名，并加盖单位印章。

第一百一十九条【审查内容】 对采取技术调查、侦查措施收集的证据材料，除根据相关证据材料所属的证据种类，依照本章第二节至第七节的相应规定进行审查外，还应当着重审查以下内容：

（一）技术调查、侦查措施所针对的案件是否符合法律规定；

（二）技术调查措施是否经过严格的批准手续，按照规定交有关机关执行；技术侦查措施是否在刑事立案后，经过严格的批准手续；

（三）采取技术调查、侦查措施的种类、适用对象和期限是否按照批准决定载明的内容执行；

（四）采取技术调查、侦查措施收集的证据材料与其他证据是否矛盾；存

在矛盾的，能否得到合理解释。

第一百二十条【法庭调查】 采取技术调查、侦查措施收集的证据材料，应当经过当庭出示、辨认、质证等法庭调查程序查证。

当庭调查技术调查、侦查证据材料可能危及有关人员的人身安全，或者可能产生其他严重后果的，法庭应当采取不暴露有关人员身份和技术调查、侦查措施使用的技术设备、技术方法等保护措施。必要时，审判人员可以在庭外对证据进行核实。

第一百二十一条【裁判书表述】 采用技术调查、侦查证据作为定案根据的，人民法院在裁判文书中可以表述相关证据的名称、证据种类和证明对象，但不得表述有关人员身份和技术调查、侦查措施使用的技术设备、技术方法等。

第一百二十二条【证据裁判】 人民法院认为应当移送的技术调查、侦查证据材料未随案移送的，应当通知人民检察院在指定时间内移送。人民检察院未移送的，人民法院应当根据在案证据对案件事实作出认定。

◆ 人民检察院刑事诉讼规则

（2019年12月30日　高检发释字［2019］4号）

第九章　侦　查

第九节　技术侦查措施

第二百二十七条【采取时间】 人民检察院在立案后，对于利用职权实施的严重侵犯公民人身权利的重大犯罪案件，经过严格的批准手续，可以采取技术侦查措施，交有关机关执行。

第二百二十八条【追捕需要】 人民检察院办理直接受理侦查的案件，需要追捕被通缉或者决定逮捕的在逃犯罪嫌疑人、被告人的，经过批准，可以采取追捕所必需的技术侦查措施，不受本规则第二百二十七条规定的案件范围的限制。

第二百二十九条【法律手续】 人民检察院采取技术侦查措施应当根据侦查犯罪的需要，确定采取技术侦查措施的种类和适用对象，按照有关规定报请批准。批准决定自签发之日起三个月以内有效。对于不需要继续采取技术侦查措施的，应当及时解除；对于复杂、疑难案件，期限届满仍有必要继续采取技术侦查措施的，应当在期限届满前十日以内制作呈请延长技术侦查措施期限报告书，写明延长的期限及理由，经过原批准机关批准，有效期可以延长，每次不得超过三个月。

采取技术侦查措施收集的材料作为证据使用的，批准采取技术侦查措施的法律文书应当附卷，辩护律师可以依法查阅、摘抄、复制。

第二百三十条【证据审查】 采取技术侦查措施收集的物证、书证及其他证据材料，检察人员应当制作相应的说明材料，写明获取证据的时间、地点、数量、特征以及采取技术侦查措施的批准机关、种类等，并签名和盖章。

对于使用技术侦查措施获取的证据材料，如果可能危及特定人员的人身安全、涉及国家秘密或者公开后可能暴露侦查秘密或者严重损害商业秘密、个人隐私的，应当采取不暴露有关人员身份、技术方法等保护措施。必要时，可以建议不在法庭上质证，由审判人员在庭外对证据进行核实。

第二百三十一条【保密责任】 检察人员对采取技术侦查措施过程中知悉的国家秘密、商业秘密和个人隐私，应当保密；对采取技术侦查措施获取的与案件无关的材料，应当及时销毁，并对销毁情况制作记录。

采取技术侦查措施获取的证据、线索及其他有关材料，只能用于对犯罪的侦查、起诉和审判，不得用于其他用途。

◆ 公安机关办理刑事案件程序规定

（2020 年 7 月 20 日　公安部令第 159 号修正）

第八章　侦　查

第十节　技术侦查

第二百六十三条【适用案件】 公安机关在立案后，根据侦查犯罪的需要，可以对下列严重危害社会的犯罪案件采取技术侦查措施：

（一）危害国家安全犯罪、恐怖活动犯罪、黑社会性质的组织犯罪、重大毒品犯罪案件；

（二）故意杀人、故意伤害致人重伤或者死亡、强奸、抢劫、绑架、放火、爆炸、投放危险物质等严重暴力犯罪案件；

（三）集团性、系列性、跨区域性重大犯罪案件；

（四）利用电信、计算机网络、寄递渠道等实施的重大犯罪案件，以及针对计算机网络实施的重大犯罪案件；

（五）其他严重危害社会的犯罪案件，依法可能判处七年以上有期徒刑的。

公安机关追捕被通缉或者批准、决定逮捕的在逃的犯罪嫌疑人、被告人，可以采取追捕所必需的技术侦查措施。

第二百六十四条【实施主体】 技术侦查措施是指由设区的市一级以上公安机关负责技术侦查的部门实施的记录监控、行踪监控、通信监控、场所监控等措施。

技术侦查措施的适用对象是犯罪嫌疑人、被告人以及与犯罪活动直接关联的人员。

第二百六十五条【法律手续】 需要采取技术侦查措施的，应当制作呈请采取技术侦查措施报告书，报设区的市一级以上公安机关负责人批准，制作采取技术侦查措施决定书。

人民检察院等部门决定采取技术侦查措施，交公安机关执行的，由设区的市一级以上公安机关按照规定办理相关手续后，交负责技术侦查的部门执行，并将执行情况通知人民检察院等部门。

第二百六十六条【有效期限】 批准采取技术侦查措施的决定自签发之日起三个月以内有效。

在有效期限内，对不需要继续采取技术侦查措施的，办案部门应当立即书面通知负责技术侦查的部门解除技术侦查措施；负责技术侦查的部门认为需要解除技术侦查措施的，报批准机关负责人批准，制作解除技术侦查措施决定书，并及时通知办案部门。

对复杂、疑难案件，采取技术侦查措施的有效期限届满仍需要继续采取技术侦查措施的，经负责技术侦查的部门审核后，报批准机关负责人批准，制作延长技术侦查措施期限决定书。批准延长期限，每次不得超过三个月。

有效期限届满，负责技术侦查的部门应当立即解除技术侦查措施。

第二百六十七条【严格执行】 采取技术侦查措施，必须严格按照批准的措施种类、适用对象和期限执行。

在有效期限内，需要变更技术侦查措施种类或者适用对象的，应当按照本规定第二百六十五条规定重新办理批准手续。

第二百六十八条【保护措施】采取技术侦查措施收集的材料在刑事诉讼中可以作为证据使用。使用技术侦查措施收集的材料作为证据时，可能危及有关人员的人身安全，或者可能产生其他严重后果的，应当采取不暴露有关人员身份和使用的技术设备、侦查方法等保护措施。

采取技术侦查措施收集的材料作为证据使用的，采取技术侦查措施决定书应当附卷。

第二百六十九条【证据使用】采取技术侦查措施收集的材料，应当严格依照有关规定存放，只能用于对犯罪的侦查、起诉和审判，不得用于其他用途。

采取技术侦查措施收集的与案件无关的材料，必须及时销毁，并制作销毁记录。

第二百七十条【保密】侦查人员对采取技术侦查措施过程中知悉的国家秘密、商业秘密和个人隐私，应当保密。

公安机关依法采取技术侦查措施，有关单位和个人应当配合，并对有关情况予以保密。

第二百七十一条【卧底侦查】为了查明案情，在必要的时候，经县级以上公安机关负责人决定，可以由侦查人员或者公安机关指定的其他人员隐匿身份实施侦查。

隐匿身份实施侦查时，不得使用促使他人产生犯罪意图的方法诱使他人犯罪，不得采用可能危害公共安全或者发生重大人身危险的方法。

第二百七十二条【控制下交付】对涉及给付毒品等违禁品或者财物的犯罪活动，为查明参与该项犯罪的人员和犯罪事实，根据侦查需要，经县级以上公安机关负责人决定，可以实施控制下交付。

第二百七十三条【证据使用】公安机关依照本节规定实施隐匿身份侦查和控制下交付收集的材料在刑事诉讼中可以作为证据使用。

使用隐匿身份侦查和控制下交付收集的材料作为证据时，可能危及隐匿身份人员的人身安全，或者可能产生其他严重后果的，应当采取不暴露有关人员身份等保护措施。

◆ 浙江省高级人民法院关于重视对依法采取技术侦查措施收集的材料作为证据使用工作的通知

(2015年3月10日 浙高法〔2015〕26号)

二、坚持以审判为中心,认真贯彻证据裁判原则。要按照十八届四中全会《关于全面推进依法治国若干重大问题的决定》精神,积极参与以审判为中心的诉讼制度改革,全面贯彻证据裁判原则,严防冤错案件的发生。凡可能判处死刑的案件、重大毒品等案件,对经依法审批采取技术侦查措施的,应当审查是否提供了收集的相关材料;没有提供的应当要求公诉机关、侦查机关提供;拒绝提供或者没有在审限规定时间内提供的,可根据已经在案的证据直接作出是否有罪的判决;如果该证据材料是定案关键证据的,应当作出事实不清、证据不足的结论。对采取技术侦查措施收集的材料,应当经庭审举证质证认证,根据审查情况决定是否作为案件证据使用。对其中的监听资料,被告人、辩护人对声音主体提出异议,法庭认为确有鉴定必要的,应当要求公诉机关监督侦查机关或者直接要求侦查机关委托鉴定机构对声纹作出鉴定。只有在极个别可能危及有关人员的人身安全,或者可能产生其他严重后果的情况下,法庭应当采取不暴露有关人员身份、技术方法等保护措施,必要时,审判人员可以通过庭前会议等在庭外核实。

第八章

非法言词证据排除

第一节 非法言词证据排除的实务运用

非法证据排除规则属于证据法学的重要证据规则。以下，笔者将从两个方面对非法证据排除规则进行介绍。

一、非法证据的主要情形和认定标准

(一) 刑讯逼供

(1) 概念。刑讯逼供是指采取殴打、违法使用戒具等暴力方法或者变相肉刑的手段，使犯罪嫌疑人遭受难以忍受的痛苦而作出违背意愿的供述。

(2) "违法使用戒具"的认定。根据《人民警察使用警械和武器条例》《看守所条例》《公安部关于看守所使用械具问题的通知》等相关规定，严禁给犯罪嫌疑人戴双铐、背铐、双镣，讯问未成年犯罪嫌疑人一般不得使用警械。人民警察在使用警械时，不得故意造成人身伤害。

(3) "暴力方法"的范围。暴力方法包括但不限于采取殴打、捆绑、悬吊、违法使用戒具等方式，只要使用了针对人的身体实施的肉刑，能让常人难以忍受痛苦的，都属于"暴力方法"的范围。

(4) "变相肉刑"的范围。变相肉刑主要指冻、饿、晒、烤、疲劳讯问等体罚虐待方法。实践中，关于冻、饿、晒、烤，需根据实际环境，按照普通人标准，结合生活常识判断。疲劳审讯，一般为连续讯问12小时以上。

例如，在"吴某贪污案"中，侦查机关采用上下级机关轮流审讯的方式连续讯问吴某长达30多个小时，没有给予吴某必要的休息时间，属于疲劳审

讯。法院认为，这种高强度的疲劳审讯属于刑讯逼供，相关供述应当依法排除。

(二) 威胁、引诱、欺骗

(1) "威胁"的认定。实务中，常见的威胁方式包括：以对本人使用暴力、加重处罚、揭露个人隐私以及对其近亲属采取强制措施、追究相关责任等恐吓犯罪嫌疑人、被告人。

例如，在"郑某文贪污、受贿、滥用职权案"中，侦查人员声称郑某文不承认罪行就查处其女婿的公司，抓捕其女儿、女婿，威胁内容、时间、地点和实施人员均具体、明确。法院认为，郑某文被讯问时年近70岁，因个人原因导致女儿、女婿（公职人员）被检察机关审查，这对其心理必然起到强烈的胁迫作用，迫使他为保住一家老小的平安，违背意愿作出有罪供述。这种以对被告人本人及其亲属的重大不利相威胁的行为，产生的精神强制效力达到了严重程度，有极大可能导致被告人精神痛苦并违背意愿进行供述，故应当对相关供述予以排除。

(2) "引诱""欺骗"的认定。"引诱"是指采取以许诺法律不准许的利益为条件，主要是向犯罪嫌疑人许诺减轻或免除处罚、取保候审或者作出不起诉的处理，让其认识模糊而作出侦查人员想要的供述。例如，张警官说："王五，赶紧说吧，这是个小案件，说完了就放你回家。"王五信以为真，遂"全盘托出"。经查，王五贩卖冰毒3公斤，按照法律规定，王五可能面临死刑的惩处，无论是否供述都不得取保候审，张警官许诺王五如实供述就可以取保候审，属于法律不准许的利益。"欺骗"是指采取以伪造物证、书证、证人证言等进行欺骗的方法收集的供述。因为"引诱""欺骗"与侦查策略的界限不明，难以确立明确的区别标准。实务中，侦查人员采用以非法利益进行引诱的方法（如对吸毒的犯罪嫌疑人称，只要认罪就可以为其提供毒品）或者严重违反社会公德的方式进行欺骗的方法（如对犯罪嫌疑人谎称其爱子遭遇车祸，只有认罪才能见面）收集的供述，可能严重影响司法公正的，对相关供述应予以排除。

(三) 非法限制人身自由

采用非法拘禁等非法限制人身自由的方法，是指侦查机关违法实施传唤、拘传、拘留、逮捕等，或者羁押到期后故意不办理延长手续而采取拘禁、超期羁押等方式限制人身自由。在此期间取得的相关供述，应当予以排除。

例如，在"黄某东受贿、陈某军行贿案"中，被告人黄某东及其辩护人提出，黄某东于2012年1月9日至13日被传唤至银川市人民检察院接受调查期间，办案人员采用变相体罚的方式刑讯逼供，连续作了7份讯问笔录，有关供述应当作为非法证据予以排除。从该辩解理由反映的情况来看，本案既存在超出法定传唤期限非法限制被告人人身自由的情形，也包括长时间疲劳讯问以及在被告人患病情况下不让其吃药等情形。其中，超出法定传唤期限非法限制被告人人身自由居于主导地位，是长时间疲劳讯问等情形的前提。针对被告人及其辩护人提出的排除非法证据申请，公诉机关虽然提交了讯问录音录像、体检记录、破案经过等证据，以证实没有对黄某东刑讯逼供，但由于办案单位传唤黄某东的时间违反了《刑事诉讼法》的相关规定，存在非法限制被告人人身自由的情形，且不能排除办案单位存在长时间疲劳讯问以及在被告人患病情况下不让其吃药等体罚虐待行为，故有关供述应当予以排除，不得作为定案的根据。

（四）指名问供

指名问供，又称指事问供，是指侦查人员违背法定的讯（询）问原则，按照自己的主观臆断，以不同方式将未经查证属实的事实故意告诉、暗示给犯罪嫌疑人，使其知悉某些案情之后，按照侦查人员的意图供述。

例如，在"聂某斌案"中，聂某斌曾经供述自己本来想不说，后在办案人员的劝说和帮助下说清了整个过程；聂某斌供述偷花上衣的地点存在随证而变的情形；一些笔录显示讯问内容指向明确；参与现场勘查的办案人员曾称被安排到讯问场所与聂某斌核对案发现场情况等。以上情况均不能排除存在指供、诱供的可能。

（五）重复性供述

重复性供述，又称重复自白或者二次自白，是指在采取非法手段获取供述后，犯罪嫌疑人在非法取证手段行为影响下再次作出的与之前同样内容的供述。但是，更换了讯问人员或办案程序，讯问前告知了诉讼权利和认罪的法律后果，犯罪嫌疑人自愿供述的除外。

例如，在"龚某强受贿案"中，二审法院认为，龚某强在非法滞留期间的自书材料以及在医院提审的2份供述，属于重复性供述，应当予以排除。

理由有：第一，从讯问的时间上看，龚某强的自书材料以及在医院的 2 份供述与一审排除的非法供述间隔的时间很短，应该还处在先前非法取供的阴影之下；第二，从讯问场所来看，龚某强的自书材料形成于检察院的讯问室，该讯问场所切断了犯罪嫌疑人与外界的联系，使犯罪嫌疑人感受到了巨大的心理压力；第三，从讯问人员来看，取得龚某强在医院的供述的讯问人员仍是非法取证的人员，因此前次有罪供述有可能对后续供述产生影响。

二、证明标准

（一）被告方启动排除非法证据程序，达到令裁判者产生合理疑问的证明程度

被告方在申请启动排除非法证据程序时，应当提供涉嫌非法取证的相关线索或者材料，使得裁判者对侦查人员取证的合法性产生疑问，并且通过阅卷和庭前会议听取意见，仍然不足以消除这些疑问。在此情况下，被告方的初步证明责任与标准即已完成，法院应启动正式调查程序。被告方在提供相关线索或材料时，可以从以下思路着手："线索"是指涉嫌非法取证的人员、时间、地点、方式等线索；"相关材料"是指能够反映非法取证的伤情照片、体检记录、讯问笔录、同步讯问录音录像以及同监室人员、体检医生或看守所民警的证言等材料。

例如，在"黄某涉嫌强奸案"中，黄某辩解其在侦查机关办案中心时被民警殴打，并脱下衣服展示伤情，辩护人立即予以拍照。开庭前，辩护人申请排除被告人在被殴打期间形成的有罪供述，经过法院调查，公诉方主动撤回有罪供述。

（二）公诉方的证明需要达到"事实清楚，证据确实、充分"的最高程度

公诉方对侦查行为合法性的证明需要达到最高的证明标准，也就是与证明被告人构成犯罪相同的证明标准（排除一切合理怀疑），这不仅是必要的，也具有可行性。从证明犯罪事实的角度看，公诉方对犯罪事实的整体证明要到达最高证明标准，证据的合法性是证据的基本属性，证明本方证据具有证据能力是对被告人的犯罪事实承担证明责任的有机组成部分。可见，对证据合法性的证明与对指控犯罪事实的证明其实是局部与整体的关系。从可行性

的角度看，公诉方的证据来源于侦查机关或者公诉机关，公诉方同时拥有侦查监督权力，相对便利地完成证明职责。

综上，尽管排除非法证据的法律制度很多，但实务中仍存在排除非法证据程序启动难的情况，以及程序启动后非法证据排除难等现象，可参考的成功案例不多，有待于未来更精细化的司法改革。不过，辩护方可将排除非法证据作为程序性辩护策略，在诉讼程序上保障当事人的合法权益，监督侦查机关依法规范办案。

第二节 瑕疵证据排除规则的理解与运用

一、概述

瑕疵证据是指不符合法定程序所收集的，在取证程序上存有瑕疵的物证、书证以及证人证言、讯问笔录等言词证据。例如，一份现场勘验检查报告缺乏见证人签字，侦查机关也未作出说明，属于形式上存在瑕疵的证据。

二、非法证据和瑕疵证据的区别

非法证据和瑕疵证据有以下区别：

第一，取证违法程度不同。非法证据是取证人员违反法定程序，并且侵犯了当事人的宪法权利或者重要诉讼权利所获得的证据。非法证据排除规则针对的是以刑讯逼供、威胁引诱、指名问供、限制人身自由、疲劳审讯等方式取得的证据，因为这些侵犯了犯罪嫌疑人、被告人的基本权利。瑕疵证据虽然也违反了法定程序，但其违法情节较轻，未侵犯到犯罪嫌疑人、被告人的基本权利。

第二，排除条件不同。非法证据排除有强制排除和自由裁量性排除之分。比如，对以刑讯逼供和变相肉刑取得的非法证据予以强制性排除，对其他非法证据则可以自由裁量性排除。瑕疵证据排除原则上是附条件的，经过了补正或者合理解释仍然不能排除合理怀疑的，才予以排除。所以，瑕疵证据的排除条件严于非法证据的排除条件。

第三，排除方式不同。非法证据排除有法定排非程序，一般在庭前会议专项启动。非法证据排除程序的启动主要由犯罪嫌疑人、被告人、上诉人及其辩护人申请，犹如民事案件中的管辖权异议，先行处理、先行解决，待作出决定后再进行案件实质性审理。瑕疵证据排除则没有专项程序，在案件审理过程中，法院发现瑕疵证据，认为影响其对证据的采信，便会要求举证方进行补正或者作出合理解释。

司法实务中，偶有混淆两者界限的现象。有的将非法证据视为瑕疵证据，经过补正和合理解释之后予以采纳，这样势必会架空非法证据排除规则。有的将瑕疵证据视为非法证据，这也会导致非法证据排除规则的适用范围不当扩张，变相增加非法证据排除规则的适用阻力。因此，有必要把握二者的区别，准确运用，提高证据审查的精准度。

三、瑕疵证据的排除方式

（一）直接不得作为定案依据

《最高人民法院关于行政诉讼证据若干问题的规定》第 57 条规定："下列证据材料不能作为定案依据：（一）严重违反法定程序收集的证据材料；（二）以偷拍、偷录、窃听等手段获取侵害他人合法权益的证据材料；（三）以利诱、欺诈、胁迫、暴力等不正当手段获取的证据材料；（四）当事人无正当事由超出举证期限提供的证据材料；（五）在中华人民共和国领域以外或者在中华人民共和国香港特别行政区、澳门特别行政区和台湾地区形成的未办理法定证明手续的证据材料；（六）当事人无正当理由拒不提供原件、原物，又无其他证据印证，且对方当事人不予认可的证据的复制件或者复制品；（七）被当事人或者他人进行技术处理而无法辨明真伪的证据材料；（八）不能正确表达意志的证人提供的证言；（九）不具备合法性和真实性的其他证据材料。"在行政诉讼中，以上证据材料存在瑕疵或者存在程序违法的，影响证据的真实性和合法性，则直接予以排除。在刑事诉讼中，不能直接作为定案依据的常见情形在八大类证据中均有体现。例如，《最高人民法院关于适用〈中华人民共和国刑事诉讼法〉的解释》第 98 条规定，鉴定意见出现鉴定机构不具备资质，超出鉴定范围，鉴定人员不具备法定资质，不具备相关技术专业或者职称，或者违反回避规定，送检检材、样本来源不明，因污染不具备鉴定条件，违反鉴定相关专业规范，甚至是鉴定文书缺少签名、盖章等情形的，不得作为定案根据。

(二) 附条件排除

附条件排除也就是给予补正或者合理解释的机会,因为瑕疵证据不同程度地影响了证据的真实性与合法性,瑕疵补正或作出合理解释的可以采用,反之则不能作为定案的根据,归纳为附条件的限制排除。除了第一类不得直接作为定案根据情形的证据,其他的瑕疵证据都是可以补正或合理解释的。实务中,司法机关对客观性证据的排除保持宽容态度,通常属于附条件排除的证据范畴。

四、补正或合理解释的证明标准

瑕疵证据属于不合格的证据,意味着证据未达到相应的证明标准,法律给予了补缺机会,但需要达到的标准在法律中没有具体规定。笔者以为,根据不同案件性质,应采取不同的补正标准。例如,在刑事案件中,瑕疵证据的补正或合理解释的标准为证据确实、充分,得出的结论具有唯一性,不存在其他合理怀疑。同理,民事案件与行政案件应按照盖然性证明标准掌握。

情况说明是补正或合理解释的常见证据。实务中,辩护律师对控方证据列出缺乏见证人、取证时间矛盾等瑕疵,侦查机关通常会以情况说明的方式回应,常见结论为瑕疵合理,不影响案件定性。那么,如何审查情况说明呢?根据通说观点,情况说明属于证人证言范畴。侦查机关对破案经过、侦查取证经过进行解释或说明,属于"警察证言",系特殊的证人证言。当原本证据出现瑕疵时,尤其是涉及对重大事实的查清或者对定罪量刑情节的认定时,辩护律师有权申请侦查人员出庭作证,接受法庭的交叉询问。

例如,在"刘某某危害国家重点保护植物案"中,一审时,辩护人对2份现场勘验报告的真实性质疑。为了查明事实,审判人员要求侦查人员出庭作证,随后侦查人员到庭。通过交叉询问,还原了现场勘察的一些细节。

再如,在"胡某故意杀人案"中,现场没有目击证人,但在犯罪现场的地面上发现了一部带血迹的手机。侦查人员查明手机属于被害人所有,在未对血迹进行鉴定的情况下便将手机发还给了被害人家属,导致无法查清血迹属于被害人、犯罪嫌疑人,还是第三人,影响了案件事实的认定。在案件审判环节,法官要求侦查人员将手机收回进行鉴定,以排除疑点。

五、瑕疵证据的实务应对

面对情况各异的证据补漏,辩护人可以从两方面应对:一是根据辩护思路择机质证。对于死刑案件、被告人不认罪案件,可以对全案所有的证据瑕疵予以质证。对于认罪认罚案件、轻罪案件,则可以针对全案主要证据的重大瑕疵提出质疑。二是坚持对重大瑕疵证据提出质疑。证据瑕疵的累计,最终可能影响量刑。辩护人应在书面质证意见中对全案证据瑕疵情形予以归纳总结,让裁判者做到心中有数。

综上,瑕疵证据在每个案件中都不同程度地存在,辩护人要厘清非法证据与瑕疵证据的区别与界限,合理运用证据的缺点和漏洞,力争让案件得到妥善处理。

【本章相关法律规定节选】

◆ 中华人民共和国刑事诉讼法

(2018年10月26日修正)

第五十六条【非法证据】 采用刑讯逼供等非法方法收集的犯罪嫌疑人、被告人供述和采用暴力、威胁等非法方法收集的证人证言、被害人陈述,应当予以排除。收集物证、书证不符合法定程序,可能严重影响司法公正的,应当予以补正或者作出合理解释;不能补正或者作出合理解释的,对该证据应当予以排除。

在侦查、审查起诉、审判时发现有应当排除的证据的,应当依法予以排除,不得作为起诉意见、起诉决定和判决的依据。

第五十七条【检察院监督】 人民检察院接到报案、控告、举报或者发现侦查人员以非法方法收集证据的,应当进行调查核实。对于确有以非法方法收集证据情形的,应当提出纠正意见;构成犯罪的,依法追究刑事责任。

第五十八条【法院审查】 法庭审理过程中,审判人员认为可能存在本法第五十六条规定的以非法方法收集证据情形的,应当对证据收集的合法性进行法庭调查。

当事人及其辩护人、诉讼代理人有权申请人民法院对以非法方法收集的证据依法予以排除。申请排除以非法方法收集的证据的，应当提供相关线索或者材料。

第五十九条【控方说明】 在对证据收集的合法性进行法庭调查的过程中，人民检察院应当对证据收集的合法性加以证明。

现有证据材料不能证明证据收集的合法性的，人民检察院可以提请人民法院通知有关侦查人员或者其他人员出庭说明情况；人民法院可以通知有关侦查人员或者其他人员出庭说明情况。有关侦查人员或者其他人员也可以要求出庭说明情况。经人民法院通知，有关人员应当出庭。

第六十条【排除情形】 对于经过法庭审理，确认或者不能排除存在本法第五十六条规定的以非法方法收集证据情形的，对有关证据应当予以排除。

◆ **最高人民法院关于适用《中华人民共和国刑事诉讼法》的解释**
（2021年1月26日　法释〔2021〕1号）

第四章　证　据

第九节　非法证据排除

第一百二十三条【非法方法收集的被告人供述排除】 采用下列非法方法收集的被告人供述，应当予以排除：

（一）采用殴打、违法使用戒具等暴力方法或者变相肉刑的恶劣手段，使被告人遭受难以忍受的痛苦而违背意愿作出的供述；

（二）采用以暴力或者严重损害本人及其近亲属合法权益等相威胁的方法，使被告人遭受难以忍受的痛苦而违背意愿作出的供述；

（三）采用非法拘禁等非法限制人身自由的方法收集的被告人供述。

第一百二十四条【非法方法收集的被告人供述排除的除外情形】 采用刑讯逼供方法使被告人作出供述，之后被告人受该刑讯逼供行为影响而作出的与该供述相同的重复性供述，应当一并排除，但下列情形除外：

（一）调查、侦查期间，监察机关、侦查机关根据控告、举报或者自己发现等，确认或者不能排除以非法方法收集证据而更换调查、侦查人员，其他调查、侦查人员再次讯问时告知有关权利和认罪的法律后果，被告人自愿供述的；

（二）审查逮捕、审查起诉和审判期间，检察人员、审判人员讯问时告知诉讼权利和认罪的法律后果，被告人自愿供述的。

第一百二十五条【非法拘禁等收集言辞证据】 采用暴力、威胁以及非法限制人身自由等非法方法收集的证人证言、被害人陈述，应当予以排除。

第一百二十六条【实物证据排除】 收集物证、书证不符合法定程序，可能严重影响司法公正的，应当予以补正或者作出合理解释；不能补正或者作出合理解释的，对该证据应当予以排除。

认定"可能严重影响司法公正"，应当综合考虑收集证据违反法定程序以及所造成后果的严重程度等情况。

第一百二十七条【申请要求】 当事人及其辩护人、诉讼代理人申请人民法院排除以非法方法收集的证据的，应当提供涉嫌非法取证的人员、时间、地点、方式、内容等相关线索或者材料。

第一百二十八条【权利告知】 人民法院向被告人及其辩护人送达起诉书副本时，应当告知其申请排除非法证据的，应当在开庭审理前提出，但庭审期间才发现相关线索或者材料的除外。

第一百二十九条【庭前移交控方】 开庭审理前，当事人及其辩护人、诉讼代理人申请人民法院排除非法证据的，人民法院应当在开庭前及时将申请书或者申请笔录及相关线索、材料的复制件送交人民检察院。

第一百三十条【庭前会议】 开庭审理前，人民法院可以召开庭前会议，就非法证据排除等问题了解情况，听取意见。

在庭前会议中，人民检察院可以通过出示有关证据材料等方式，对证据收集的合法性加以说明。必要时，可以通知调查人员、侦查人员或者其他人员参加庭前会议，说明情况。

第一百三十一条【证据或申请的撤回】 在庭前会议中，人民检察院可以撤回有关证据。撤回的证据，没有新的理由，不得在庭审中出示。

当事人及其辩护人、诉讼代理人可以撤回排除非法证据的申请。撤回申请后，没有新的线索或者材料，不得再次对有关证据提出排除申请。

第一百三十二条【排非提出阶段】 当事人及其辩护人、诉讼代理人在开庭审理前未申请排除非法证据，在庭审过程中提出申请的，应当说明理由。人民法院经审查，对证据收集的合法性有疑问的，应当进行调查；没有疑问的，驳回申请。

驳回排除非法证据的申请后,当事人及其辩护人、诉讼代理人没有新的线索或者材料,以相同理由再次提出申请的,人民法院不再审查。

第一百三十三条【证据合法性疑问处理】 控辩双方在庭前会议中对证据收集是否合法未达成一致意见,人民法院对证据收集的合法性有疑问的,应当在庭审中进行调查;对证据收集的合法性没有疑问,且无新的线索或者材料表明可能存在非法取证的,可以决定不再进行调查并说明理由。

第一百三十四条【调查时机】 庭审期间,法庭决定对证据收集的合法性进行调查的,应当先行当庭调查。但为防止庭审过分迟延,也可以在法庭调查结束前调查。

第一百三十五条【合法性调查】 法庭决定对证据收集的合法性进行调查的,由公诉人通过宣读调查、侦查讯问笔录、出示提讯登记、体检记录、对讯问合法性的核查材料等证据材料,有针对性地播放讯问录音录像,提请法庭通知有关调查人员、侦查人员或者其他人员出庭说明情况等方式,证明证据收集的合法性。

讯问录音录像涉及国家秘密、商业秘密、个人隐私或者其他不宜公开内容的,法庭可以决定对讯问录音录像不公开播放、质证。

公诉人提交的取证过程合法的说明材料,应当经有关调查人员、侦查人员签名,并加盖单位印章。未经签名或者盖章的,不得作为证据使用。上述说明材料不能单独作为证明取证过程合法的根据。

第一百三十六条【通知有关人员出庭】 控辩双方申请法庭通知调查人员、侦查人员或者其他人员出庭说明情况,法庭认为有必要的,应当通知有关人员出庭。

根据案件情况,法庭可以依职权通知调查人员、侦查人员或者其他人员出庭说明情况。

调查人员、侦查人员或者其他人员出庭的,应当向法庭说明证据收集过程,并就相关情况接受控辩双方和法庭的询问。

第一百三十七条【调查结论】 法庭对证据收集的合法性进行调查后,确认或者不能排除存在刑事诉讼法第五十六条规定的以非法方法收集证据情形的,对有关证据应当排除。

第一百三十八条【二审排非】 具有下列情形之一的,第二审人民法院应当对证据收集的合法性进行审查,并根据刑事诉讼法和本解释的有关规定作出处理：

（一）第一审人民法院对当事人及其辩护人、诉讼代理人排除非法证据的申请没有审查，且以该证据作为定案根据的；

（二）人民检察院或者被告人、自诉人及其法定代理人不服第一审人民法院作出的有关证据收集合法性的调查结论，提出抗诉、上诉的；

（三）当事人及其辩护人、诉讼代理人在第一审结束后才发现相关线索或者材料，申请人民法院排除非法证据的。

◆ 人民检察院刑事诉讼规则

（2019年12月30日　高检发释字〔2019〕4号）

第六十六条【非法证据范围及后果】 对采用刑讯逼供等非法方法收集的犯罪嫌疑人供述和采用暴力、威胁等非法方法收集的证人证言、被害人陈述，应当依法排除，不得作为移送审查逮捕、批准或者决定逮捕、移送起诉以及提起公诉的依据。

第六十七条【犯罪嫌疑人供述的排除情形】 对采用下列方法收集的犯罪嫌疑人供述，应当予以排除：

（一）采用殴打、违法使用戒具等暴力方法或者变相肉刑的恶劣手段，使犯罪嫌疑人遭受难以忍受的痛苦而违背意愿作出的供述；

（二）采用以暴力或者严重损害本人及其近亲属合法权益等进行威胁的方法，使犯罪嫌疑人遭受难以忍受的痛苦而违背意愿作出的供述；

（三）采用非法拘禁等非法限制人身自由的方法收集的供述。

第六十八条【犯罪嫌疑人供述的排除除外情形】 对采用刑讯逼供方法使犯罪嫌疑人作出供述，之后犯罪嫌疑人受该刑讯逼供行为影响而作出的与该供述相同的重复性供述，应当一并排除，但下列情形除外：

（一）侦查期间，根据控告、举报或者自己发现等，公安机关确认或者不能排除以非法方法收集证据而更换侦查人员，其他侦查人员再次讯问时告知诉讼权利和认罪认罚的法律规定，犯罪嫌疑人自愿供述的；

（二）审查逮捕、审查起诉期间，检察人员讯问时告知诉讼权利和认罪认罚的法律规定，犯罪嫌疑人自愿供述的。

第六十九条【非法拘禁等收集言辞证据】 采用暴力、威胁以及非法限制人身自由等非法方法收集的证人证言、被害人陈述，应当予以排除。

第七十条【客观性证据补正】 收集物证、书证不符合法定程序，可能严重影响司法公正的，人民检察院应当及时要求公安机关补正或者作出书面解释；不能补正或者无法作出合理解释的，对该证据应当予以排除。

对公安机关的补正或者解释，人民检察院应当予以审查。经补正或者作出合理解释的，可以作为批准或者决定逮捕、提起公诉的依据。

第七十一条【负责部门】 对重大案件，人民检察院驻看守所检察人员在侦查终结前应当对讯问合法性进行核查并全程同步录音、录像，核查情况应当及时通知本院负责捕诉的部门。

负责捕诉的部门认为确有刑讯逼供等非法取证情形的，应当要求公安机关依法排除非法证据，不得作为提请批准逮捕、移送起诉的依据。

第七十二条【及时调查核实】 人民检察院发现侦查人员以非法方法收集证据的，应当及时进行调查核实。

当事人及其辩护人或者值班律师、诉讼代理人报案、控告、举报侦查人员采用刑讯逼供等非法方法收集证据，并提供涉嫌非法取证的人员、时间、地点、方式和内容等材料或者线索的，人民检察院应当受理并进行审查。根据现有材料无法证明证据收集合法性的，应当及时进行调查核实。

上一级人民检察院接到对侦查人员采用刑讯逼供等非法方法收集证据的报案、控告、举报，可以直接进行调查核实，也可以交由下级人民检察院调查核实。交由下级人民检察院调查核实的，下级人民检察院应当及时将调查结果报告上一级人民检察院。

人民检察院决定调查核实的，应当及时通知公安机关。

第七十三条【调查完毕后程序】 人民检察院经审查认定存在非法取证行为的，对该证据应当予以排除，其他证据不能证明犯罪嫌疑人实施犯罪行为的，应当不批准或者决定逮捕。已经移送起诉的，可以依法将案件退回监察机关补充调查或者退回公安机关补充侦查，或者作出不起诉决定。被排除的非法证据应当随案移送，并写明为依法排除的非法证据。

对于侦查人员的非法取证行为，尚未构成犯罪的，应当依法向其所在机关提出纠正意见。对于需要补正或者作出合理解释的，应当提出明确要求。

对于非法取证行为涉嫌犯罪需要追究刑事责任的，应当依法立案侦查。

第七十四条【要求侦查机关书面说明】 人民检察院认为可能存在以刑讯

逼供等非法方法收集证据情形的，可以书面要求监察机关或者公安机关对证据收集的合法性作出说明。说明应当加盖单位公章，并由调查人员或者侦查人员签名。

第七十五条【真实性审查】对于公安机关立案侦查的案件，存在下列情形之一的，人民检察院在审查逮捕、审查起诉和审判阶段，可以调取公安机关讯问犯罪嫌疑人的录音、录像，对证据收集的合法性以及犯罪嫌疑人、被告人供述的真实性进行审查：

（一）认为讯问活动可能存在刑讯逼供等非法取证行为的；

（二）犯罪嫌疑人、被告人或者辩护人提出犯罪嫌疑人、被告人供述系非法取得，并提供相关线索或者材料的；

（三）犯罪嫌疑人、被告人提出讯问活动违反法定程序或者翻供，并提供相关线索或者材料的；

（四）犯罪嫌疑人、被告人或者辩护人提出讯问笔录内容不真实，并提供相关线索或者材料的；

（五）案情重大、疑难、复杂的。

人民检察院调取公安机关讯问犯罪嫌疑人的录音、录像，公安机关未提供，人民检察院经审查认为不能排除有刑讯逼供等非法取证行为的，相关供述不得作为批准逮捕、提起公诉的依据。

人民检察院直接受理侦查的案件，负责侦查的部门移送审查逮捕、移送起诉时，应当将讯问录音、录像连同案卷材料一并移送审查。

第七十六条【证据准备】对于提起公诉的案件，被告人及其辩护人提出审前供述系非法取得，并提供相关线索或者材料的，人民检察院可以将讯问录音、录像连同案卷材料一并移送人民法院。

第七十七条【当庭说明】在法庭审理过程中，被告人或者辩护人对讯问活动合法性提出异议，公诉人可以要求被告人及其辩护人提供相关线索或者材料。必要时，公诉人可以提请法庭当庭播放相关时段的讯问录音、录像，对有关异议或者事实进行质证。

需要播放的讯问录音、录像中涉及国家秘密、商业秘密、个人隐私或者含有其他不宜公开内容的，公诉人应当建议在法庭组成人员、公诉人、侦查人员、被告人及其辩护人范围内播放。因涉及国家秘密、商业秘密、个人隐私或者其他犯罪线索等内容，人民检察院对讯问录音、录像的相关内容进行技术处理的，公诉人应当向法庭作出说明。

第七十八条【抗诉条件】 人民检察院认为第一审人民法院有关证据收集合法性的审查、调查结论导致第一审判决、裁定错误的，可以依照刑事诉讼法第二百二十八条的规定向人民法院提出抗诉。

◆ 公安机关办理刑事案件程序规定
（2020 年 7 月 20 日　公安部令第 159 号）

第七十一条【非法证据】 采用刑讯逼供等非法方法收集的犯罪嫌疑人供述和采用暴力、威胁等非法方法收集的证人证言、被害人陈述，应当予以排除。

收集物证、书证、视听资料、电子数据违反法定程序，可能严重影响司法公正的，应当予以补正或者作出合理解释；不能补正或者作出合理解释的，对该证据应当予以排除。

在侦查阶段发现有应当排除的证据的，经县级以上公安机关负责人批准，应当依法予以排除，不得作为提请批准逮捕、移送审查起诉的依据。

人民检察院认为可能存在以非法方法收集证据情形，要求公安机关进行说明的，公安机关应当及时进行调查，并向人民检察院作出书面说明。

第七十二条【取证合法性说明】 人民法院认为现有证据材料不能证明证据收集的合法性，通知有关侦查人员或者公安机关其他人员出庭说明情况的，有关侦查人员或者其他人员应当出庭。必要时，有关侦查人员或者其他人员也可以要求出庭说明情况。侦查人员或者其他人员出庭，应当向法庭说明证据收集过程，并就相关情况接受发问。

经人民法院通知，人民警察应当就其执行职务时目击的犯罪情况出庭作证。

◆ 人民法院办理刑事案件庭前会议规程（试行）
（2017 年 11 月 27 日　法发〔2017〕31 号）

第一条【启动情形】 人民法院适用普通程序审理刑事案件，对于证据材料较多、案情疑难复杂、社会影响重大或者控辩双方对事实证据存在较大争议等情形的，可以决定在开庭审理前召开庭前会议。

第八章 非法言词证据排除

控辩双方可以申请人民法院召开庭前会议。申请召开庭前会议的,应当说明需要处理的事项。人民法院经审查认为有必要的,应当决定召开庭前会议;决定不召开庭前会议的,应当告知申请人。

被告人及其辩护人在开庭审理前申请排除非法证据,并依照法律规定提供相关线索或者材料的,人民法院应当召开庭前会议。

第八条【提前通知】 人民法院应当根据案件情况,综合控辩双方意见,确定庭前会议需要处理的事项,并在召开庭前会议三日前,将会议的时间、地点、人员和事项等通知参会人员。通知情况应当记录在案。

被告人及其辩护人在开庭审理前申请排除非法证据的,人民法院应当在召开庭前会议三日前,将申请书及相关线索或者材料的复制件送交人民检察院。

第十四条【排除程序】 被告人及其辩护人在开庭审理前申请排除非法证据,并依照法律规定提供相关线索或者材料的,人民检察院应当在庭前会议中通过出示有关证据材料等方式,有针对性地对证据收集的合法性作出说明。人民法院可以对有关证据材料进行核实;经控辩双方申请,可以有针对性地播放讯问录音录像。

人民检察院可以撤回有关证据,撤回的证据,没有新的理由,不得在庭审中出示。被告人及其辩护人可以撤回排除非法证据的申请,撤回申请后,没有新的线索或者材料,不得再次对有关证据提出排除申请。

控辩双方在庭前会议中对证据收集的合法性未达成一致意见,人民法院应当开展庭审调查,但公诉人提供的相关证据材料确实、充分,能够排除非法取证情形,且没有新的线索或者材料表明可能存在非法取证的,庭审调查举证、质证可以简化。

◆ 人民法院办理刑事案件排除非法证据规程(试行)

(2017年11月27日 法发〔2017〕31号)

为贯彻落实最高人民法院、最高人民检察院、公安部、国家安全部、司法部《关于推进以审判为中心的刑事诉讼制度改革的意见》和《关于办理刑事案件严格排除非法证据若干问题的规定》,规范非法证据排除程序,准确惩罚犯罪,切实保障人权,有效防范冤假错案,根据法律规定,结合司法实际,制定本规程。

第一条【非法证据范围】 采用下列非法方法收集的被告人供述，应当予以排除：

（一）采用殴打、违法使用戒具等暴力方法或者变相肉刑的恶劣手段，使被告人遭受难以忍受的痛苦而违背意愿作出的供述；

（二）采用以暴力或者严重损害本人及其近亲属合法权益等进行威胁的方法，使被告人遭受难以忍受的痛苦而违背意愿作出的供述；

（三）采用非法拘禁等非法限制人身自由的方法收集的被告人供述。

采用刑讯逼供方法使被告人作出供述，之后被告人受该刑讯逼供行为影响而作出的与该供述相同的重复性供述，应当一并排除，但下列情形除外：

（一）侦查期间，根据控告、举报或者自己发现等，侦查机关确认或者不能排除以非法方法收集证据而更换侦查人员，其他侦查人员再次讯问时告知诉讼权利和认罪的法律后果，被告人自愿供述的；

（二）审查逮捕、审查起诉和审判期间，检察人员、审判人员讯问时告知诉讼权利和认罪的法律后果，被告人自愿供述的。

第二条【非法拘禁等收集言辞证据】 采用暴力、威胁以及非法限制人身自由等非法方法收集的证人证言、被害人陈述，应当予以排除。

第三条【实物证据排除】 采用非法搜查、扣押等违反法定程序的方法收集物证、书证，可能严重影响司法公正的，应当予以补正或者作出合理解释；不能补正或者作出合理解释的，对有关证据应当予以排除。

第四条【排除后果】 依法予以排除的非法证据，不得宣读、质证，不得作为定案的根据。

第五条【线索范围和申请方式】 被告人及其辩护人申请排除非法证据，应当提供相关线索或者材料。"线索"是指内容具体、指向明确的涉嫌非法取证的人员、时间、地点、方式等；"材料"是指能够反映非法取证的伤情照片、体检记录、医院病历、讯问笔录、讯问录音录像或者同监室人员的证言等。

被告人及其辩护人申请排除非法证据，应当向人民法院提交书面申请。被告人书写确有困难的，可以口头提出申请，但应当记录在案，并由被告人签名或者捺印。

第六条【举证责任】 证据收集合法性的举证责任由人民检察院承担。

第八章 非法言词证据排除

人民检察院未提供证据，或者提供的证据不能证明证据收集的合法性，经过法庭审理，确认或者不能排除以非法方法收集证据情形的，对有关证据应当予以排除。

第七条【庭前阅卷】 开庭审理前，承办法官应当阅卷，并对证据收集的合法性进行审查：

（一）被告人在侦查、审查起诉阶段是否提出排除非法证据申请；提出申请的，是否提供相关线索或者材料；

（二）侦查机关、人民检察院是否对证据收集的合法性进行调查核实；调查核实的，是否作出调查结论；

（三）对于重大案件，人民检察院驻看守所检察人员在侦查终结前是否核查讯问的合法性，是否对核查过程同步录音录像；进行核查的，是否作出核查结论；

（四）对于人民检察院在审查逮捕、审查起诉阶段排除的非法证据，是否随案移送并写明为依法排除的非法证据。

人民法院对证据收集的合法性进行审查后，认为需要补充证据材料的，应当通知人民检察院在三日内补送。

第八条【权利告知】 人民法院向被告人及其辩护人送达起诉书副本时，应当告知其有权在开庭审理前申请排除非法证据并同时提供相关线索或者材料。上述情况应当记录在案。

被告人申请排除非法证据，但没有辩护人的，人民法院应当通知法律援助机构指派律师为其提供辩护。

第九条【庭前申请】 被告人及其辩护人申请排除非法证据，应当在开庭审理前提出，但在庭审期间发现相关线索或者材料等情形除外。

第十条【庭前会议】 被告人及其辩护人申请排除非法证据，并提供相关线索或者材料的，人民法院应当召开庭前会议，并在召开庭前会议三日前将申请书和相关线索或者材料的复制件送交人民检察院。

被告人及其辩护人申请排除非法证据，未提供相关线索或者材料的，人民法院应当告知其补充提交。被告人及其辩护人未能补充的，人民法院对申请不予受理，并在开庭审理前告知被告人及其辩护人。上述情况应当记录在案。

第十一条【侦查终结前是否询问的申请处理】 对于可能判处无期徒刑、

死刑或者黑社会性质组织犯罪、严重毒品犯罪等重大案件，被告人在驻看守所检察人员对讯问的合法性进行核查询问时，明确表示侦查阶段没有刑讯逼供等非法取证情形，在审判阶段又提出排除非法证据申请的，应当说明理由。人民法院经审查对证据收集的合法性没有疑问的，可以驳回申请。

驻看守所检察人员在重大案件侦查终结前未对讯问的合法性进行核查询问，或者未对核查询问过程全程同步录音录像，被告人及其辩护人在审判阶段提出排除非法证据申请，提供相关线索或者材料，人民法院对证据收集的合法性有疑问的，应当依法进行调查。

第十二条【会议步骤】 在庭前会议中，人民法院对证据收集的合法性进行审查的，一般按照以下步骤进行：

（一）被告人及其辩护人说明排除非法证据的申请及相关线索或者材料；

（二）公诉人提供证明证据收集合法性的证据材料；

（三）控辩双方对证据收集的合法性发表意见；

（四）控辩双方对证据收集的合法性未达成一致意见的，审判人员归纳争议焦点。

第十三条【针对性说明】 在庭前会议中，人民检察院应当通过出示有关证据材料等方式，有针对性地对证据收集的合法性作出说明。人民法院可以对有关材料进行核实，经控辩双方申请，可以有针对性地播放讯问录音录像。

第十四条【证据或申请的撤回】 在庭前会议中，人民检察院可以撤回有关证据。撤回的证据，没有新的理由，不得在庭审中出示。

被告人及其辩护人可以撤回排除非法证据的申请。撤回申请后，没有新的线索或者材料，不得再次对有关证据提出排除申请。

第十五条【控辩双方的意见】 控辩双方在庭前会议中对证据收集的合法性达成一致意见的，法庭应当在庭审中向控辩双方核实并当庭予以确认。对于一方在庭审中反悔的，除有正当理由外，法庭一般不再进行审查。

控辩双方在庭前会议中对证据收集的合法性未达成一致意见，人民法院应当在庭审中进行调查，但公诉人提供的相关证据材料确实、充分，能够排除非法取证情形，且没有新的线索或者材料表明可能存在非法取证的，庭审调查举证、质证可以简化。

第十六条【庭前会议审查情况】 审判人员应当在庭前会议报告中说明证据收集合法性的审查情况，主要包括控辩双方的争议焦点以及就相关事项达成的一致意见等内容。

第十七条【申请审查】 被告人及其辩护人在开庭审理前未申请排除非法证据,在庭审过程中提出申请的,应当说明理由。人民法院经审查,对证据收集的合法性有疑问的,应当进行调查;没有疑问的,应当驳回申请。

人民法院驳回排除非法证据的申请后,被告人及其辩护人没有新的线索或者材料,以相同理由再次提出申请的,人民法院不再审查。

第十八条【先行审查】 人民法院决定对证据收集的合法性进行法庭调查的,应当先行当庭调查。对于被申请排除的证据和其他犯罪事实没有关联等情形,为防止庭审过分迟延,可以先调查其他犯罪事实,再对证据收集的合法性进行调查。

在对证据收集合法性的法庭调查程序结束前,不得对有关证据宣读、质证。

第十九条【调查步骤】 法庭决定对证据收集的合法性进行调查的,一般按照以下步骤进行:

(一)召开庭前会议的案件,法庭应当在宣读起诉书后,宣布庭前会议中对证据收集合法性的审查情况,以及控辩双方的争议焦点;

(二)被告人及其辩护人说明排除非法证据的申请及相关线索或者材料;

(三)公诉人出示证明证据收集合法性的证据材料,被告人及其辩护人可以对相关证据进行质证,经审判长准许,公诉人、辩护人可以向出庭的侦查人员或者其他人员发问;

(四)控辩双方对证据收集的合法性进行辩论。

第二十条【证明材料】 公诉人对证据收集的合法性加以证明,可以出示讯问笔录、提讯登记、体检记录、采取强制措施或者侦查措施的法律文书、侦查终结前对讯问合法性的核查材料等证据材料,也可以针对被告人及其辩护人提出异议的讯问时段播放讯问录音录像,提请法庭通知侦查人员或者其他人员出庭说明情况。不得以侦查人员签名并加盖公章的说明材料替代侦查人员出庭。

庭审中,公诉人当庭不能举证或者为提供新的证据需要补充侦查,建议延期审理的,法庭可以同意。

第二十一条【材料调取】 被告人及其辩护人可以出示相关线索或者材料,并申请法庭播放特定讯问时段的讯问录音录像。

被告人及其辩护人向人民法院申请调取侦查机关、人民检察院收集但未提交的讯问录音录像、体检记录等证据材料，人民法院经审查认为该证据材料与证据收集的合法性有关的，应当予以调取；认为与证据收集的合法性无关的，应当决定不予调取，并向被告人及其辩护人说明理由。

被告人及其辩护人申请人民法院通知侦查人员或者其他人员出庭说明情况，人民法院认为确有必要的，可以通知上述人员出庭。

第二十二条【讯问录像审查】 法庭对证据收集的合法性进行调查的，应当重视对讯问录音录像的审查，重点审查以下内容：

（一）讯问录音录像是否依法制作。对于可能判处无期徒刑、死刑的案件或者其他重大犯罪案件，是否对讯问过程进行录音录像；

（二）讯问录音录像是否完整。是否对每一次讯问过程录音录像，录音录像是否全程不间断进行，是否有选择性录制、剪接、删改等情形；

（三）讯问录音录像是否同步制作。录音录像是否自讯问开始时制作，至犯罪嫌疑人核对讯问笔录、签字确认后结束；讯问笔录记载的起止时间是否与讯问录音录像反映的起止时间一致；

（四）讯问录音录像与讯问笔录的内容是否存在差异。对与定罪量刑有关的内容，讯问笔录记载的内容与讯问录音录像是否存在实质性差异，存在实质性差异的，以讯问录音录像为准。

第二十三条【警察出庭】 侦查人员或者其他人员出庭的，应当向法庭说明证据收集过程，并就相关情况接受发问。对发问方式不当或者内容与证据收集的合法性无关的，法庭应当制止。

经人民法院通知，侦查人员不出庭说明情况，不能排除以非法方法收集证据情形的，对有关证据应当予以排除。

第二十四条【疑问核实】 人民法院对控辩双方提供的证据来源、内容等有疑问的，可以告知控辩双方补充证据或者作出说明；必要时，可以宣布休庭，对证据进行调查核实。法庭调查核实证据，可以通知控辩双方到场，并将核实过程记录在案。

对于控辩双方补充的和法庭庭外调查核实取得的证据，未经当庭出示、质证等法庭调查程序查证属实，不得作为证明证据收集合法性的根据。

第二十五条【决定宣布】 人民法院对证据收集的合法性进行调查后，应当当庭作出是否排除有关证据的决定。必要时，可以宣布休庭，由合议庭评议或者提交审判委员会讨论,再次开庭时宣布决定。

第二十六条【应予排除情形】 经法庭审理,具有下列情形之一的,对有关证据应当予以排除:

(一)确认以非法方法收集证据的;

(二)应当对讯问过程录音录像的案件没有提供讯问录音录像,或者讯问录音录像存在选择性录制、剪接、删改等情形,现有证据不能排除以非法方法收集证据的;

(三)侦查机关除紧急情况外没有在规定的办案场所讯问,现有证据不能排除以非法方法收集证据的;

(四)驻看守所检察人员在重大案件侦查终结前未对讯问合法性进行核查,或者未对核查过程同步录音录像,或者录音录像存在选择性录制、剪接、删改等情形,现有证据不能排除以非法方法收集证据的;

(五)其他不能排除存在以非法方法收集证据的。

第二十七条【证据合法性审查的程序】 人民法院对证人证言、被害人陈述、物证、书证等证据收集合法性的审查、调查程序,参照上述规定。

第二十八条【裁判说理】 人民法院对证据收集合法性的审查、调查结论,应当在裁判文书中写明,并说明理由。

第二十九条【二审启动情形】 人民检察院、被告人及其法定代理人提出抗诉、上诉,对第一审人民法院有关证据收集合法性的审查、调查结论提出异议的,第二审人民法院应当审查。

第三十条【二审审查】 被告人及其辩护人在第一审程序中未提出排除非法证据的申请,在第二审程序中提出申请,有下列情形之一的,第二审人民法院应当审查:

(一)第一审人民法院没有依法告知被告人申请排除非法证据的权利的;

(二)被告人及其辩护人在第一审庭审后发现涉嫌非法取证的相关线索或者材料的。

第三十一条【全面出示】 人民检察院应当在第一审程序中全面出示证明证据收集合法性的证据材料。

人民检察院在第一审程序中未出示证明证据收集合法性的证据,第一审人民法院依法排除有关证据的,人民检察院在第二审程序中不得出示之前未出示的证据,但在第一审程序后发现的除外。

第三十二条 第二审人民法院对证据收集合法性的调查，参照上述第一审程序的规定。

第三十三条【发回重审】第一审人民法院对被告人及其辩护人排除非法证据的申请未予审查，并以有关证据作为定案的根据，可能影响公正审判的，第二审人民法院应当裁定撤销原判，发回原审人民法院重新审判。

第三十四条【二审排非】第一审人民法院对依法应当排除的非法证据未予排除的，第二审人民法院可以依法排除相关证据。排除非法证据后，应当按照下列情形分别作出处理：

（一）原判决认定事实和适用法律正确、量刑适当的，应当裁定驳回上诉或者抗诉，维持原判；

（二）原判决认定事实没有错误，但适用法律有错误，或者量刑不当的，应当改判；

（三）原判决事实不清或者证据不足的，可以在查清事实后改判；也可以裁定撤销原判，发回原审人民法院重新审判。

第三十五条【其他程序适用】审判监督程序、死刑复核程序中对证据收集合法性的审查、调查，参照上述规定。

第三十六条 本规程自 2018 年 1 月 1 日起试行。

◆ **最高人民法院、最高人民检察院、公安部、国家安全部、司法部关于办理刑事案件严格排除非法证据若干问题的规定**

（2017 年 6 月 20 日 法发［2017］15 号）

为准确惩罚犯罪，切实保障人权，规范司法行为，促进司法公正，根据《中华人民共和国刑事诉讼法》及有关司法解释等规定，结合司法实际，制定如下规定。

一、一般规定

第一条【总则】严禁刑讯逼供和以威胁、引诱、欺骗以及其他非法方法收集证据，不得强迫任何人证实自己有罪。对一切案件的判处都要重证据，重调查研究，不轻信口供。

第二条 采取殴打、违法使用戒具等暴力方法或者变相肉刑的恶劣手段，使犯罪嫌疑人、被告人遭受难以忍受的痛苦而违背意愿作出的供述，应当予以排除。

第三条【威胁】采用以暴力或者严重损害本人及其近亲属合法权益等进行威胁的方法，使犯罪嫌疑人、被告人遭受难以忍受的痛苦而违背意愿作出的供述，应当予以排除。

第四条【非法拘禁】采用非法拘禁等非法限制人身自由的方法收集的犯罪嫌疑人、被告人供述，应当予以排除。

第五条【重复自白】采用刑讯逼供方法使犯罪嫌疑人、被告人作出供述，之后犯罪嫌疑人、被告人受该刑讯逼供行为影响而作出的与该供述相同的重复性供述，应当一并排除，但下列情形除外：

（一）【更换人员】侦查期间，根据控告、举报或者自己发现等，侦查机关确认或者不能排除以非法方法收集证据而更换侦查人员，其他侦查人员再次讯问时告知诉讼权利和认罪的法律后果，犯罪嫌疑人自愿供述的；

（二）【程序更换】审查逮捕、审查起诉和审判期间，检察人员、审判人员讯问时告知诉讼权利和认罪的法律后果，犯罪嫌疑人、被告人自愿供述的。

第六条【非法拘禁等方式】采用暴力、威胁以及非法限制人身自由等非法方法收集的证人证言、被害人陈述，应当予以排除。

第七条【收集非言辞证据违法】收集物证、书证不符合法定程序，可能严重影响司法公正的，应当予以补正或者作出合理解释；不能补正或者作出合理解释的，对有关证据应当予以排除。

二、侦查

第八条【全面取证】侦查机关应当依照法定程序开展侦查，收集、调取能够证实犯罪嫌疑人有罪或者无罪、罪轻或者罪重的证据材料。

第九条【询问场所】拘留、逮捕犯罪嫌疑人后，应当按照法律规定送看守所羁押。犯罪嫌疑人被送交看守所羁押后，讯问应当在看守所讯问室进行。因客观原因侦查机关在看守所讯问室以外的场所进行讯问的，应当作出合理解释。

第十条【同步录音录像】侦查人员在讯问犯罪嫌疑人的时候，可以对讯问过程进行录音录像；对于可能判处无期徒刑、死刑的案件或者其他重大犯罪案件，应当对讯问过程进行录音录像。

侦查人员应当告知犯罪嫌疑人对讯问过程录音录像，并在讯问笔录中写明。

第十一条【录像要求】 对讯问过程录音录像，应当不间断进行，保持完整性，不得选择性地录制，不得剪接、删改。

第十二条【笔录核对】 侦查人员讯问犯罪嫌疑人，应当依法制作讯问笔录。讯问笔录应当交犯罪嫌疑人核对，对于没有阅读能力的，应当向他宣读。对讯问笔录中有遗漏或者差错等情形，犯罪嫌疑人可以提出补充或者改正。

第十三条【提讯登记和入所检查】 看守所应当对提讯进行登记，写明提讯单位、人员、事由、起止时间以及犯罪嫌疑人姓名等情况。

看守所收押犯罪嫌疑人，应当进行身体检查。检查时，人民检察院驻看守所检察人员可以在场。检查发现犯罪嫌疑人有伤或者身体异常的，看守所应当拍照或者录像，分别由送押人员、犯罪嫌疑人说明原因，并在体检记录中写明，由送押人员、收押人员和犯罪嫌疑人签字确认。

第十四条【检察院排非】 犯罪嫌疑人及其辩护人在侦查期间可以向人民检察院申请排除非法证据。对犯罪嫌疑人及其辩护人提供相关线索或者材料的，人民检察院应当调查核实。调查结论应当书面告知犯罪嫌疑人及其辩护人。对确有以非法方法收集证据情形的，人民检察院应当向侦查机关提出纠正意见。

侦查机关对审查认定的非法证据，应当予以排除，不得作为提请批准逮捕、移送审查起诉的根据。

对重大案件，人民检察院驻看守所检察人员应当在侦查终结前询问犯罪嫌疑人，核查是否存在刑讯逼供、非法取证情形，并同步录音录像。经核查，确有刑讯逼供、非法取证情形的，侦查机关应当及时排除非法证据，不得作为提请批准逮捕、移送审查起诉的根据。

第十五条【侦查终结的证据审查】 对侦查终结的案件，侦查机关应当全面审查证明证据收集合法性的证据材料，依法排除非法证据。排除非法证据后，证据不足的，不得移送审查起诉。

侦查机关发现办案人员非法取证的，应当依法作出处理，并可另行指派侦查人员重新调查取证。

三、审查逮捕、审查起诉

第十六条【排非权利告知】 审查逮捕、审查起诉期间讯问犯罪嫌疑人，应当告知其有权申请排除非法证据，并告知诉讼权利和认罪的法律后果。

第十七条【排非调查及处理】 审查逮捕、审查起诉期间，犯罪嫌疑人及其辩护人申请排除非法证据，并提供相关线索或者材料的，人民检察院应当调查核实。调查结论应当书面告知犯罪嫌疑人及其辩护人。

人民检察院在审查起诉期间发现侦查人员以刑讯逼供等非法方法收集证据的，应当依法排除相关证据并提出纠正意见，必要时人民检察院可以自行调查取证。

人民检察院对审查认定的非法证据，应当予以排除，不得作为批准或者决定逮捕、提起公诉的根据。被排除的非法证据应当随案移送，并写明为依法排除的非法证据。

第十八条【排非后证据不足的后果】 人民检察院依法排除非法证据后，证据不足，不符合逮捕、起诉条件的，不得批准或者决定逮捕、提起公诉。

对于人民检察院排除有关证据导致对涉嫌的重要犯罪事实未予认定，从而作出不批准逮捕、不起诉决定，或者对涉嫌的部分重要犯罪事实决定不起诉的，公安机关、国家安全机关可要求复议、提请复核。

四、辩护

第十九条【法律援助】 犯罪嫌疑人、被告人申请提供法律援助的，应当按照有关规定指派法律援助律师。

法律援助值班律师可以为犯罪嫌疑人、被告人提供法律帮助，对刑讯逼供、非法取证情形代理申诉、控告。

第二十条【申请要求】 犯罪嫌疑人、被告人及其辩护人申请排除非法证据，应当提供涉嫌非法取证的人员、时间、地点、方式、内容等相关线索或者材料。

第二十一条【阅卷】 辩护律师自人民检察院对案件审查起诉之日起，可以查阅、摘抄、复制讯问笔录、提讯登记、采取强制措施或者侦查措施的法律文书等证据材料。其他辩护人经人民法院、人民检察院许可，也可以查阅、摘抄、复制上述证据材料。

第二十二条【证据调取】 犯罪嫌疑人、被告人及其辩护人向人民法院、人民检察院申请调取公安机关、国家安全机关、人民检察院收集但未提交的讯问录音录像、体检记录等证据材料，人民法院、人民检察院经审查认为犯罪嫌疑人、被告人及其辩护人申请调取的证据材料与证明证据收集的合法性有联系的，应当予以调取；认为与证明证据收集的合法性没有联系的，应当决定不予调取并向犯罪嫌疑人、被告人及其辩护人说明理由。

五、审判

第二十三条【权利告知】 人民法院向被告人及其辩护人送达起诉书副本时，应当告知其有权申请排除非法证据。

被告人及其辩护人申请排除非法证据，应当在开庭审理前提出，但在庭审期间发现相关线索或者材料等情形除外。人民法院应当在开庭审理前将申请书和相关线索或者材料的复制件送交人民检察院。

第二十四条【不受理情形】 被告人及其辩护人在开庭审理前申请排除非法证据，未提供相关线索或者材料，不符合法律规定的申请条件的，人民法院对申请不予受理。

第二十五条【庭前会议】 被告人及其辩护人在开庭审理前申请排除非法证据，按照法律规定提供相关线索或者材料的，人民法院应当召开庭前会议。人民检察院应当通过出示有关证据材料等方式，有针对性地对证据收集的合法性作出说明。人民法院可以核实情况，听取意见。

人民检察院可以决定撤回有关证据，撤回的证据，没有新的理由，不得在庭审中出示。

被告人及其辩护人可以撤回排除非法证据的申请。撤回申请后，没有新的线索或者材料，不得再次对有关证据提出排除申请。

第二十六条【证据合法性疑问处理】 公诉人、被告人及其辩护人在庭前会议中对证据收集是否合法未达成一致意见，人民法院对证据收集的合法性有疑问的，应当在庭审中进行调查；人民法院对证据收集的合法性没有疑问，且没有新的线索或者材料表明可能存在非法取证的，可以决定不再进行调查。

第二十七条【通知警察出庭】 被告人及其辩护人申请人民法院通知侦查人员或者其他人员出庭，人民法院认为现有证据材料不能证明证据收集的合法性，确有必要通知上述人员出庭作证或者说明情况的，可以通知上述人员

第八章 非法言词证据排除

出庭。

第二十八条【结论宣布时间】 公诉人宣读起诉书后，法庭应当宣布开庭审理前对证据收集合法性的审查及处理情况。

第二十九条【排非提出阶段】 被告人及其辩护人在开庭审理前未申请排除非法证据，在法庭审理过程中提出申请的，应当说明理由。

对前述情形，法庭经审查，对证据收集的合法性有疑问的，应当进行调查；没有疑问的，应当驳回申请。

法庭驳回排除非法证据申请后，被告人及其辩护人没有新的线索或者材料，以相同理由再次提出申请的，法庭不再审查。

第三十条【调查时机】 庭审期间，法庭决定对证据收集的合法性进行调查的，应当先行当庭调查。但为防止庭审过分迟延，也可以在法庭调查结束前进行调查。

第三十一条【证据出示与问辩】 公诉人对证据收集的合法性加以证明，可以出示讯问笔录、提讯登记、体检记录、采取强制措施或者侦查措施的法律文书、侦查终结前对讯问合法性的核查材料等证据材料，有针对性地播放讯问录音录像，提请法庭通知侦查人员或者其他人员出庭说明情况。

被告人及其辩护人可以出示相关线索或者材料，并申请法庭播放特定时段的讯问录音录像。

侦查人员或者其他人员出庭，应当向法庭说明证据收集过程，并就相关情况接受发问。对发问方式不当或者内容与证据收集的合法性无关的，法庭应当制止。

公诉人、被告人及其辩护人可以对证据收集的合法性进行质证、辩论。

第三十二条【证据核实】 法庭对控辩双方提供的证据有疑问的，可以宣布休庭，对证据进行调查核实。必要时，可以通知公诉人、辩护人到场。

第三十三条【决定宣布】 法庭对证据收集的合法性进行调查后，应当当庭作出是否排除有关证据的决定。必要时，可以宣布休庭，由合议庭评议或者提交审判委员会讨论，再次开庭时宣布决定。

在法庭作出是否排除有关证据的决定前，不得对有关证据宣读、质证。

第三十四条【排除情形】 经法庭审理，确认存在本规定所规定的以非法方法收集证据情形的，对有关证据应当予以排除。法庭根据相关线索或者材料对证据收集的合法性有疑问，而人民检察院未提供证据或者提供的证据不能证明证据收集的合法性，不能排除存在本规定所规定的以非法方法收集证据情形的，对有关证据应当予以排除。

对依法予以排除的证据，不得宣读、质证，不得作为判决的根据。

第三十五条【非法证据排除后的判决】 人民法院排除非法证据后，案件事实清楚，证据确实、充分，依据法律认定被告人有罪的，应当作出有罪判决；证据不足，不能认定被告人有罪的，应当作出证据不足、指控的犯罪不能成立的无罪判决；案件部分事实清楚，证据确实、充分的，依法认定该部分事实。

第三十六条【判决书说理】 人民法院对证据收集合法性的审查、调查结论，应当在裁判文书中写明，并说明理由。

第三十七条【言辞证据合法性审查】 人民法院对证人证言、被害人陈述等证据收集合法性的审查、调查，参照上述规定。

第三十八条【二审审查】 人民检察院、被告人及其法定代理人提出抗诉、上诉，对第一审人民法院有关证据收集合法性的审查、调查结论提出异议的，第二审人民法院应当审查。

被告人及其辩护人在第一审程序中未申请排除非法证据，在第二审程序中提出申请的，应当说明理由。第二审人民法院应当审查。

人民检察院在第一审程序中未出示证据证明证据收集的合法性，第一审人民法院依法排除有关证据的，人民检察院在第二审程序中不得出示之前未出示的证据，但在第一审程序后发现的除外。

第三十九条【调查程序】 第二审人民法院对证据收集合法性的调查，参照上述第一审程序的规定。

第四十条【二审处理】 第一审人民法院对被告人及其辩护人排除非法证据的申请未予审查，并以有关证据作为定案根据，可能影响公正审判的，第二审人民法院可以裁定撤销原判，发回原审人民法院重新审判。

第一审人民法院对依法应当排除的非法证据未予排除的，第二审人民法院可以依法排除非法证据。排除非法证据后，原判决认定事实和适用法律正确、量刑适当的，应当裁定驳回上诉或者抗诉，维持原判；原判决认定事实没有错误，但适用法律有错误，或者量刑不当的，应当改判；原判决事实不清楚或者证据不足的，可以裁定撤销原判，发回原审人民法院重新审判。

第四十一条 审判监督程序、死刑复核程序中对证据收集合法性的审查、调查，参照上述规定。

第四十二条　本规定自 2017 年 6 月 27 日起施行。

◆ 最高人民法院关于全面推进以审判为中心的刑事诉讼制度改革的实施意见

（2017 年 2 月 17 日　法发〔2017〕5 号）

四、完善证据认定规则，切实防范冤假错案

21.【排除范围】采取刑讯逼供、暴力、威胁等非法方法收集的言词证据，应当予以排除。

收集物证、书证不符合法定程序，可能严重影响司法公正，不能补正或者作出合理解释的，对有关证据应当予以排除。

22.【驳回情形】被告人在侦查终结前接受检察人员对讯问合法性的核查询问时，明确表示侦查阶段不存在刑讯逼供、非法取证情形，在审判阶段又提出排除非法证据申请，法庭经审查对证据收集的合法性没有疑问的，可以驳回申请。

检察人员在侦查终结前未对讯问合法性进行核查，或者未对核查过程全程同步录音录像，被告人在审判阶段提出排除非法证据申请，人民法院经审查对证据收集的合法性存在疑问的，应当依法进行调查。

23.【先行调查】法庭决定对证据收集的合法性进行调查的，应当先行当庭调查。但为防止庭审过分迟延，也可以在法庭调查结束前进行调查。

24.【重视录音录像】法庭对证据收集的合法性进行调查的，应当重视对讯问过程录音录像的审查。讯问笔录记载的内容与讯问录音录像存在实质性差异的，以讯问录音录像为准。

对于法律规定应当对讯问过程录音录像的案件，公诉人没有提供讯问录音录像，或者讯问录音录像存在选择性录制、剪接、删改等情形，现有证据不能排除以非法方法收集证据情形的，对有关供述应当予以排除。

25. 现有证据材料不能证明证据收集合法性的，人民法院可以通知有关侦查人员出庭说明情况。不得以侦查人员签名并加盖公章的说明材料替代侦查人员出庭。

经人民法院通知，侦查人员不出庭说明情况，不能排除以非法方法收集证据情形的，对有关证据应当予以排除。

26.【合法性】法庭对证据收集的合法性进行调查后，应当当庭作出是否排除有关证据的决定。必要时，可以宣布休庭，由合议庭评议或者提交审判委员会讨论，再次开庭时宣布决定。

在法庭作出是否排除有关证据的决定前，不得对有关证据宣读、质证。

27.【关联性】通过勘验、检查、搜查等方式收集的物证、书证等证据，未通过辨认、鉴定等方式确定其与案件事实的关联的，不得作为定案的根据。

28.【瑕疵补正】收集证据的程序、方式存在瑕疵，严重影响证据真实性，不能补正或者作出合理解释的，有关证据不得作为定案的根据。

29.【证言认定】证人没有出庭作证，其庭前证言真实性无法确认的，不得作为定案的根据。证人当庭作出的证言与其庭前证言矛盾，证人能够作出合理解释，并与相关证据印证的，可以采信其庭审证言；不能作出合理解释，而其庭前证言与相关证据印证的，可以采信其庭前证言。

经人民法院通知，鉴定人拒不出庭作证的，鉴定意见不得作为定案的根据。

30.【证据标准】人民法院作出有罪判决，对于定罪事实应当综合全案证据排除合理怀疑。

定罪证据不足的案件，不能认定被告人有罪，应当作出证据不足、指控的犯罪不能成立的无罪判决。定罪证据确实、充分，量刑证据存疑的，应当作出有利于被告人的认定。

第九章 证据的综合审查与运用

第一节 证据裁判原则的理解与适用

证据裁判原则和自由心证原则是现代证据法乃至诉讼法的两大基石。证据裁判原则要求以证据作为裁判的根据，认定案件事实必须以证据为根据。笔者将以刑事诉讼为视角，对证据裁判规则进行简要介绍。

一、概述

刑事诉讼中对案件事实的认定必须依靠证据。证据是裁判的依据，没有证据不得裁判。证据裁判原则是《刑事诉讼法》的基本原则之一，也是现代法治国家共同认可并且遵循的原则。

犯罪客观事实总是在一定的时空下发生，并与一定的人、物的外界环境发生作用，因而必然留下相应的物品、影像或痕迹等物质，这些物质可能在诉讼中转化为能够证明案件事实的证据。办案人员通过法定程序，运用取证手段或技术对上述物质予以发现、固定、提取、分析，再现案件本源事实，也是对证据的收集、审查与判断的过程，最终形成案件事实，即法律事实。

二、具体要求

（一）定罪量刑的法律事实均应有证据证明

法定证据制度的出现标志着证据裁判原则逐步确定，成了现代证据规则发展的基本理念。根据这一原则，司法人员认定案件事实，只能以证据为根据，而不能依赖个人意志或无根据的猜测。从正面来说，在诉讼活动中，只有得到证据证明的事实才能被视为真实存在的事实。从反面来说，只要没有证据证明的事实，则一律视为不存在或不真实。司法人员无论是凭借经验和常识，还是根据理性推断，在缺乏证据的情况下，均不能认定事实成立。

（二）用合法证据证明案件事实，非法取得的证据应当予以排除或补证

根据证据裁判原则，认定案件事实，只能以具有法律资格的证据为依据。所谓证据的法律资格，又称证据的合法性或者证据能力，是指法律对证据转化为定案根据所提出的法律要求。一般来说，证据法是从三个方面来规范证据的证据资格的：一是取证主体的合法性；二是取证手段与程序的合法性；三是证据的来源与表现形式的合法性。实务中，个别司法人员只关注证据的真实性和关联性问题，而不同程度地忽视了证据的合法性，只有在证据的违法程度足以影响证据的真实性时才强制排除相关证据，通常采取宽容的态度，这不利于规范司法人员严格依法取证，削弱了基本权利保障机能。因此，需要在立法与司法中强化证据的合法性规制与审查，倒逼司法机关严格依法取证。

例如，在"卢某新强奸杀人无罪案"中，经查：①在案证据显示上诉人卢某新有罪供述的讯问地点相互矛盾。勐腊县公安局提讯证、第七次讯问笔录载明讯问地点在勐腊县看守所第二审讯室，但讯问录像显示的讯问地点并非看守所讯问室，二者存在明显矛盾。②在案证据显示上诉人卢某新有罪供述的讯问时间相互矛盾。勐腊县公安局提讯证证实，卢某新于2012年9月21日22：00至9月23日01：20被提讯；第七次讯问笔录载明2012年9月21日22：47至23日01：08卢某新作出了有罪供述；讯问录像显示第七次讯问时间为2012年9月21日22：00至23日01：49。上述证据关于讯问的起止时间存在明显矛盾。③上诉人卢某新有罪供述的讯问录像存在重大疑问，没有作出合理解释。当庭播放的讯问录像图像中仅有卢某新的背影，且没有声音。对于上述问题，勐腊县公安局于2014年5月16日出具说明称，画面无声音系拾音器出现故障；同年11月5日又出具说明称，因办案场所改造未及时安装录音设备。两份说明前后不一，存在明显矛盾。此外，录像画面显示，面对卢某新方向有一部摄像机，但无该摄像机录制的视频资料。对此，公安机关未予说明。法院认为，上诉人卢某新唯一一次有罪供述的讯问地点、时间和讯问录像存在重大瑕疵，公安机关亦未作出合理解释，不能作为定案的证据。

第九章 证据的综合审查与运用

（三）只有经过法庭调查程序的证据才能作为裁判的根据

任何证据都必须经过法庭调查程序，在法庭上进行举证、质证，并得到最终的查证属实，才能转化为定案的根据。未经法庭调查程序，是指证据没有进入法庭的出示、辨认、宣读等举证程序，更没有进入控辩双方的询问、盘问、辩驳等质证程序。这类证据被作为定案的根据，往往会剥夺被告人的辩护权，也无法给予控辩双方当庭质疑其证明力的机会，其真实性和可靠性也容易引起人们的合理怀疑。对于这类没有经过法庭调查程序的证据，无论其是否具备证明力和证据能力，法院都不得将其作为定案的根据。

例如，在"梁某华失火发回重审案"中，二审法院认为，一审将未经庭审质证的鉴定机构资质证书、情况说明、张某连笔录等 42 份证据直接作为定案根据，剥夺了上诉人、辩护人的质证权、辩护权，影响了公正审判，违反了法定程序。

（四）证据应当达到确实、充分的程度

没有证据不能认定任何案件事实。证据不足，犯罪事实不清，也达到不到定罪量刑的标准。因此，认定犯罪事实成立，证据必要达到确实、充分的程度。

（五）重视实物性证据的搜集和运用

书证、物证、视听资料、电子数据等实物性证据具有稳定性强、可靠性较高的优势。实践表明，通过实物证据审查口供，更有利于查明案件事实，预防错案。因此，尽量多地收集和运用实物证据证明案件事实是现代司法活动的必然要求。

例如，在"刘某某滥伐林木不起诉案"中，侦查机关查明，2003 年 6 月，刘某某办理了 540 立方米的林木采伐许可证后，雇请工人砍伐的杉木不少于 1530 立方米，超数量采伐杉木 990 立方米。辩护人认为该指控证据不足，采伐数量主要依靠人证，也是估计数字，证据间相互矛盾，没有其他证据（尤其缺乏采伐合同、现场勘查、运输木材清单等实物证据）印证，违背了证据裁判原则。

三、例外情形

证据裁判原则也有例外情况，司法认知制度即为一种例外情况。《刑事诉讼法》对司法认知制度并无明文规定，最高人民法院的相关司法解释也无规定。只有《人民检察院刑事诉讼规则》第401条规定："在法庭审理中，下列事实不必提出证据进行证明：（一）为一般人共同知晓的常识性事实；（二）人民法院生效裁判所确认并且未依审判监督程序重新审理的事实；（三）法律、法规的内容以及适用等属于审判人员履行职务所应当知晓的事实；（四）在法庭审理中不存在异议的程序事实；（五）法律规定的推定事实；（六）自然规律或者定律。"

法院在决定适用司法认知之前，应当允许控辩双方发表意见、提出异议，并允许提供相反的证据进行反驳。如果法院决定适用司法认知，就免除了公诉机关对该项事实的证明责任。

综上，遵循证据裁判原则需树立文明、科学的现代司法理念，不能以主观臆断和猜测认定案件。同时，要转变观念，从传统的查明事实的办案观转为证实事实的办案观，从依赖口供的证明观转为重视科学物证的证明观。

第二节 程序法定原则的理解与运用

程序法定原则是刑事诉讼法的基本原则之一，也是证据法的基本原则，指导所有证据规则的运用。刑事案件的证据必须达到确实、充分的证明标准。其中，"据以定案的证据均经法定程序查证属实"的条件体现了程序法定原则。

一、主要法律依据

《刑事诉讼法》第3条第2款规定："人民法院、人民检察院和公安机关进行刑事诉讼，必须严格遵守本法和其他法律的有关规定。"第52条规定，审判人员、检察人员、侦查人员必须依照法定程序，收集能够证实犯罪嫌疑人、被告人有罪或者无罪、犯罪情节轻重的各种证据。第55条第2款规定，证据确实、充分，应当符合"据以定案的证据均经法定程序查证属实"的条件。最高人民法院、最高人民检察院、公安部、国家安全部、司法部印发的《关于推进以审判为中心的刑事诉讼制度改革的意见》第2条第2款规定："侦查机关、人民检察院应当按照裁判的要求和标准收集、固定、审查、运用证据，人民法院应当按照法定程序认定证据，依法作出裁判。"可见，程序法定原则在程序法中已有明文规定，各项证据的收集、固定、审查、运用等具体规定在相关的司法解释或司法文件中都有所体现，尤其是《最高人民法院关于适用〈中华人民共和国刑事诉讼法〉的解释》第四章"证据"对证据审查与认定作了详细的规定。

二、程序法定原则的内涵理解

程序法定原则是刑事诉讼法的基本原则之一，与刑法的罪刑法定原则一样，是实现法治的必然要求，对于维护司法公正、保障公民基本权利具有重要意义。司法机关依法行使职权启动追究犯罪、惩罚犯罪的程序，只能依据法律规定进行，法无授权不得为。因此，司法人员必须真正做到"有法必依"，切实提高依法收集、审查、核实、认定证据和认定案件事实的能力，确保刑事案件的办案质量。

第三节 印证规则的理解与运用

一、概念

证据印证，是指2个以上的证据在所包含的事实信息方面发生了完全重合或者部分交叉，使得一个证据的真实性得到其他证据的验证。

不同证据内含信息的同一性是印证的基本特征，可从两方面理解：一是证据量为复数而非单数。印证的前提是存在2个以上的不同证据，且来自不同的信息源，从而避免"孤证证明"的局面。二是印证发生效力的关键是同一性。这里的同一性既指所含信息的内容同一，也包括信息的指向同一、协调一致，即证据间虽有形式、信息量以及直接证明对象和内容的区别，但彼此协调。

二、诉讼价值

我国《刑事诉讼法》之所以重视证据之间的互相印证，是因为对于同一案件事实而言，至少有2个具有独立来源的证据加以证明，可以避免孤证定案，保证案件事实的真实性。印证的证据越多，证据种类越丰富，相应的案件事实可靠性就越高。实务表明，印证规则是认定案件事实最常见的方法之一，形成了一种证明模式。

《最高人民法院关于适用〈中华人民共和国刑事诉讼法〉的解释》第93

条第 1 款第 9 项规定："被告人的供述和辩解与同案被告人的供述和辩解以及其他证据能否相互印证，有无矛盾；存在矛盾的，能否得到合理解释。"同样，证人证言、被害人陈述的审查与认定，也有类似规定。可见，印证规则成了审查人证材料的重要判断方法。

三、实务运用

在司法实践中，关于运用印证规则认定案件事实应当注意的问题，可以归纳为以下八项。

（一）信息契合规则

信息契合规则是寻求不同的独立信息源信息的一致性。信息同一，指向一致，都是证据的契合。要分析契合度即印证程度问题，应注意不同类型的案件、不同的证据事实，如构成要件事实以及量刑事实，不利被告人事实与有利被告人事实等，需达到何种契合度才可认定事实。

（二）证据可靠规则

证据可靠规则或称证据品质规则。运用印证方法最为重要，也最需要注意的是参与印证的证据来源可靠。而保证可靠性必须遵循证据获取的"自然法则"，即保证证据信息的自然状态，不得人为扭曲证据信息。

（三）多点印证规则

印证至少要有两个独立的信息源，但如果多种独立证据相互间均能印证，其印证效力显然更高。实物证据与言词证据之间应当相互验真，既要用实物证据来检验言词证据的真假，又要注重从言词证据中挖掘蕴含着实物证据的细节信息，还要注重言词证据对实物证据的解释、解读。实物证据与言词证据不是简单、笼统的概貌式印证，而是细节上的多点印证。

例如，在"喻某兵贩卖毒品案"中，最高人民法院经复核后认为，二审认定喻某兵指使被告人余某远等人贩卖、运输毒品1900余克的事实，喻某兵始终否认，购毒人刘某没有归案，另一购毒人周某勇仅承认其中一起事实，且没有手机通话清单、毒资往来凭证等客观证据加以证明，主要根据受雇人余某远、周某的供述及周某勇的部分供述认定，证据相对单薄。在刑事司法实践中，共犯口供能够相互补强，进而作为定罪处罚的依据使用。当然，由于同案被告人与案件有利害关系，会影响其供述的可信性，故在仅有同案被告人口供定案、缺乏客观性证据予以补强的情况下，不应对被告人适用死刑立即执行。

（四）信息清晰规则

每个证据自身内容均须明确、清晰是具有证据能力的基本要求。印证结果也应达到一定的清晰度要求。

（五）最佳证据规则

最佳证据主要是指客观性证据，如书证、物证、电子数据等，尤其是隐蔽性证据，是印证中的最佳证据，起到检验言词证据的功能。

（六）合理差异规则

印证规则注重信息的一致性，但是不能过度追求一致。过度一致，缺乏合理差异，不符合普通人对事物存在和发展的认识规律，反而会影响证据的真实性。

（七）整体协调规则

综合全案，看印证的事实是否与案件中的其他事实相矛盾，印证证据是否合理地存在于整体的证据构造中。

（八）排除合理怀疑规则

印证证明所确认的事实应符合经验法则、排除合理怀疑、具有合理的可接受性。这是证据间相互印证的一种内在检验标准，也是事实清楚、证据确实、充分的综合判断标准。

例如，在"林某祥贩卖毒品案"中，检察机关审查认为，犯罪行为事实系犯罪基本事实的必要构成，本案仅秦某冰一人指证，转账记录证明秦某兵与林某祥在3月有多笔互相转款事实，微信转账记录不能佐证秦某冰的指证，在案证据无法得出3月15日2400元的转账记录就是秦某冰向林某祥购买毒品K粉的毒资之唯一结论。因此，对该起事实不予认定。

四、风险预防

实践中存在过度强调印证以及印证规则运用简单化的倾向，对刑事证明产生了负面影响。主要表现：一是在"印证模式"压力下，违法取证，强求印证，违背"自然法则"，甚至人为制造印证证据；二是过分看重印证事实本身,不注意印证事实与案件其他事实证据的协调,忽略"综观式验证";三是忽略心证功能,违背证明规律,导致司法人员不敢也不善于作心证分析,教条主义办案,得出的事实结论违背民众朴素情感与生活经验。

总之,印证规则是认定案件事实的主要方法,在实务运用中应坚持印证规则主导,加强心证功能,排除合理怀疑,注重追证作用,发挥验证功效,合力提高刑事证明的质量。

第四节 排除合理怀疑的理解与适用

对证据的真实性,应当综合全案证据进行审查。对证据的证明力,应当根据具体情况,从证据与待证事实的关联程度、证据之间的联系等方面进行审查。证据之间具有内在联系,共同指向同一待证事实,不存在无法排除的矛盾和无法解释的疑问的,才能作为定案的根据。

一、排除合理怀疑的理解

(一) 概述

《刑事诉讼法》规定,证据确实、充分的证明标准应当同时满足三项条件,其中最后一项条件是"综合全案证据,对所认定事实已排除合理怀疑"。这是对证明标准的实质性解释。

排除合理怀疑是指对事实的认定已没有符合常理的、有根据的怀疑,实际上达到确信的程度。易言之,排除合理怀疑可理解为裁判者对事实有了内心确信或者对证据的证明程度满意。这是在审查证据后形成的内心感觉,具有主观性、差异性。

(二)"合理"的释义

"合理",就是常理、常情、一般人的认知,这是个主观标准,需要靠常识来把握。例如,在某行贿、受贿案中,二人去行贿,到"受贿人"楼下之后,一人上去送钱,一人在下面等,上去的人下楼后说钱送完了,对方收下了。但"受贿人"不承认,说根本没有收过,能不能排除合理怀疑?上楼的行贿人有可能自己把钱留下来,如果再进一步调查,在"受贿人"被指控"受贿"后的一段时间,家里没有明显财富增加的表现,比如购买大件物品、银行存款增加或资助亲戚,也就是说没有证据证明"受贿人"突然收过一大笔钱,那么对上楼行贿人私吞行贿款的怀疑则具有合理性。

(三)"怀疑"的释义

"怀疑",就是有可能不是他所为,有可能是另外一人所为,要有依据、拿出证据,不能没有根据地怀疑。

二、排除合理怀疑的适用

立法或司法解释对合理怀疑的判断没有具体规范,需要经验、培训、更多案例的参考,逐渐形成共识。

实务中,不能排除合理怀疑的案件包括:一是非法收集或真实性不可靠的被告人供述作为主要证据的案件。二是被告人及其辩护人提出的辩解理由、辩护意见导致案件存在合理怀疑。在此种情况下,应审查提出的怀疑是否有事实证据基础,是否符合逻辑与经验法则,以判断怀疑的合理性、正当性。三是关键定罪证据之间存在无法排除的实质矛盾。实质矛盾是指关于犯罪行为是否为被告人实施存在疑问,即定罪证据存疑,指证据的真实性不可靠或不能排除非法取证的可能性,依法不能作为定案的根据。当然,如果定罪证据只是在收集程序、方式上存在瑕疵,则可补证或合理解释,不必然予以排除。

2020年8月,"张某环杀童案"改判无罪,其中原审认定被害人张某荣将张某环手背抓伤出血,缺乏证据证明。本案没有证据证明张某荣的手指甲中存有张某环的血液、皮肉等生物样本。江西省进贤县公安局所作出的人体损伤检验证明显示,张某环手背伤痕手抓可形成,损伤时间约有3天至4天。该检验证明不具有排他性。除张某环的有罪供述外,没有证据证明张某环两手手背上的伤痕系张某荣手抓所致。

再如,2017年9月,"缪某华等人杀人案"改判无罪,其中杀人动机存疑。原判认定缪某华因对杨某未让其参与介绍女孩外出打工的生意不满,发生争执,进而杀人、分尸。经查,杨某和缪某华曾是恋人,后虽各自成家,但仍有来往,关系良好,且证人王某证实杨某邀请了缪某华参与该笔生意。从缪某华的供述来看,发生争执后,亦仅供称"心里有点气",而没有激情杀人的表现。原判认定缪某华杀人的原因有悖常理。此外,被害人死因存疑。

法医尸检鉴定报告及相关说明显示被害人没有机械性窒息死亡的征象，仅是排除被害人系锐器及毒物致死，据此推断被害人系生前颈部受外力作用致机械性窒息死亡，依据不足。被害人死亡时间存疑。法医尸检鉴定报告记载2003年4月19日发现尸块，经拼合属一具完整尸体，并提取了胃内容物。但卷内未见对胃内容物检测的材料，尸检鉴定报告亦未见死亡时间的分析材料，作出死亡时间的结论是发现尸块前10天至15天，该死亡时间的认定缺乏依据，且过于宽泛。

综合无罪判决书的裁判理由，无法排除合理怀疑的情况，也被视为事实不清、证据不足的情形，通常表述为以下几个方面：一是证据之间以及证据与案件事实之间存在矛盾，或者矛盾无法得到合理排除；二是根据全案证据无法得出唯一的结论，或者无法排除其他可能性；三是在被告人作出有罪供述的情况下，所供述的犯罪事实无法得到其他证据的印证；四是在案件没有直接证据的情况下，全案间接证据无法互相印证，难以形成完整的证明体系或证据链。

总之，当待证事实不能排除合理怀疑时，在案证据则不能达到证据确实、充分的证明标准，属于案件定性事实的，坚持疑罪从无原则，事实不清、证据不足的，认定指控事实不能成立；属于量刑事实的，根据疑点利益归于被告原则，作出有利于被告人的量刑。

第五节　意见证据排除规则的理解与运用

一、法律规定

《最高人民法院关于适用〈中华人民共和国刑事诉讼法〉的解释》第88条第2款规定："证人的猜测性、评论性、推断性的证言，不得作为证据使用，但根据一般生活经验判断符合事实的除外。"

可见，证人证言是证人对其亲身感知的案件事实，对过去发生的且亲身经历的事实回忆的呈现，不能将自己的猜测性、评论性、推断性意见作为证言的内容，意见证据不具有证据能力，不得作为证据使用。

二、规则理由

（一）侵犯了裁判者的事实认定权

证人如果对事实作出评判、推测，则侵犯了裁判者对事实的认定权利，因为事实认定归属于裁判者，在英美法系国家则归属于陪审团。

（二）意见证据不具有证明价值

证人证言本身具有主观性与易变性的特点，如果证人陈述的事实不需要亲自经历，就能够推出结论，那么这完全可以由裁判者来自行完成，没有必要让证人越俎代庖，多此一举。另外，证言的推测、猜测、推断都可能含有虚假性。因为每个人的感知、记忆、表达能力，还有其品行等因素均存在差异，使得证言可能产生主观与客观的混同，容易误导裁判者，所以说意见证据不具有证明价值。

三、内涵理解

（一）明确区分证人与"专家证人"

"专家证人"包括鉴定人、专家辅助人，鉴定人运用专门知识就案件中的专门性问题发表的分析、判断意见，属于鉴定意见的证据种类，经法定程序查证属实的，可以作为定案根据。专家辅助人是对鉴定意见进行审查、研究、分析，帮助审查鉴定意见的可靠性和科学性，其证言参照鉴定意见审查。故鉴定人、专家辅助人的证言不适合意见证据排除规则。

（二）证人体验的事实本身含有推测要素

对于"速记性"证言，在证人观察到的情况难以再现、难以清晰解释的情况下，其可以就其观察形成的印象和意见作证，常见有味觉、嗅觉、交通工具的速度、声音、证人的本能意图、他人的状态等情形，其在亲历体验的情况下感知，符合生活常理的，可以作为证据使用。

例如，证人看到张三满脸通红、满嘴酒气、走路蹒跚，推断张三醉酒了，该证言具有可信度。

四、实务运用

第一，准确识别。准确识别，指根据一般生活经验判断符合事实的意见证据。尽管该例外情形并未专门强调证人对相关事实的亲自感知，但是毫无疑问，如果证人并未亲自感知相关事实就提供了猜测性、评论性、推断性的证言，那么将缺乏事实基础；如果证人亲自感知案件事实并作出了合理的推断，那么该判断根据一般生活的经验与事实相符，这类意见证据则具有证明能力，有助于法庭查明案件事实。关于前文中"速记性"的问题，通过感知速记往往是一种意见，只要符合正常生活逻辑就可以。

例如，在"胡某某交通肇事案"中，有位证人是驾驶经验丰富的司机，其驾驶车辆与被告人车辆是同向行驶。该名证人当时的车速大概是60公里/小时，被告人驾车从后面高速超车，证人作证时表示听到被告人的车辆发动机声音很大，超车的速度很快，推测被告人的车速应该在80公里/小时以上。据此推测，其意见是建立在证人亲自感知的基础上的，根据一般的生活经验，它是符合事实规律的，所以说该证人的证言具有证明能力。当然，如果有相应的测速设备数据相互印证，认定被告人超速的证据则更加充分。

第二，检验核查。对意见证据排除规则的例外情形，必要时要进行核查、检验。在司法实践中，证人基于自身对案件的感知，结合自己的经验，作出猜测性、评论性、推测性的证言，如果是对案件的事实非常重要的，也无其他的证据印证，可以考虑通过侦查实验的方式来核实证人证言的可靠性。比如，上文提及司机证人对胡某某的车速提出推测性的证言，必要时可以通过侦查实验模拟案发场景，核实证人的推测是否准确。此外，对证人证言的核实，还可以听取专家的意见，通过专业的评估来审查证言是否真实可信。总之，通过两个方法——侦查实验和专家咨询——来核查证人根据一般生活经验判断符合事实的意见证言。

第三，规范询问笔录的制作。目前，询问笔录对证人证言的记载通常表现为一种平铺直叙肯定性的语言模式。即便证人陈述时采用推测性、评论性等语气，一些侦查人员也往往会直接将其表述为肯定的语气。在有些情况下，侦查人员很可能无意地将这些猜测性表述转为证人亲自感知确定的事实。法庭上仅仅依靠审查书面证言笔录，很难区分哪些是证人亲自感知的事实，哪些是推测性的、评论性的结论，所以有必要完善笔录的制作要求和方法。具体应将证人的猜测性、评论性、推断性语言完整地"原汁原味"记录，不得加工、组合、整理，以便有效地区分客观事实与证人意见。

第四，申请证人出庭。对于猜测性、评论性的意见证据影响到重要事实认定的，辩护人要申请相关证人出庭作证，接受法庭交叉询问。由于书面证言具有局限性，难以真正展现、还原证人当时作证的真实内心意思。通过法庭交叉询问，更能激发证人如实作证的良知与危机感，为证言的真实性增加一分保障，尽可能地减少意见证据中的非理性因素，更好地发现案件的真相。

第五，推行询问过程的同步录音录像制度。为减少控辩双方对证人出庭证言与庭前证言的争议，有效识别证人的意见证言，采取询问证人过程同步录音录像能客观地展现其猜测性、评论性、推断性的证言。从技术上来说，实行询问过程的全程同步录音录像是没有问题的。因为现在对犯罪嫌疑人、被告人的同步录音录像可以做到全覆盖。从司法实务来说，在办理职务犯罪和涉黑犯罪中，法律规定了对重要证人的谈话、询问等调查取证工作应当全程录音录像。因此，针对证人证言收集过程应尽量做到同步录音录像。

综上，意见证据能否作为证据使用，需要结合常情常理分析判断，所以说，法律人要做生活的有心人，生活经验越丰富，对意见证据的判断越准确。

第六节 间接证据定案的实务运用

一、间接证据的概述

依据证据对案件主要事实的证明关系，将证据划分为直接证据与间接证据。能够直接证明被告人是否实施犯罪行为的证据是直接证据，反之则为间接证据。一般说来，只能证明时间、地点、工具、手段、结果、动机等单一的事实要素和案件情节的证据是间接证据。

与直接证据相比，间接证据不能一步到位证明案件主要事实，需要对其进行分析推理或与其他证据相结合才能证明案件主要事实。然而，证据推理的各个环节都存在错误的风险，如单向论证、循环推论、并行论证、过度评价等风险，最终形成的结论也可能存在其他解释或推论。因此，对于间接证据定案，必须对待证事实进行严格证明，排除合理怀疑得出唯一结论。

二、间接证据定案条件

《最高人民法院关于适用〈中华人民共和国刑事诉讼法〉的解释》第140条规定了间接证据的定案条件。根据该条规定，没有直接证据，但间接证据同时符合下列条件的，可以认定被告人有罪。

第一，间接证据必须查证属实。对于单个证据的审查，需要把握证据的"三性"。真实性是指证据所表达的内容及证据本身是真实的，不是想象、臆测或者虚构伪造的。证据的真实性是采信证据的最关键因素。同时，间接证据的关联性是指通过辨认、鉴定等方式作出分析推论，确定其是否与最终的待证事实具有关联。合法性是指审查收集证据的方式、程序是否合乎法律规定。

第二，间接证据之间能够相互印证。因单个间接证据无法直接证实待证事实，证明力存在瑕疵，故在对间接证据查证属实的基础上，要进一步审查各个间接证据之间的内在联系，确定它们是否相互印证，是否存在无法排除的矛盾。间接证据之间的印证关系，是间接证据的逻辑纽带。能证明同一犯罪事实的间接证据是互相关联的，证据与证据之间具有高度的一致性，能够互相支持、互相印证。如果间接证据之间存在明显的矛盾，从逻辑上说其中必有证据为假，只有排除了矛盾或矛盾有了合理解释，间接证据才能作为定案依据。

第三，间接证据之间能够形成完整的证据体系。依靠间接证据定案，除了各项证据查证属实和相互印证，还要求证据之间形成完整的证明体系和证据链。例如，有关犯罪的时间、地点、手段、工具、后果、目的等都有相应证据证明。但需要说明的是，在利用间接证据认定案件事实中的某一单项内容时，有时不必形成高度完备的证据链，依靠能够相互印证的间接证据即可实现。例如，利用间接证据证实命案中的作案工具（如镐头）时，可依靠在案发现场扣押的镐头、在镐头上提取的被害人血迹 DNA 以及法医鉴定结论（证明被害人死因为钝性外力作用致颅内出血）等证据共同加以证实。

第四，间接证据证明的案件事实能够排除合理怀疑，结论具有唯一性。对各个间接证据形成的完整证明体系进行逻辑推理，得出的结论必须唯一，且足以排除合理怀疑。只有对所认定的事实排除合理怀疑，才能认为证据确实、充分，进而认定被告人有罪。仍以上述命案为例，若在镐头上提取到一枚指纹，经比对检验为犯罪嫌疑人甲所留，则仅依靠该指纹无法得出被害人系被甲杀害的唯一结论，无法排除合理怀疑，原因是指纹仅能证明甲曾接触过该镐头，但无法必然得出是甲用它实施了杀人行为的结论。有可能该镐头本属甲所有，而被行凶者窃走行凶；亦有可能是甲在其他情形下曾接触过行凶者的镐头；等等。

第五，运用间接证据进行的推理须符合逻辑和经验。单个间接证据经过查证属实仅仅是运用间接证据审查案件事实的前提，若据以定案，还需要裁判者运用逻辑和经验进行推理，从而将各个间接证据连接起来，得出符合一般逻辑经验并让人信服的结论。借助逻辑推理时，应当确保以证据的真实性为前提，正确运用逻辑规则。同时，经验法则也不可缺，应当尊重经验性的规律，充分考虑事物发展的概率性，但绝不能走向经验主义。

例如，在"陈某军故意伤害无罪案"中，本案的唯一直接证据是证人刘某的证言，但证明力很弱，不足采信。除此之外的证据均是间接证据，但这些间接证据无法形成完整的证据链，所得出的结论不具有唯一性、排他性。主要体现在：①第一作案现场不能确定。公诉机关指控的第一作案现场是北京常友物流有限公司门口附近，但在该现场没有提取到相关物证，被害人尸体的发现地点是该公司西侧B区（仓库）内西侧靠墙处，周围有擦蹭血迹、点状血迹、血泊、呕吐物、毛发、大面积擦蹭痕迹、足迹等证据，而灰色"夏新"手机是在院中央东向矮墙北侧地上的货物间发现的。此外，证人林某证实吴某全进院后向院内西边走去时，步态未见任何异常。故现有证据既不能证明吴某全是在公司门口附近被打伤头部，也不排除尸体发现地就是其被殴打致死的地点。②作案工具无法确认。经法医鉴定，吴某全符合被人用条形钝器（棍棒类）打击头部致颅脑损伤合并胃内容物阻塞呼吸道窒息死亡。同时，吴某全体质特异，颅骨厚度比正常人薄约一半。通过法医会同讨论，可以排除吴某全的伤情系高空坠落造成以及被现场发现的长约7厘米的木条打击造成，不排除被从陈某军处提取的2根镐把击打造成的可能性。但是，案发次日提取陈某军使用过的镐把后，在上面未检出相关血迹和指纹。③有一些疑点尚未得到合理解释。现场勘查发现，吴某全的足印在西数第二列纸箱顶部及下层纸箱上，但吴某全为何要去西边库房，为何要爬上叠放的纸箱子；吴某全的尸体在仓库内西侧靠墙处，为何其手机在院内矮墙处被发现；现场仓库有很多灰尘，为何除吴某全的足迹外，没有其他人的足迹。这些疑问都没有得到合理的解释和排除。

总之，利用间接证据定案需要谨慎，严格按照法定程序与条件适用，尤其是可能适用死刑的案件，如果结论不是唯一的，就要依照疑罪从无和有利于被告人的原则作出认定。

第七节　推定规则中主观明知的理解与运用

推定规则是证明案件事实的一种替代方式，下文将对推定规则中主观明知在刑事诉讼中的运用予以梳理。

一、推定的概念

推定是由法律规定并由司法人员作出的具有推断性质的事实认定。可见，推定规则具有法定性特征，适用推定的情形必须以法律或者司法解释的明确规定为基础。同时，推定规则具有推理性特征，司法人员从已知的基础事实出发，按照一定的逻辑规则或经验法则，推导出新的事实。

二、主观要件事实推定的常见情形

（一）明知型推定

（1）毒品类犯罪中"明知是毒品"的12种情形。根据《全国部分法院审理毒品犯罪案件工作座谈会纪要》等规定，行为人主观上否认"明知是毒品"，具有以下情形之一，且不能作出合理解释的，可以推定其"明知是毒品"：①执法人员在口岸、机场、车站、港口和其他检查站点检查时，要求行为人申报为他人携带的物品和其他疑似毒品物，并告知其法律责任，而行为人未如实申报，在其携带的物品中查获毒品的；②以伪报、藏匿、伪装等蒙蔽手段，逃避海关、边防等检查，在其携带、运输、邮寄的物品中查获毒品的；③执法人员检查时，有逃跑、丢弃携带物品或者逃避、抗拒检查等行为，在其携带或者丢弃的物品中查获毒品的；④体内或者贴身隐秘处藏匿毒品的；⑤为获取不同寻常的高额、不等值报酬为他人携带、运输物品，或参与制造毒物，从中查获毒品的；⑥采用高度隐蔽的方式携带、运输物品，从中查获毒品的；⑦采用高度隐蔽的方式交接物品，明显违背合法物品惯常交接方式，从中查获毒品的；⑧行程路线故意绕开检查站点，在其携带、运输的物品中查获毒品的；⑨以虚假身份或者地址办理托运手续，在其托运的物品中查获毒品的；⑩购置了制造毒品的设备、工具、制毒原料、配剂、生产工艺的；⑪在偏远、隐蔽场所或采用伪装方式制造物品，从中查获毒品的；⑫有其他足以认定行为人应当知道的。

例如,在"胡某某涉嫌运输毒品案"中,2018年2月至3月,李某闻分6次将冰毒共计410克贩卖给刘丽某,其中多次是李某闻联系滴滴司机胡某某,由胡某某开车将冰毒从A县运送至B县。胡某某辩解对包裹系毒品不明知,辩护人研究案情后认为,按照胡某某的知识水平、生活阅历、认知能力,结合接货过程、行车路线、包裹放置、交接方式、事后行为、运费情况等,最终得出不足以推定其主观明知是毒品的结论。最终,检察院以证据不足,决定不予起诉。

(2)盗窃、抢劫车辆案件中"明知是赃车"的4种情形。根据最高人民法院、最高人民检察院、公安部、原国家工商行政管理局发布的《关于依法查处盗窃、抢劫机动车案件的规定》,有下列情形之一的,可视为"明知是赃车":①在非法的机动车交易场所和销售单位购买的;②机动车证件手续不全或者明显违反规定的;③机动车发动机号或者车架号有更改痕迹,没有合法证明的;④以明显低于市场价格购买机动车的。

(3)假冒注册商标案件中"明知假冒"的4种情形。根据《最高人民法院、最高人民检察院关于办理侵犯知识产权刑事案件具体应用法律若干问题的解释》的规定,具有下列情形之一的,应当认定为属于《刑法》第214条规定的"明知":①知道自己销售的商品上的注册商标被涂改、调换或者覆盖的;②因销售假冒注册商标的商品受到过行政处罚或者承担过民事责任、又销售同一种假冒注册商标的商品的;③伪造、涂改商标注册人授权文件或者知道该文件被伪造、涂改的;④其他知道或者应当知道是假冒注册商标的商品的情形。

(二)非法占有为目的型推定

(1)合同诈骗罪中"非法占有目的"的5种情形。根据《刑法》第224条的规定,有下列情形之一的,可认定"非法占有为目":①以虚构的单位或者冒用他人名义签订合同的;②以伪造、变造、作废的票据或者其他虚假的产权证明作担保的;③没有实际履行能力,以先履行小额合同或者部分履行合同的方法,诱骗对方当事人继续签订和履行合同的;④收受对方当事人给付的货物、货款、预付款或者担保财产后逃匿的;⑤以其他方法骗取对方当事人财物的。

(2) 金融类诈骗罪中"非法占有目的"的 14 种情形。根据《全国法院审理金融犯罪案件工作座谈会纪要》《最高人民法院关于审理非法集资刑事案件具体应用法律若干问题的解释》《最高人民检察院关于办理涉互联网金融犯罪案件有关问题座谈会纪要》的规定，关于具有"非法占有目的"的判断标准有以下 14 种：①携带集资款逃跑的；②挥霍集资款，致使集资款无法返还的；③使用集资款进行违法犯罪活动，致使集资款无法返还的；④抽逃、转移资金、隐匿财产，逃避返还资金的；⑤大部分资金未用于生产经营活动，或名义上投入生产经营但又通过各种方式抽逃转移资金的；⑥资金使用成本过高，生产经营活动的盈利能力不具有支付全部本息的现实可能性的；⑦对资金使用的决策极度不负责任造成资金缺口较大的；⑧归还本息主要通过借新还旧来实现的；⑨集资后不用于生产经营活动或者用于生产经营活动与筹集资金规模明显不成比例，致使集资款不能返还的；⑩隐匿、销毁账目，或者搞假破产、假倒闭，逃避返还资金的；⑪拒不交代资金去向，逃避返还资金的；⑫具有其他欺诈行为，拒不返还集资款，或者致使集资款无法返还的；⑬明知没有归还能力而大量骗取资金的；⑭其他依照有关司法解释可以认定为非法占有目的的情形。

(3) 信用卡诈骗罪中"恶意透支"的 6 种情形。根据《最高人民法院、最高人民检察院关于办理妨害信用卡管理刑事案件具体应用法律若干问题的解释》的规定，具有以下情形之一的，应当认定为《刑法》第 196 条第 2 款规定的"以非法占有为目的"，但有证据证明持卡人确实不具有非法占有目的的除外：①明知没有还款能力而大量透支，无法归还的；②使用虚假资信证明申领信用卡后透支，无法归还的；③透支后通过逃匿、改变联系方式等手段，逃避银行催收的；④抽逃、转移资金，隐匿财产，逃避还款的；⑤使用透支的资金进行犯罪活动的；⑥其他非法占有资金，拒不归还的情形。

(三) 主观故意型的推定情形

针对行为人主观心态的认识因素以及意志因素的证明，通过分析特定环境下的各种行为细节，比如犯罪时间、地点、行为人与被害人的关系、犯罪工具、行为指向部位、强度、次数以及行为人作案前、中、后的各种表现等所有可能指向主观心态的要素，结合《刑法》具体罪名构成要件，可以对行为人的主观故意内容进行推定。

例如，在"肖某荣故意杀人案"中，区别故意杀人罪与故意伤害罪的关键，就在于两罪犯罪故意内容不同。故意杀人罪的故意内容是剥夺他人生命，希望或放任他人死亡结果的发生；而故意伤害罪的故意内容只是要损害他人身体，而不是剥夺他人的生命，即使伤害行为客观上造成被害人的死亡，行为人对这种死亡后果既不希望，也不放任，是出于过失。本案中，从被告人肖某荣的作案手段看，其用较锋利单刃折叠刀朝被害人吴某某胸、腹等部位连续捅刺时，应当明知其行为可能会导致他人死亡后果的发生，而其采取放任行为；从肖某荣捅刺吴某某行为发生的后果看，当吴某某被其捅刺倒地时，肖某荣迅速逃离现场，不尽救助义务，对吴某某的死亡结果采取放任态度。可见，肖某荣持较锋利单刃折叠刀连续捅刺吴某某致其死亡，主观上具有间接故意。

三、推定规定的辩护运用

（一）确定争议事实，控方适用"确信无疑"的证明标准

推定的基础事实越多越好，以提高内心确信，达到证据确实充分，确信无疑的证明标准，推理的过程合乎法律、逻辑、经验，最终得出推定事实。

例如，在"龚某某涉嫌合同诈骗案"中，控方举证证明了被告人签订虚假劳务派遣合同，未主动履行合同，合同款项用于个人消费，骗局被识破后失联，因此，从被告人的客观行为可推定其主观具有非法占有之目的。

（二）反驳基础事实和基础证据，辩方适用"优势证据"的证明标准

根据推定规定的要求，被推定一方有权提出反证或辩解，否定推定基础事实的成立，从而推翻推定的明知认定。辩护人可从以下几个方面进行反驳：指控的基础事实不清、证据不足；指控的基础事实数量不足；提出相反的基础事实与证据；推定不符合逻辑、经验；适用推定无法律依据；对指控的基础事实能进行合理解释等。

诚然，在适用推定规则时，要综合审查推定基础事实的证明力和推定逻辑的合理性，反驳推定的证明标准。本部分仅对主观方面的推定规定进行了梳理，客观方面的行为事实、犯罪数额、因果关系、非法持有型犯罪均有推定规定，在此不作赘述。

总之，推定规则在刑事诉讼中有增加趋势，对于解决司法证明的困难、

贯彻特定刑事政策以及提高认定事实的效率有着积极的法律意义。但其具有一定局限性和负面作用，需要继续完善刑事法律体系，着力解决特定案件司法证明难的问题。

【本章相关法律规定节选】

◆ 中华人民共和国刑事诉讼法

（2018年10月26日修正）

第五十一条【举证责任】公诉案件中被告人有罪的举证责任由人民检察院承担，自诉案件中被告人有罪的举证责任由自诉人承担。

第五十二条【证据裁判原则】审判人员、检察人员、侦查人员必须依照法定程序，收集能够证实犯罪嫌疑人、被告人有罪或者无罪、犯罪情节轻重的各种证据。严禁刑讯逼供和以威胁、引诱、欺骗以及其他非法方法收集证据，不得强迫任何人证实自己有罪。必须保证一切与案件有关或者了解案情的公民，有客观地充分地提供证据的条件，除特殊情况外，可以吸收他们协助调查。

第五十三条【法律文书忠于事实真象】公安机关提请批准逮捕书、人民检察院起诉书、人民法院判决书，必须忠实于事实真象。故意隐瞒事实真象的，应当追究责任。

第五十四条【提供证据义务】人民法院、人民检察院和公安机关有权向有关单位和个人收集、调取证据。有关单位和个人应当如实提供证据。

行政机关在行政执法和查办案件过程中收集的物证、书证、视听资料、电子数据等证据材料，在刑事诉讼中可以作为证据使用。

对涉及国家秘密、商业秘密、个人隐私的证据，应当保密。

凡是伪造证据、隐匿证据或者毁灭证据的，无论属于何方，必须受法律追究。

第五十五条【证据确实充分标准】对一切案件的判处都要重证据，重调查研究，不轻信口供。只有被告人供述，没有其他证据的，不能认定被告人有罪和处以刑罚；没有被告人供述，证据确实、充分的，可以认定被告人有罪和处以刑罚。

证据确实、充分，应当符合以下条件：

（一）定罪量刑的事实都有证据证明；

(二) 据以定案的证据均经法定程序查证属实;
(三) 综合全案证据,对所认定事实已排除合理怀疑。

◆ 最高人民法院关于适用《中华人民共和国刑事诉讼法》的解释

(2021年1月26日 法释〔2021〕1号)

第四章 证 据

第十节 证据的综合审查与运用

第一百三十九条【综合审查】 对证据的真实性,应当综合全案证据进行审查。

对证据的证明力,应当根据具体情况,从证据与案件事实的关联程度、证据之间的联系等方面进行审查判断。

第一百四十条【间接证据】 没有直接证据,但间接证据同时符合下列条件的,可以认定被告人有罪:

(一) 证据已经查证属实;
(二) 证据之间相互印证,不存在无法排除的矛盾和无法解释的疑问;
(三) 全案证据形成完整的证据链;
(四) 根据证据认定案件事实足以排除合理怀疑,结论具有唯一性;
(五) 运用证据进行的推理符合逻辑和经验。

第一百四十一条【口供补强】 根据被告人的供述、指认提取到了隐蔽性很强的物证、书证,且被告人的供述与其他证明犯罪事实发生的证据相互印证,并排除串供、逼供、诱供等可能性的,可以认定被告人有罪。

第一百四十二条【情况说明审查】 对监察机关、侦查机关出具的被告人到案经过、抓获经过等材料,应当审查是否有出具该说明材料的办案人员、办案机关的签名、盖章。

对到案经过、抓获经过或者确定被告人有重大嫌疑的根据有疑问的,应当通知人民检察院补充说明。

第一百四十三条【慎重采信】 下列证据应当慎重使用,有其他证据印证的,可以采信:

(一) 生理上、精神上有缺陷,对案件事实的认知和表达存在一定困难,但尚未丧失正确认知、表达能力的被害人、证人和被告人所作的陈述、证言和供述；

（二）与被告人有亲属关系或者其他密切关系的证人所作的有利于被告人的证言，或者与被告人有利害冲突的证人所作的不利于被告人的证言。

第一百四十四条【有利被告人证据的要求】 证明被告人自首、坦白、立功的证据材料，没有加盖接受被告人投案、坦白、检举揭发等的单位的印章，或者接受人员没有签名的，不得作为定案的根据。

对被告人及其辩护人提出有自首、坦白、立功的事实和理由，有关机关未予认定，或者有关机关提出被告人有自首、坦白、立功表现，但证据材料不全的，人民法院应当要求有关机关提供证明材料，或者要求有关人员作证，并结合其他证据作出认定。

第一百四十五条【前科证据要求】 证明被告人具有累犯、毒品再犯情节等的证据材料，应当包括前罪的裁判文书、释放证明等材料；材料不全的，应当通知人民检察院提供。

第一百四十六条【被告人年龄审查】 审查被告人实施被指控的犯罪时或者审判时是否达到相应法定责任年龄，应当根据户籍证明、出生证明文件、学籍卡、人口普查登记、无利害关系人的证言等证据综合判断。

证明被告人已满十二周岁、十四周岁、十六周岁、十八周岁或者不满七十五周岁的证据不足的，应当作出有利于被告人的认定。

◆ 人民检察院刑事诉讼规则

（2019年12月30日　高检发释字〔2019〕4号）

第五章　证　据

第六十一条【客观公正举证】 人民检察院认定案件事实，应当以证据为根据。

公诉案件中被告人有罪的举证责任由人民检察院承担。人民检察院在提起公诉指控犯罪时，应当提出确实、充分的证据，并运用证据加以证明。

人民检察院提起公诉，应当秉持客观公正立场，对被告人有罪、罪重、罪轻的证据都应当向人民法院提出。

第六十二条【综合审查证据】证据的审查认定,应当结合案件的具体情况,从证据与待证事实的关联程度、各证据之间的联系、是否依照法定程序收集等方面进行综合审查判断。

第六十三条【证据确实充分标准】人民检察院侦查终结或者提起公诉的案件,证据应当确实、充分。证据确实、充分,应当符合以下条件:

(一)定罪量刑的事实都有证据证明;

(二)据以定案的证据均经法定程序查证属实;

(三)综合全案证据,对所认定事实已排除合理怀疑。

第六十四条【行政机关收集的证据】行政机关在行政执法和查办案件过程中收集的物证、书证、视听资料、电子数据等证据材料,经人民检察院审查符合法定要求的,可以作为证据使用。

行政机关在行政执法和查办案件过程中收集的鉴定意见、勘验、检查笔录,经人民检察院审查符合法定要求的,可以作为证据使用。

第六十五条【证据范围】监察机关依照法律规定收集的物证、书证、证人证言、被调查人供述和辩解、视听资料、电子数据等证据材料,在刑事诉讼中可以作为证据使用。

◆ 人民法院办理刑事案件第一审普通程序法庭调查规程(试行)

(2017年11月27日 法发〔2017〕31号)

五、认证规则

第四十五条【综合判断】经过控辩双方质证的证据,法庭应当结合控辩双方质证意见,从证据与待证事实的关联程度、证据之间的印证联系、证据自身的真实性程度等方面,综合判断证据能否作为定案的根据。

证据与待证事实没有关联,或者证据自身存在无法解释的疑问,或者证据与待证事实以及其他证据存在无法排除的矛盾的,不得作为定案的根据。

第四十六条【关联性规则】通过勘验、检查、搜查等方式收集的物证、书证等证据,未通过辨认、鉴定等方式确定其与案件事实的关联的,不得作为定案的根据。

法庭对鉴定意见有疑问的,可以重新鉴定。

第四十七条【瑕疵补正】 收集证据的程序、方式不符合法律规定,严重影响证据真实性的,人民法院应当建议人民检察院予以补正或者作出合理解释;不能补正或者作出合理解释的,有关证据不得作为定案的根据。

第四十八条【证言审查】 证人没有出庭作证,其庭前证言真实性无法确认的,不得作为定案的根据。

证人当庭作出的证言与其庭前证言矛盾,证人能够作出合理解释,并与相关证据印证的,应当采信其庭审证言;不能作出合理解释,而其庭前证言与相关证据印证的,可以采信其庭前证言。

第四十九条【鉴定意见审查】 经人民法院通知,鉴定人拒不出庭作证的,鉴定意见不得作为定案的根据。

有专门知识的人当庭对鉴定意见提出质疑,鉴定人能够作出合理解释,并与相关证据印证的,应当采信鉴定意见;不能作出合理解释,无法确认鉴定意见可靠性的,有关鉴定意见不能作为定案的根据。

第五十条【口供认证】 被告人的当庭供述与庭前供述、自书材料存在矛盾,被告人能够作出合理解释,并与相关证据印证的,应当采信其当庭供述;不能作出合理解释,而其庭前供述、自书材料与相关证据印证的,可以采信其庭前供述、自书材料。

法庭应当结合讯问录音录像对讯问笔录进行全面审查。讯问笔录记载的内容与讯问录音录像存在实质性差异的,以讯问录音录像为准。

第五十一条【裁判说理】 对于控辩双方提出的事实证据争议,法庭应当当庭进行审查,经审查后作出处理的,应当当庭说明理由,并在裁判文书中写明;需要庭后评议作出处理的,应当在裁判文书中说明理由。

第五十二条【证明标准】 法庭认定被告人有罪,必须达到犯罪事实清楚,证据确实、充分,对于定罪事实应当综合全案证据排除合理怀疑。定罪证据不足的案件,不能认定被告人有罪,应当作出证据不足、指控的犯罪不能成立的无罪判决。定罪证据确实、充分,量刑证据存疑的,应当作出有利于被告人的认定。

◆ 最高人民法院关于全面推进以审判为中心的刑事诉讼制度改革的实施意见

（2017年2月17日　法发〔2017〕5号）

一、坚持严格司法原则，树立依法裁判理念

1. 坚持证据裁判原则，认定案件事实，必须以证据为根据。重证据，重调查研究，不轻信口供，没有证据不得认定案件事实。

2. 坚持非法证据排除原则，不得强迫任何人证实自己有罪。经审查认定的非法证据，应当依法予以排除，不得作为定案的根据。

3. 坚持疑罪从无原则，认定被告人有罪，必须达到犯罪事实清楚，证据确实、充分的证明标准。不得因舆论炒作、上访闹访等压力作出违反法律的裁判。

4. 坚持程序公正原则，通过法庭审判的程序公正实现案件裁判的实体公正。发挥庭审在查明事实、认定证据、保护诉权、公正裁判中的决定性作用，确保诉讼证据出示在法庭、案件事实查明在法庭、诉辩意见发表在法庭、裁判结果形成在法庭。

30.【排他性】人民法院作出有罪判决，对于定罪事实应当综合全案证据排除合理怀疑。

定罪证据不足的案件，不能认定被告人有罪，应当作出证据不足、指控的犯罪不能成立的无罪判决。定罪证据确实、充分，量刑证据存疑的，应当作出有利于被告人的认定。

◆ 江苏省检察机关刑事案件证据审查指引（试行）

（2017年8月25日　苏检发诉一字〔2017〕3号）

为贯彻落实最高人民法院、最高人民检察院、公安部、国家安全部、司法部《关于推进以审判为中心的刑事诉讼制度改革的意见》，充分发挥检察机关在诉前主导、审前过滤、庭审指控、人权保障等方面的重要作用，有效开展刑事案件审查工作，保证办案质量，结合我省检察工作实际，制定本指引。

第一章 基本原则

第一条 【审查原则】 审查刑事案件应当坚持以下基本原则：

（一）疑罪从无原则。办理刑事案件，必须达到犯罪事实清楚，证据确实、充分的标准；坚决摒弃"疑罪从轻"、"疑罪从挂"的错误观念。

（二）客观公正原则。秉持客观立场，坚持独立审查，准确认定案件事实，平等适用法律，依法行使检察权，保障刑事法律统一、公正实施。

（三）证据裁判原则。严格依法收集、固定、审查、运用证据，依法排除非法证据。认定犯罪必须要有确实、充分的证据，没有证据不得认定犯罪事实。

第二章 证据审查规则和方法

第一节 证据审查规则

第二条 【防范错案】 审查证据应当严格、细致，防止案件"带病逮捕"、"带病起诉"，防范冤假错案，确保案件质量。

第三条 【审查顺序】 审查证据，一般应当优先审查物证、书证、现场勘验检查笔录等客观性证据，后审查犯罪嫌疑人供述和辩解、被害人陈述、证人证言等主观性证据；应当从审查在卷证据扩大到全面审查在案证据，并从书面审查向亲历性审查转变。

第四条 【证据"二力"】 审查在案证据，应当首先审查证据是否具有证据能力。证据必须同时具备证据能力和证明力，才能成为定案的根据。

第五条 【三步法则】 审查证据，可以采用分解验证、双向对比、综合分析的三步法则：

（一）从证据的来源、过程、结果等三个要素分解验证单个证据的合法性，排除非法证据，补正、合理解释瑕疵证据，确保用于指控犯罪的每一份证据均具有证据能力。

（二）对不同时间形成的言词证据应纵向对比其证明内容，对不同种类证据应横向对比其证明内容，以审查证据是否真实可靠、证据之间是否能够相互印证，证据与案件事实是否具有关联性，确保指控犯罪的证据具有证明力。

（三）综合全案证据，既从控方角度分析有利于指控犯罪的证据，又从辩方角度分析不利于指控犯罪的证据，权衡双方证据的质和量，对照证明标准判断能否认定案件事实。

分解验证、双向对比、综合分析证据的过程应当在案件审查报告的证据摘录、证据分析、审查意见等内容中体现。

第二节 常见证据合法性审查

第六条【合法性的三要素】 对证据合法性的审查可以围绕证据的来源、过程、结果三个要素进行全面逐项审查。

第七条【物证书证三要素】 物证、书证的来源应当重点审查有无调取证据通知书、扣押清单、勘验检查笔录、搜查笔录等。

物证、书证的提取过程应当重点审查收集程序是否符合法律、司法解释的规定；在收集、保管过程中证据材料有无污染、受损、改变等情形。

物证、书证的结果应当重点审查物证的照片、录像、复制品或者书证的副本、复制件是否与原物、原件相符；是否由二人以上制作，复制件有无注明与原件核对无异；有无复制时间，有无被收集、调取人签名、盖章；有无制作人关于制作过程以及原物、原件存放于何处的文字说明等。

第八条【笔录类证据三要素】 现场勘验、检查等笔录的来源应当重点审查勘验检查人员、见证人的身份和人数、证明文件、审批手续等证据材料。

现场勘验、检查笔录的过程应当重点审查现场、物品、痕迹等是否伪造、有无破坏；人身特征、伤害情况、生理状态有无伪装或者变化等。补充进行勘验、检查的，是否说明了再次勘验、检查的原由，前后勘验、检查的情况是否矛盾。

现场勘验、检查笔录的结果应当重点审查记录内容是否齐全，与提取的证据是否吻合、该提取的证据有无遗漏、已经提取的证据有无记录，勘验、检查人员和见证人是否签名或者盖章。

第九条【辨认笔录三要素】 辨认笔录的来源应当重点审查是否在侦查人员主持下进行、有无见证人以及见证人身份是否符合规定等。

辨认笔录的过程应当重点审查在辨认前是否向辨认人详细询问被辨认对象的具体特征，并告知辨认人有意作假辨认应负的法律责任，辨认前有无使辨认人见到辨认对象，辨认时是否暗示辨认人，多人辨认有无个别进行，多个被辨认对象是否单个逐一被辨认，被辨认对象有无与特征类似的其他对象混杂，其他对象数量是否符合要求、是否存在明显特征差异等。

辨认笔录的结果应当重点审查辨认笔录及附件记载是否真实、规范，辨认笔录的制作是否符合有关规定，时间记载是否准确，签名是否缺漏等。

第十条【侦查实验三要素】 侦查实验笔录的来源应当重点审查实验是否由侦查人员或者其聘请的专业人员进行，有无经公安机关负责人批准等。

侦查实验笔录的过程应当重点审查侦查实验条件与案件发生时的条件是否具有实质上的相似性，实验过程是否科学可靠，是否有足以造成危险、侮辱人格或者有伤风化的行为等。

侦查实验的结果应当重点审查侦查实验笔录记录是否完整、规范，参加实验的人有无签名或者盖章。对侦查实验过程进行录音或者录像的，应对录音录像的完整性、内容的真实性进行审查。

第十一条【电子数据及视听资料三要素】 电子数据及视听资料的来源应当重点审查收集、提取人是否为两名以上侦查人员，是否附有调取通知书、提取笔录、检查笔录等证明其来源的材料；有无扣押、封存电子数据原始存储介质；有无见证人以及见证人是否符合条件等。

电子数据、视听资料的提取过程应当重点审查提取时是否损坏、改变，有无进行完整性校验；对收集、提取、检查电子数据的相关活动有无录像；电子数据检查时有无对存储介质进行读写保护、有无制作数据备份等。

电子数据的结果应当重点审查电子数据提取笔录内容是否完整；有无侦查人员、电子数据持有人（提供人）签名或者盖章；电子数据检查笔录有无注明检查方法、过程和结果，是否有相关人员签名或者盖章等。

第十二条【鉴定意见三要素】 鉴定意见的来源应当重点审查鉴定机构及鉴定人是否具有相应资质；提取经过记录能否准确反映检材来源；检材与相关提取笔录、扣押物品清单等记载的内容是否相符；检材保管、送检手续是否符合有关规定等。

鉴定意见的过程应当重点审查鉴定程序是否符合相关专业的规范要求，鉴定方法是否符合相关技术标准，鉴定结论的依据是否充分。

鉴定意见的结果应当重点审查鉴定意见书是否及时告知相关人员，鉴定意见书的格式是否符合规范要求，鉴定人签名、鉴定机构盖章是否规范等。

第十三条【言词证据三要素】 言词证据的来源应当重点审查讯问、询问人的身份、资格、人数、有无应当回避的情形；证人、被害人的年龄、精神状态是否影响对事实的认识和描述；提讯提解证记录信息与笔录是否相符等。

言词证据的收集过程应当重点审查讯问、询问过程中有无刑讯逼供、暴力、威胁、引诱、欺骗等行为；讯问、询问的时间、地点等是否符合法律、司法解释的规定；有无告知并保障被讯问、询问人的相关权利等。

言词证据的结果应当审查讯问、询问笔录是否经过被讯问、被询问人核对确认并签字、捺印；笔录的制作、修改是否符合法律、司法解释的有关规定；修改的地方是否经被讯问、被询问人捺印确认；记录的时间、地点、人员等要素填写是否齐全、规范；讯问、询问人员有无签字；是否存在严重的复制粘贴现象等。讯问、询问有同步录音录像的，须审查笔录内容与录音、录像内容是否一致。

第三节　侦查阶段讯问合法性审查

第十四条【侦查终结审查】 下列案件，在侦查终结前，由人民检察院驻看守所检察官对讯问合法性进行核查，并同步录音录像。重点核查是否存在刑讯逼供、非法取证情形。

（一）可能判处无期徒刑或者死刑的案件；

（二）公安机关侦查的致人重伤、死亡的严重危害公共安全犯罪、严重侵犯公民人身权利犯罪案件，黑社会性质组织犯罪案件，严重毒品犯罪案件以及其他可能判处十年以上有期徒刑的故意犯罪案件；

（三）国家安全机关侦查的重大危害国家安全案件；

（四）检察机关侦查的重大职务犯罪案件；

（五）犯罪嫌疑人及其家属、辩护人反映存在刑讯逼供、非法取证情形，提出控告、申诉的案件；

（六）侦查监督、公诉部门书面建议对侦查机关（部门）讯问合法性进行核查的案件；

（七）在入所体检、日常检察中发现犯罪嫌疑人有可疑外伤，可能存在刑讯逼供、非法取证情形的案件；

（八）其他需要对讯问合法性进行核查的案件。

第十五条【核查结论】 核查发现存在刑讯逼供、非法取证情形或不能排除该情形存在可能的，经检察长同意后，人民检察院驻看守所检察官应当向侦查机关（部门）发出检察建议，建议及时排除非法证据，不得作为提请批准逮捕、移送审查起诉的根据，并要求侦查机关（部门）在十五日内及时回复处理结果；同时将检察建议抄送办案检察院的侦查监督和公诉部门。

核查发现不存在刑讯逼供、非法取证情形的，人民检察院驻看守所检察官应当在讯问合法性核查报告中写明核查结论。

第十六条【核查报告效力】符合本指引第十四条所列情形案件的犯罪嫌疑人在审查逮捕、审查起诉阶段提出被非法取证辩解的，办案检察官可以书面函询人民检察院驻看守所检察室，检察室应当及时提供讯问合法性核查报告。核查报告确认讯问合法，办案检察官综合全案证据对证据收集的合法性没有疑问，且没有新的线索或者材料表明可能存在非法取证的，可以决定不再进行非法证据调查。

第十七条【审查同录】审查逮捕、审查起诉阶段发现犯罪嫌疑人的供述和辩解，具有下列情形之一的，应当审查侦查阶段讯问同步录音录像：

（一）犯罪嫌疑人、辩护人提出讯问过程存在刑讯逼供等非法取证行为以及笔录内容记录不实的；

（二）犯罪嫌疑人不认罪、辩护人作无罪辩护的；

（三）犯罪嫌疑人供述不稳、时供时翻的；

（四）犯罪嫌疑人供述与其他证据存在重大矛盾的；

（五）其他需要审查讯问同步录音录像的。

讯问笔录记载与同步录音录像内容存在实质性差异的，犯罪嫌疑人供述以同步录音录像为准。

第三章 非法证据排除

第十八条【排除情形】采用暴力、威胁以及非法限制人身自由等非法方法收集的犯罪嫌疑人、被告人供述，证人证言、被害人陈述，应当予以排除。应当排除的非法证据和不能合理补正、解释的瑕疵证据不得作为定案根据。

第十九条【问题入档】审查案件过程中发现证据的来源、过程、结果任何一方面要素存在违反法律、法规或司法解释规定的，检察官应当在《审查逮捕意见书》或《公诉案件审查报告》中予以注明，分析是非法证据还是瑕疵证据，并明确提出处理意见，必要时应启动非法证据调查核实程序。

第二十条【排除的程度】判断证据是否达到需要排除的程度，应将是否严重违反刑事诉讼法及司法解释的相关规定作为法律标准；将是否严重损害当事人及其近亲属合法权益、是否违背当事人意愿，以及是否可能严重影响司法公正作为实质标准。

第二十一条【排除例外】 审查逮捕和审查起诉期间，犯罪嫌疑人提出在侦查阶段被非法取证，检察官讯问时已告知诉讼权利和认罪的法律后果，犯罪嫌疑人仍然自愿供述的，其供述可以作为证据使用。

第四章 逮捕、起诉案件审查

第一节 一般规定

第二十二条【介入侦查】 案件进入审查逮捕、审查起诉阶段前，检察官可根据需要，依法、适时、适度介入侦查，介入侦查应独立履职，加强对侦查活动的监督，规范和引导侦查取证，研究法律适用问题。

第二十三条【管辖权与追诉时效】 审查刑事案件，应首先审查办案机关对案件是否有管辖权，以及犯罪嫌疑人的行为是否超过刑事追诉时效。

第二十四条【交叉阅卷】 对少数重大、疑难、复杂案件，检察长、部门负责人可以指定两名以上检察官交叉阅卷办案，独立审查。

第二十五条【听取辩护意见】 对犯罪嫌疑人作无罪辩解和辩护人拟作无罪辩护的案件，检察官一般应当面听取辩护人意见或由辩护人提供书面意见。当面听取意见的，应当制作笔录，由辩护人核对后签名。

听取的意见应当在案件审查报告中详细记载。向检察官联席会议、本院领导或上级院汇报案件时，应如实汇报听取意见以及调查核实的情况。

第二节 讯问犯罪嫌疑人

第二十六条【讯问要求】 讯问犯罪嫌疑人应当全面核实犯罪事实，注重听取犯罪嫌疑人无罪、罪轻以及是否受到刑讯逼供等非法取证的辩解。

对讯问过程中出现翻供或者在侦查阶段曾经翻供的，应注重讯问动机、目的、手段、工具以及与犯罪有关的时间、地点、人、事、物等细节，并应当详细讯问翻供的原因和理由。上述讯问内容应当全面记录并及时进行调查核实。

讯问用语应当严谨、规范，问题设置讲究策略，讯问思路清晰，善于运用经验法则和语言技巧。

第二十七条【可以同录】 审查逮捕和审查起诉阶段讯问下列案件的犯罪嫌疑人，可以对讯问全过程进行同步录音录像：

（一）重大案件；

（二）职务犯罪案件；

（三）犯罪嫌疑人可能改变以往供述的案件；

（四）其他需要同步录音录像的案件。

第二十八条【身份查明】 审查逮捕、审查起诉阶段讯问犯罪嫌疑人时，检察官应首先讯问其身份信息，防止出现冒名顶替。

讯问可能是未成年人的犯罪嫌疑人，可以从生日、属相、生活经历、家庭成员等多角度对其真实年龄进行核实。

第二十九条【主观故意讯问技巧】 对犯罪嫌疑人主观故意的讯问，应注重通过细节性问题的设置来发现能印证其主观认知的证据线索，进而固定犯罪主观方面的供述。

第三十条【笔录记录规范】 讯问笔录应反映供述的原始性和真实性，不得人为加工；对政策教育性质的讯问内容应如实记录起止时间；对犯罪嫌疑人较长时间的沉默、哭泣等现场表现均应在讯问笔录中记明。犯罪嫌疑人全程沉默的，也应客观记录并入卷。

多次讯问使用电脑记录的，不得复制粘贴以前笔录内容。

第三节　主要证据复核

第三十一条【当面核证情形】 办理下列案件，应对相关人员当面核证：

（一）犯罪嫌疑人不认罪的零口供、翻供案件；

（二）证人改变证言、被害人改变陈述的案件；

（三）证据之间存在重大矛盾的案件；

（四）其他需要核证的案件。

第三十二条【身份复核】 存在下列情形，应当复核犯罪嫌疑人真实身份：

（一）犯罪嫌疑人户籍信息与其供述不一致的；

（二）犯罪嫌疑人户籍信息未附本人照片或照片与本人面貌有不合理差异的；

（三）犯罪嫌疑人口音与其生活地区语言习惯不一致的；

（四）犯罪嫌疑人有同胞兄弟、姐妹，存在冒名顶替可能的；

（五）犯罪嫌疑人曾使用多个近似姓名，户籍登记可能有误的；

（六）案发现场遗留物证、痕迹、生物样本与犯罪嫌疑人无法建立直接关联的；

（七）犯罪嫌疑人供述的案件细节与查证的事实存在不合理差异的；

（八）其他引发合理怀疑，需要复核的。

复核证据可以通过调取原始户籍资料、实地走访经常居住地、进行亲缘关系鉴定、指纹比对等方式进行。

第三十三条【复核年龄】 存在下列情形，可能影响案件事实认定或定罪量刑的，应当复核犯罪嫌疑人的真实年龄：

（一）常住人口登记表、出生证明、户籍底册、入学证明、学籍档案等证明嫌疑人年龄的证据存在矛盾的；

（二）犯罪嫌疑人辩解有虚报年龄、更改户籍档案等情形的；

（三）其他需要复核的情形。

复核证据可以通过调取出生证明、入学记录等相关书证、询问犯罪嫌疑人近亲属、接生员等相关证人或者进行骨龄鉴定等方式进行。

第三十四条【核实现场】 存在下列情形的，应当复核案件相关现场：

（一）现场勘查笔录记录不全、前后不一致或者与在案证据存在矛盾的；

（二）基于案发现场的特征，犯罪嫌疑人、被害人、证人的行为明显不符合常理的；

（三）对侦查机关现场提取物品、痕迹等具体方位或者特征存在疑问的；

（四）多次勘查现场，存在物品位置变动、前后勘查情况存在矛盾等无法合理解释情形的；

（五）其他需要复核现场，增强检察官内心确信的。

复核现场，可以采取实地查看、询问侦查人员、现场勘验人员、见证人和其他相关人员等方式进行。

第三十五条【复核鉴定意见】 存在下列情形的，应当复核鉴定意见：

（一）检材的来源、取得、保管、送检等程序存在疑问的；

（二）鉴定意见未写明鉴定依据和论证过程的；

（三）鉴定意见与在案证据存在矛盾无法合理解释的；

（四）鉴定意见的结论不明确，或者结论明显违背常理的；

（五）鉴定事项是否超出鉴定资质范围存有疑问的；

（六）其他需要复核鉴定意见的。

复核鉴定意见，可以采取询问鉴定人、具有专门知识的人、侦查人员、调取鉴定依据或者其他同类鉴定意见等方式进行。

第三十六条【复核到案材料】 存在下列情形的，应当复核到案经过、抓获经过等材料：

（一）缺乏与主要侦查活动开展相关的具体时间、地点、方式、参与人等信息的；

（二）与犯罪嫌疑人供述、证人证言等证据存在矛盾的；

（三）对自首、立功等情节认定有影响的。

复核到案经过、抓获经过等材料，应当通过讯问犯罪嫌疑人、询问证人和侦查人员以及调取相关客观性证据等方式进行。

第三十七条【隐蔽证据复核】 侦查机关对犯罪嫌疑人指认、辨认隐蔽性证据的过程未全程录像的，或者检察官审查认为该指认、辨认的合法性、真实性存疑的，应当进行复核。

第三十八条【证言复核】 对被害人、证人等相关人员，应重点核查其陈述、证言的真实性、前后陈述不一致的原因、不符合常理的内容以及与其他在案证据的矛盾之处。

第五章 审查决定

第一节 审查逮捕

第三十九条【主客观一致】 判断是否"有证据证明有犯罪事实"，在客观方面，应注重审查能证明犯罪构成事实的证据是否齐备，能动摇犯罪构成认定的疑点是否排除；在主观方面，应注重审查能否形成犯罪事实确系犯罪嫌疑人所为的内心确信。

第四十条【言词证据排除】 对于有证据证明有犯罪事实、可能判处徒刑以上刑罚、具有社会危险性，且有羁押必要的犯罪嫌疑人，应当作出逮捕的决定。

审查逮捕期限届满前，发现或不能排除侦查机关（部门）存在非法获取言词证据嫌疑，该言词证据不能作为逮捕的依据，应根据其他在案证据认定案件事实和决定是否逮捕。

第二节 退回补充侦查

第四十一条【退侦情形】 案件存在以下情形的，可以提出具体的书面意见，连同案卷材料一并退回侦查机关（部门）补充侦查：

（一）主要犯罪事实不清、证据不足、证据之间存在矛盾，不能排除其他可能性的；

（二）遗漏重要犯罪事实或遗漏应当追究刑事责任的同案犯罪嫌疑人的；

（三）量刑情节缺乏相关证据材料证明的；

（四）其他有必要退回补充侦查的。

第四十二条【不退情形】 案件存在以下情形的，一般不宜退回侦查机关（部门）补充侦查：

（一）属于单一罪行的案件，查清的事实足以定罪量刑或者与定罪量刑的有关事实已经查清，不影响定罪量刑的事实无法查清的；

（二）无法查清作案工具、赃款去向，但有其他证据足以对被告人定罪量刑的；

（三）证人证言、犯罪嫌疑人供述和辩解、被害人陈述的内容中主要情节一致，只有个别情节不一致且不影响定罪量刑的；

（四）经审查表明证据已经毁损或灭失的；

（五）经检察官联席会议讨论，认为补充侦查无法实现侦查目的的。

第四十三条【禁退情形】 在案证据已经达到起诉标准，不得仅因办案期限即将届满等与案件质量无关的原因退回补充侦查。

第四十四条【补侦提纲】 决定将案件退回补充侦查，应制作具体、明确的补充侦查提纲。补充侦查提纲应当包含以下要素：

（一）案件事实和证据存在的缺陷，需要补充的具体证据；

（二）补充证据的要求及所要达到的证明目的；

（三）补充证据的途径、方式；

（四）其他需要注意的事项。

补充侦查提纲不得使用类似"请补充主观故意的证据"、"请补充客观行为的证据"、"请补充手段的证据"等模糊性表述。

第四十五条【补侦监督】 案件退回补充侦查后，应继续跟踪案件补充侦查进度，加强对退回补充侦查活动的监督，对侦查人员怠于履行补充侦查职责以及补充侦查超过法定期限等情况，应依法提出纠正意见。

侦查机关（部门）补充侦查完毕重新移送案件时，应当审查《补充侦查报告书》是否详细写明补查经过、结果，对于无法查明的事项，是否说明无法补查的原因和理由。侦查机关（部门）出具的《补充侦查报告书》不符合补充侦查提纲要求的，可以通过提出纠正意见、要求更换侦查人员或向上级机关反映等方式，督促侦查机关继续履职。

第三节 自行侦查

第四十六条【自侦情形】 对以下情形，可以自行侦查，必要时可以要求侦查机关（部门）予以协助：

（一）案件主要事实已经查清，主要证据确实、充分，仅需查明个别事实或情节，或者需要补充个别证据材料的；

（二）需要补充侦查的事项简单，补查的证据较为容易收集的；

（三）言词证据不稳定，自行侦查更为适宜的；

（四）侦查人员存在未依法回避或贪污受贿、徇私舞弊等严重违法情形，自行侦查更为适宜的；

（五）证据存在毁损、灭失可能，需要及时固定证据，立即开展自行侦查的；

（六）案件退回侦查机关补充侦查，补查效果不佳且侦查机关未合理说明理由的；

（七）其他需要自行侦查的。

自行侦查，必要时可以要求侦查机关予以协助，但协助事项一般限于侦查技术手段支持和异地证据的调取。

第四十七条【严格法定程序】 决定自行侦查的，应当严格依照法律和司法解释的规定，在法定办案期限内完成自行侦查工作。

第四十八条【非法取证处理】 发现可能存在刑事诉讼法第五十四条规定的以非法方法收集证据情形的，可以要求侦查机关对证据收集的合法性作出书面说明或者提供相关证明材料。

违法取证情节严重的，可以要求侦查机关另行指派侦查人员重新调查取证，必要时也可以自行侦查。

第四节 提起公诉和不起诉

第四十九条【审慎起诉】 检察官应根据案件事实、证据和相关法律，在内心确信的前提下，在职权范围内对案件是否起诉依法作出决定，并充分预测案件在后续环节可能引发的矛盾和争议，审慎行使起诉权。

第五十条【存疑有利被告】 案件事实存有争议，经退回补充侦查或自行侦查争议仍未解决的，应作有利于犯罪嫌疑人的认定。

法律适用存有争议，应在不违背罪刑法定原则的前提下，合理解释刑法条文，准确适用法律。

第五十一条【定罪量刑原则】 起诉案件应当坚持主客观相一致，既要考虑犯罪嫌疑人的行为在客观上是否发生了严重危害社会的后果，也要考察行为人在主观上对自己行为可能造成后果的认知程度。

提出量刑建议，应当充分考虑犯罪行为的实际危害结果、行为人的"罪过"程度以及责任分担等因素，做到罪责刑相适应。

第五十二条【不诉情形】 犯罪嫌疑人没有犯罪事实，或者具有《刑事诉讼法》第十五条规定的情形之一的，应依法作"绝对不起诉"决定。

犯罪事实不清，证据不足的，应坚决依法作"存疑不起诉"决定，不得"带病起诉"。

犯罪事实清楚，证据确实、充分，但犯罪情节轻微，依照刑法规定不需要判处刑罚或者免除刑罚的，应依法作"相对不起诉"决定。

案件事实、证据已经达到起诉标准的，不得因犯罪嫌疑人的身份、地位等案外因素作不起诉决定。

第五十三条【不诉说理】 不起诉决定书应注重说理。说理应当明确事实，阐明法理，讲明情理，针对争议焦点重点说明，语言规范，文字精练，繁简得当，明确易懂。

对于存在较大争议或社会影响较大、媒体、舆论普遍关注的案件拟作不起诉决定的，可以进行公开审查。

第六章 出席一审法庭

第一节 庭前会议

第五十四条【建议启动庭前会议】 对案件管辖、回避、证人出庭、非法证据排除等程序性问题争议较大的案件，检察官应当建议法院启动庭前会议程序。

第五十五条【庭前会议预案】 参加庭前会议应当制作庭前会议预案，明确诉辩焦点；对证据材料较多的案件，还应当制作庭前证据展示预案。

第五十六条【充分听取辩方意见】 庭前会议期间，检察官应充分听取辩方意见，了解辩方有无新证据提供，有无对程序性问题、申请出证人出庭、非法证据排除等提出意见，并由书记员全面、规范记录。

第五十七条 被告人及其辩护人在庭前会议中申请排除非法证据的，检察官应当通过出示有关证据材料等方式，有针对性地对证据收集的合法性作出说明。

人民检察院在法院开庭审理前可以决定撤回有关证据，撤回的证据，没有新的理由，不得在庭审中出示。

第五十八条【会后完善】 庭前会议结束后，应围绕辩诉争议焦点积极作好证据补强、程序完善、修改出庭预案等工作。

第二节 庭前准备

第五十九条【开庭准备】 开庭前，出庭检察官应当熟悉案情，熟悉全案事实和证据体系，特别关注可能存在的管辖、回避、非法证据等争议焦点，熟悉可能涉及到的法律、法规、司法解释、法学理论，对于庭审中可能涉及到的其他领域的专业知识，通过查阅资料、咨询专业人士等方法，做好充分准备。

第六十条【出庭预案】 除适用速裁程序案件和适用简易程序可能判处三年以下有期徒刑的案件外，检察官出庭应当制作出庭预案。普通程序案件的出庭预案应当包含讯问提纲（询问提纲）、举证及质证提纲、答辩提纲和公诉意见书。

第六十一条【证人出庭】 普通程序案件，根据案件情况，检察官可以主动申请证人、被害人、鉴定人、侦查人员出庭作证。

对拟申请出庭的证人、被害人、鉴定人等，应了解其有无因作证而面临的人身、财产危险，并建议法院依法采取相应保护措施。

拟申请证人、被害人、鉴定人、有专门知识的人、侦查人员出庭作证的，应在庭前与其接触，充分沟通，介绍庭审程序、法庭纪律和有关法律知识，并制作精细化的询问提纲，进行适当的出庭辅导，但不得干扰出庭人员如实作证。

第六十二条【模拟法庭】对于重大、疑难、复杂案件，可由检察人员通过模拟庭审对抗等方式预测诉辩争议焦点，有针对性的做好出庭准备工作。

第三节　支持公诉

第六十三条【回应程序性辩护】对辩护人的程序性辩护观点，检察官应当全面、合理、合法地予以回应。

对应由审判人员裁断的程序性问题，合议庭未及时裁断的，检察官可经法庭许可后提示裁断处理的法律依据。

对程序性辩护观点的答辩应引用法律、司法解释的具体条款，避免出现"根据我国刑诉法规定"、"根据有关司法解释"等笼统表述。

第六十四条【发问方法】庭审讯问、询问应采用一问一答方式。发问问题应层次分明并紧扣讯问、询问的目的，发问语言应当简短、明确、具体，不能过于宏观或者缺乏针对性。

讯问、询问应合理运用追问、解释性反问等方式。讯问、询问完毕后可对回答的内容进行简要归纳说明。

第六十五条【反对提出】交叉讯问、询问时，检察官对于辩方诱导性发问、侮辱或威胁性发问、获取意见性证言的发问等不当发问应当及时、适度提出异议。

对辩方发问内容与案情或证据收集的合法性无关的，检察官应及时建议法庭制止。

第六十六条【示证方法】检察官应当紧紧围绕诉讼主张，合理分组出示证据，每组证据出示完毕后，应对证明内容进行必要的归纳小结。对控辩双方没有异议的证据，可以简化出示。

检察官可以采用多媒体等技术手段辅助出示证据，对案情重大、社会影响面广或媒体高度关注的案件，应当采用多媒体示证。

第六十七条【出庭意见与法庭教育】检察官应围绕控辩双方在事实与证据、定性与法律适用、量刑情节与量刑建议等方面的争议焦点发表出庭意见。

需要进行法庭教育的，应注重语言技巧，强化释法说理和原因剖析，激发共鸣，避免空洞说教。

第六十八条【法庭辩论规范】 法庭辩论应当在法官的指挥下围绕定罪、量刑进行。庭审辩论应坚持有理、有力、有节,做到对抗而不对立,交锋而不交恶。

对基层人民法院管辖的可能判处三年以下认罪认罚的速裁程序案件,不进行法庭调查和法庭辩论。可能判处三年以上的认罪认罚的简易程序案件,法庭辩论可以简化,应重点围绕认罪认罚的真实性和自愿性发表意见。

第六十九条【理念转变】 检察官应当树立"庭审定胜负"的理念,杜绝依赖法官"阅卷定案"的传统思维,认真听取辩方意见,直面争议,有针对、有重点地对争议问题予以答辩,不得回避。

检察官对庭审中的突发情况应沉着冷静,善于运用经验法则予以驳斥,及时调整预案。当庭无法解决的,应果断建议法庭休庭或延期审理。

第七章 二审案件的审查

第一节 审查方法

第七十条【审查重点】 对上诉和抗诉案件,检察官应当全面审查案卷材料,可以调取下级院与案件有关的材料进行审查,并重点审查以下内容:

(一)一审判决认定事实是否清楚,证据是否确实、充分;

(二)适用法律是否正确,对有关量刑情节的认定是否准确,量刑是否适当;

(三)抗诉、上诉意见与一审判决存在的分歧,抗诉、上诉理由是否正确、充分;

(四)抗诉、上诉中是否提出或者一审判决后是否出现了可能影响定罪量刑的新事实、新证据;

(五)有无遗漏罪行和其他应当追究刑事责任的人;

(六)涉案财物处理是否妥当;

(七)侦查、审查起诉和一审审判活动是否存在违法情形,是否侵犯诉讼参与人合法权益,影响公正判决;

(八)一审排除非法证据的理由是否充分,有无不应当排除而排除或应当排除未排除的情形;

(九)案件已经发生或可能出现的舆情、信访等情况。

对于死刑案件还应重点审查:

(一) 被判处死刑的被告人是否罪行极其严重,是否必须立即执行;

(二) 被判处死刑缓期二年执行的,决定限制减刑或者终身监禁是否适当。

案卷材料审查完毕后,应根据案件和证据体系的特点,对案卷材料进行处理、分类,注重发现事实和证据的疑点、矛盾。

第七十一条【审查内容】 对一审裁判文书,重点审查起诉指控和一审裁判在事实、证据、罪名、适用法律等方面的区别及理由。

对上诉状、抗诉书提出一审裁判的错误及理由,应从事实、证据、罪名、法律、量刑、程序等方面分析、归纳,分类列明。

第七十二条【刑事和解】 对于刑事和解的案件,一审达成和解的应当重点审查和解协议的自愿性、真实性。

一审未达成和解,二审期间上诉人、原审被告人和被害人有和解愿望的,检察机关可以建议当事人进行和解。

第七十三条【认罪认罚】 一审法院依照认罪认罚程序作出判决的案件,被告人提出上诉或人民检察院提出抗诉的,应当审查被告人认罪认罚的自愿性、真实性。

第二节 复核和补充收集证据

第七十四条【讯问被告人重点】 审查二审案件,可以讯问原审被告人。

对提出上诉的、人民检察院提出抗诉的、被判处无期徒刑以上刑罚的原审被告人应当进行讯问。

讯问应重点围绕审查发现的疑点和矛盾、听取上诉理由和原审被告人的供述和辩解,核实是否有新事实、新证据或新的量刑情节。原审被告人提出明确线索的,应当进行核查。

第七十五条 主罪主证复核,应当围绕上诉、抗诉理由开展下列工作:

(一) 必要时询问证人或者到案发现场调查;

(二) 对鉴定意见有疑问的,可以商请技术部门进行文证审查,必要时重新鉴定或者补充鉴定;

(三) 必要时听取辩护人、被害人或者其近亲属的意见;

(四) 其他主罪主证复核工作。

第七十六条【补充证据】 需要侦查机关补充调取和完善的证据,可以直接或者通过一审检察机关要求侦查机关提供;对上诉人、原审被告人检举揭发的犯罪线索,应当依照案件管辖规定及时交侦查机关查证,必要时也可以自行查证;发现遗漏罪行或者同案犯罪嫌疑人的,应当按照相关程序建议侦查机关补充侦查。

第七十七条【自行收集】 二审案件具有下列情形之一的,一般应当自行补充收集证据:

(一)侦查机关以刑讯逼供等非法方法收集的上诉人、原审被告人供述和采用暴力、威胁等非法手段取得的被害人陈述、证人证言,依法排除后,侦查机关未另行指派侦查人员重新调查取证的;

(二)上诉人、原审被告人作出无罪辩解或者辩护人提出无罪辩护意见,经审查后,认为侦查机关取得的言词证据不具体或者有遗漏,或者经审查后认为存在疑问的;

(三)在定罪量刑方面存在明显分歧或者较大争议的案件中需要补充关键性言词证据,特别是影响案件定罪量刑的上诉人、原审被告人供述、证人证言、被害人陈述等言词类证据的;

(四)需要补充侦查的事项,侦查机关补充侦查后尚未完全达到补侦要求,且自行侦查具有可行性的;

(五)其他需自行侦查的情形。

第三节 审查决定

第七十八条【上诉处理意见】 对于上诉案件,应当视情形提出以下处理意见:

(一)原判决认定事实清楚,证据确实、充分,适用法律正确,量刑适当,审判程序合法的,应当提出维持原判的建议;

(二)原判决在事实认定、证据采信、综合评判等方面存在不当之处,但不影响定罪量刑的,可以建议第二审人民法院在依法纠正后维持原判;

(三)原判决认定事实没有错误,但适用法律错误,导致定罪错误或者量刑不当的,应当提出建议改判的建议;

(四)原判决认定事实不清或者证据不足的,可以在查清事实后提出建议改判的意见,也可以提出建议发回重审的建议;

（五）原判决认定事实清楚、证据确实充分、适用法律正确，二审期间双方达成并已履行和解协议的，被害人表示谅解的，可以建议二审法院对上诉人从轻、减轻处罚；

（六）一审法院对排除非法证据的申请不予审查，并以有关证据作为定案根据，可能影响公正审判的，可以提出建议发回重审的建议；

（七）一审人民法院违反法律规定的诉讼程序，可能影响公正审判的，应当提出建议发回重审的建议。

第七十九条【抗诉处理意见】 对于抗诉案件，应当视情形提出以下处理意见：

（一）上一级人民检察院对下一级人民检察院按照第二审程序提出抗诉的案件，认为抗诉全部或部分正确的，应当全部或部分支持抗诉；

（二）认为抗诉不当的，应当提出向同级法院撤回抗诉的意见。

第八章　出席二审法庭

第八十条【二审准备】 出席二审法庭，除参照一审程序进行相应准备外，还应当做好以下准备工作：

（一）进一步熟悉案情和主要证据，及时了解证据的变化情况和辩护人向法庭提供的新证据，确定需在法庭上出示的证据；

（二）围绕上诉、抗诉意见和理由是否成立以及一审裁判是否正确拟定出庭预案；

人民法院通知人民检察院派员参见庭前会议的，人民检察院应当派员参加；人民检察院认为确有必要的，可以建议人民法院召开庭前会议。

第八十一条【讯问注意】 讯问上诉人、原审被告人应当根据法庭确定的审理重点和焦点问题，围绕抗诉、上诉理由以及对原审判决、裁定认定事实有争议的部分进行，对没有异议的事实不再全面讯问。上诉案件先由辩护人发问，既有上诉又有抗诉的案件先由出庭检察官讯问。

出庭检察官讯问应当注意：

（一）上诉人、原审被告人供述不清楚、不全面、明显不合理，或者与案件一审查证属实的证据相矛盾的，应当进行讯问。与案件抗诉、上诉部分犯罪事实无关的问题可以不讯问。

（二）对于辩护人已经发问而上诉人、原审被告人作出客观回答的问题，不进行重复讯问,但是上诉人、原审被告人供述矛盾、含糊不清或者翻供,影响对案件事实、性质的认定或者量刑的,应当有针对性地进行讯问。

第八十二条【举证要求】 举证质证应当围绕抗诉、上诉意见及理由进行。对于原审判决已经确认的证据,如果出庭检察员、原审被告人、辩护人均无异议,可以概括说明证据的名称和证明事项;对于有争议且影响定罪量刑的证据,应当重新举证,必要时申请法庭通知证人、鉴定人员、翻译人员、侦查人员等出庭作证;对于新收集的与定罪量刑有关的证据,应当当庭举证;对于诉讼参与人提交的新证据和原审法院未经质证而采信的证据,应当要求当庭质证。

第八十三条【出庭意见】 出庭检察员意见书的主要内容包括对一审判决的全面评价、对抗诉理由的分析或者对上诉理由的评析、一审人民检察院意见等。出庭检察员意见书应当表明支持抗诉、建议法庭维持原判、发回重审或者依法改判的意见。

第九章 对判决、裁定的审查

第八十四条【审查视角】 检察官应当在收到裁判文书后及时进行审查,就裁判认定事实、适用法律和量刑提出明确意见。

第八十五条【上报情形】 对于人民法院裁判改变起诉指控事实、罪名,检察官审查后认为裁判确有错误,导致定罪或者量刑明显不当的,应当在收到裁判文书后五日内报上一级人民检察院备案审查。

第八十六条【实体与程序并重】 审查判决、裁定应坚持实体与程序并重的理念,实体审查重点在于事实认定、证据采信、法律适用和定罪量刑;程序审查重点在于诉讼参与人权利保障;对审判人员应当回避而没有回避、不当限制被告人、辩护人辩护权等错误诉讼行为应坚决予以纠正。

第八十七条【纠正】 对确有错误的判决、裁定,应综合考虑错误情形、司法成本和社会效果,适当选择检察建议、纠正违法或提出抗诉等方式予以纠正。

对办案中发现的受贿、渎职等违法犯罪线索应及时移送有关机关(部门)。

第十章 附 则

第八十八条 本指引自下发之日起施行。

未成年人刑事检察部门办理刑事案件适用本指引。

检察官助理依据职权清单授权办理案件,适用本指引相关规定。

◆ 江西省高级人民法院、江西省人民检察院、江西省公安厅关于规范故意杀人死刑案件证据工作的意见(试行)

(2007年11月15日 赣高法发〔2007〕38号)

为正确认定故意杀人死刑案件事实,进一步规范刑事证据的收集、审查、判断和运用等工作,确保死刑案件的办理质量,根据《中华人民共和国刑事诉讼法》、最高人民法院《关于执行〈中华人民共和国刑事诉讼法〉若干问题的解释》、最高人民检察院《人民检察院刑事诉讼规则》、公安部《公安机关办理刑事案件程序规定》等相关规定,结合我省工作实际,制定本意见。

一、一般规定

第一条【定义】本意见所称故意杀人死刑案件,是指涉案犯罪嫌疑人、被告人故意实施非法剥夺他人生命的行为,可能被判处死刑的案件。

第二条【证据种类】证据是指能够证明案件真实情况的一切事实。证据有以下几种:

(一)物证、书证;

(二)证人证言;

(三)被害人陈述;

(四)犯罪嫌疑人、被告人供述和辩解;

(五)鉴定结论;

(六)勘验、检查笔录;

(七)视听资料;

(八)电子数据证据。

以上证据必须具有客观性、关联性和合法性,并经查证属实,才能作为定案的根据。

第三条【非法排除】 人民法院、人民检察院、公安机关应当全面地收集、审查、判断证据。证据材料应由法定主体收集和提出，具备法定形式，收集的程序和方法符合法律规定。严禁刑讯逼供、暴力取证和以威胁、引诱、欺骗及其他非法方法收集证据。

以刑讯逼供方式取得的犯罪嫌疑人、被告人供述，或以暴力取证方式取得的证人证言，以及以威胁、引诱、欺骗等非法方法取得的犯罪嫌疑人、被告人供述、被害人陈述、证人证言，不能作为指控和证实犯罪的根据。

第四条【证明对象】 需要运用证据证明的案件事实包括：

1. 犯罪嫌疑人、被告人的身份、犯罪时的年龄等情况；

2. 犯罪嫌疑人、被告人犯罪时的精神状态及有无刑事责任能力；

3. 犯罪嫌疑人、被告人是否属于又聋又哑的人或盲人；

4. 女性犯罪嫌疑人、被告人是否怀孕；

5. 犯罪行为是否存在；

6. 犯罪行为是否为犯罪嫌疑人、被告人实施；

7. 犯罪嫌疑人、被告人实施犯罪行为的时间、地点、手段、后果；

8. 行为与结果之间有无因果关系；

9. 被害人的情况；

10. 犯罪嫌疑人、被告人有无罪过以及罪过的形式；

11. 是否存在正当防卫或防卫过当、紧急避险或避险过当及意外事件的情形；

12. 是否存在犯罪预备、未遂、中止等犯罪未完成形态；

13. 共同犯罪人在共同犯罪中的地位、作用；

14. 有无累犯等法定从重处罚情节；

15. 有无自首、立功等法定从轻、减轻或者免除处罚情节；

16. 案件起因、行为人作案动机、被害人有无过错或对引发案件是否负有责任、被害人及其亲属的经济损失是否得到积极赔偿、被害人或其亲属是否谅解等酌定量刑情节；

17. 犯罪嫌疑人、被告人是否有违法犯罪前科、主观恶性及人身危险性大小；

18. 其他与定罪量刑有关的事实。

第五条【免证事实】 下列事实不需要证明：

（一）常识性的事实；
（二）自然规律和定理；
（三）国内法律的规定及其解释；
（四）不存在争议的程序性事实；
（五）公知的其他事实。

第六条【推定真实】 下列事实推定为真实，但有相反证据足以推翻的除外：
（一）已为人民法院发生法律效力的裁判所确定的事实；
（二）已为仲裁机构的生效裁决所确认的事实；
（三）已为有效公证文书所证明的事实；
（四）国家机关公文、证件上记载的事实。

二、证据的收集、固定工作

第七条【全面取证】 侦查机关应当依法全面、及时收集证明犯罪嫌疑人有罪或者无罪、罪重或者罪轻等涉及案件事实的各种证据。

第八条【证据提取】 对于与犯罪有关的场所、物品、人身、尸体等，应当进行勘验或者检查，及时提取与案件有关的物证、书证等，并通过现场拍照、摄像、石膏固定等方法，采用全景、概貌、特写、细节特征对应等形式，对需要提取的物证及其环境关系进行固定。

应当注意查明现场有无伪造、变动或破坏；现场尸体、遗留物品、痕迹（包括指纹、足迹、血迹、毛发、体液、人体组织等）的位置和特征。并制作现场勘验、检查笔录。

应当注意收集、提取现场遗留的被害人血迹和其他可疑血迹、可疑毛发、体液、指纹、足迹、现场可疑痕迹、遗忘物、遗留物等以及可能与被害人损伤有关联的现场工具。同时，应当收集、提取犯罪嫌疑人身体及抓获时所穿服装上的可疑血迹、痕迹，抓获现场存放的可疑工具、可疑毒物及容器等。还应当注意检查被害人指甲中是否存留犯罪嫌疑人的表皮等人体组织。

对所收集、提取现场遗留的与犯罪有关的血迹、精斑、毛发、体液、指纹、足迹、人体组织等生物物证、痕迹、物品，应当及时进行鉴定，并与犯罪嫌疑人的相应生物检材、生物特征、物品等作同一性认定。

第九条【实体解剖】 在尸检工作中，除对明显伤痕进行检查外，还应当进行全面检查，对死因不明的尸体应当进行系统解剖。特殊情况没有进行系统剖检的，应当说明理由。

对共同犯罪造成多种创伤痕迹的尸体，应当进行损伤痕迹的系列固定，包括死者衣服裂口、皮肤表面、内脏器官、组织等，创口大小、形态要逐一详细记录。对于解剖时剖开的创口，还应并拢还原后，附比例尺进行拍照。同时，应当将致命凶器与被害人伤口进行比对，以查明被害人的死亡原因。

对于女性尸体进行尸检时，应注意收集、提取犯罪嫌疑人残留在女性被害人口唇、乳房等处的唾液、咬痕，女性被害人的阴道分泌物、遗留物，女性被害人的内裤等，并及时进行鉴定。

根据案件侦破情况，多次进行勘验、检查的，或根据犯罪嫌疑人供述进行补充勘验、检查的，应当予以具体说明。

第十条【案发证据】 证明案件发生的证据，包括报案人、现场发现人对被害人死亡、失踪及现场情况的证言，犯罪嫌疑人自首时所作的供述、在押人员检举揭发材料、公安机关接处警记录、接受刑事案件登记表、刑事案件立案决定书等。

第十一条【死因证据】 证明被害人死亡原因的证据，包括尸体检验报告、作案工具等物证及犯罪嫌疑人供述等。尸体检验报告应当全面、具体地描述尸体损伤情况，正确记载损伤部位和损伤程度，客观推断死亡原因、死亡时间。特别注意查明犯罪嫌疑人供述的杀人情况与尸体检验报告、作案工具能否吻合。

确认被害人身份的证据，包括被害人身份证件及户籍证明，被害人亲属、犯罪嫌疑人证明被害人身份的证言和供述，被害人亲属对被害人尸体及衣物等的辨认笔录；现场勘验笔录、尸体检验报告。

被害人尸体高度腐败或死后被肢解、毁容导致无法辨认的，侦查机关应当进行法医学DNA鉴定，以确认死者的身份。

被害人身份无法确认的，侦查机关应当作出书面说明。

第十二条【作案工具证据】 证明作案工具的证据，包括作案工具实物和作案工具的提取笔录。侦查机关应当提取作案工具并经犯罪嫌疑人或相关证人辨认，且需查明作案工具的来源；对作案工具上的指纹、血迹、毛发等痕迹应当进行检验或鉴定。非作案现场提取作案工具的，在提取笔录中应当载明，是侦查机关提取在先，还是根据被告人供述抛弃、藏匿作案工具的地点后提取的。

收集不到作案工具的，侦查机关应当作出书面说明。

第十三条【嫌犯年龄证据】证明犯罪嫌疑人年龄的证据，主要包括户籍证明、户口底册、身份证、出生证、人口普查登记表等书证。无上述书证，或者犯罪嫌疑人及辩护人对上述书证提出异议的，侦查机关应当结合犯罪嫌疑人的供述及其近亲属或接生者、邻居证言等有关证据综合认定，必要时可对犯罪嫌疑人进行骨龄鉴定。

第十四条【案件起因证据】证明案件起因的证据，包括犯罪嫌疑人供述、被害人陈述、证人证言以及书信、日记等相关书证。侦查人员应当注意查明犯罪嫌疑人是否受人雇佣、指使；犯罪嫌疑人与被害人之间有无矛盾；是否因邻里纠纷、婚姻家庭矛盾等引发；被害人一方有无过错或对矛盾激化是否负有责任。

第十五条【杀人故意的证据】证明犯罪嫌疑人主观上具有杀人故意的证据，包括犯罪嫌疑人供述、被害人陈述、证人证言等。应当注意查明犯罪嫌疑人出于何种杀人动机；通过分析犯罪嫌疑人的年龄、智力、文化程度、犯罪手段、打击部位、打击力度以及起因、犯罪嫌疑人与被害人的关系、作案现场环境、作案后的态度等情况，综合判断犯罪嫌疑人当时的主观心理状态。

第十六条【否实施犯罪行为的证据】证明犯罪嫌疑人是否实施犯罪行为的证据，包括证明犯罪嫌疑人是否具有作案时间、案发时是否在作案现场和是否具备作案条件等方面的证据。

侦查机关应当收集犯罪嫌疑人案发前后详细活动情况的证据，确认其是否具有作案时间。如犯罪嫌疑人提出没有作案时间的辩解，必须查明该项辩解能否得以合理排除。通过审查有无目击证人、现场勘验、检查笔录、鉴定结论反映的情况是否与犯罪嫌疑人的供述相吻合，确认案发时犯罪嫌疑人是否在作案现场。如犯罪嫌疑人提出不在作案现场的辩解，必须查明该项辩解能否得以合理排除。

利用特殊手段或专业技术手段杀人的案件，还应当收集有关犯罪嫌疑人职业、工作经历、专业知识背景等方面的证据，确认其是否具备作案条件。

第十七条【凶器查明】对于锐器刺、砍和钝器打击致死案件，应当注意查明创伤由哪一类凶器形成、创伤的程度、凶器的来源和去向、缴获的凶器是否与创口、伤情相吻合等。凶器上如有指纹、血迹和毛发等的，应当及时进行鉴定。

第十八条【枪案证据】 对于枪杀案件，应当查明现场是否遗留枪支、弹壳、弹头并及时提取；对提取的枪支、弹壳、弹头应当作出同一性鉴定；应当对弹痕、弹迹、弹道等进行科学技术鉴定；将提取的枪支、弹壳、弹头与被害人的创伤及创伤周边残留物进行比对。同时还应当查明枪支弹药的来源、型号、性能，犯罪嫌疑人有无使用枪支的经历以及是否曾经使用过提取的枪支。

第十九条【爆炸案证据】 对于爆炸杀人案件，应当提取现场残存的爆炸物或装配爆炸物的痕迹；并需查明爆炸物的来源和犯罪嫌疑人对爆炸物品的接触、熟悉程度，引爆点位置、引爆装置、爆炸物的成分，同时需确认犯罪嫌疑人是用爆炸手段杀人还是杀人后通过爆炸手段毁尸灭迹。

第二十条【投毒案证据】 对于投毒杀人案件，应当查明毒物的性质和来源，犯罪嫌疑人对毒物的认知程度以及有无购买、保管、持有、使用毒物的条件；应当提取盛放毒物的器皿、包装物、食物残渣残液、呕吐物、排泄物以及上述容器、包装物表面指纹、特殊痕迹等，并及时进行鉴定。

第二十一条【群殴案研判】 对于群殴杀人案件，应当查明犯罪嫌疑人与被害人发生冲突的原因以及是否存在正当防卫或防卫过当的情形，注意区分主从犯；查明各犯罪嫌疑人使用的凶器、加害行为与对应的被害人及其死亡结果之间的因果关系，以确定直接责任人。应特别注意查明各犯罪嫌疑人之间是否存在相互推诿或者代他人承担罪责的情形。

第二十二条【毁尸灭迹案证据】 对于毁尸灭迹案件，应当查明原始现场、抛尸现场，并提取原始现场、抛尸现场、运尸工具上遗留的痕迹等物证；及时寻找并提取尸体各部分残骸、毁尸工具、运送尸体残骸的包装物等。查明毁尸工具、毁尸手段与尸体残骸上的断痕是否相符以及抛尸地点与犯罪嫌疑人供述是否一致；运送尸体残骸的包装物的来源能否反映系犯罪嫌疑人所有。

第二十三条【证据保管】 侦查机关对所收集的与犯罪有关的犯罪工具、物品等证据材料应当妥善保管，在案件的生效判决作出前，不得损毁、丢失或者擅自处理。

对需送交鉴定的检材应当单独存放，妥善保管，并及时逐一鉴定，防止因时间延误或被污染等而丧失鉴定价值。

第二十四条【鉴定事项】 除上述相关规定明确需鉴定的外，对下列情况，侦查机关也应当进行鉴定：

（一）有证据证明犯罪嫌疑人作案动机、作案过程违背常理，犯罪前后言行表现明显异常，有精神异常史、精神病家族史，可能患有精神病致使不能辨认或者不能控制自己行为的；

（二）被害人人身伤害、残疾的程度、非正常死亡的原因；

（三）与案件事实相关的重要文书、字迹等书证；

（四）犯罪嫌疑人、被告人可能系未成年人而又无有效年龄证明的；

（五）其他应当鉴定的事项。

第二十五条【多个鉴定】 公安机关、人民检察院在庭审前多次进行鉴定但鉴定结论不一的，多个鉴定结论应当全部移送人民法院，并说明采纳其中之一的理由。

第二十六条【精神病等鉴定】 确认犯罪嫌疑人犯罪时是否患有精神病，应当由受委托的省级人民政府指定医院进行司法精神病鉴定，以认定犯罪嫌疑人犯罪时有无刑事责任能力及刑事责任能力的大小。

确认犯罪嫌疑人是否具有智力障碍，应当依据相关的医学诊断证明或鉴定结论进行认定。

确认犯罪嫌疑人是否为聋哑人或盲人，应当依据残疾状况鉴定结论或医学证明进行认定。

确认女性犯罪嫌疑人是否怀孕，应当依据县级以上人民医院出具的妊娠情况证明进行认定。

第二十七条【讯问笔录及录像要求】 讯问犯罪嫌疑人的讯问笔录应当注明讯问的起止时间和讯问地点。每一份讯问笔录都应当附卷并随案移送。

对于无目击证人的故意杀人案件，侦查机关具备条件的，应从第一次讯问时起，对每一次讯问犯罪嫌疑人的全过程应当进行连续的录音、录像。录音、录像应当同时制作两份，一份由侦查机关依法随案移送，一份由讯问人员、犯罪嫌疑人签名密封后，由侦查机关保存备查。在正式开始讯问之前，侦查人员在录音、录像中应当对讯问的时间、地点、案由、侦查人员身份作出说明，并告知犯罪嫌疑人诉讼权利。

经犯罪嫌疑人、被告人及其辩护律师请求或者侦查机关认为有必要的，可在犯罪嫌疑人、被告人的辩护律师在场的情况下进行讯问，并由辩护律师在讯问笔录上签字或盖章。

第二十八条【辨认规定】侦查机关认为有必要时，可以让被害人、证人和犯罪嫌疑人对与犯罪有关的物品、文件、尸体、犯罪现场进行辨认；也可让被害人、证人对犯罪嫌疑人进行辨认，或者让犯罪嫌疑人对其他犯罪嫌疑人进行辨认。

辨认应依法进行。组织辨认前，侦查人员应当向辨认人详细询问辨认对象的具体特征。辨认时，应当将辨认对象混杂在其他对象中，侦查人员不得诱导辨认人，也不得给辨认人任何暗示。

辨认犯罪嫌疑人时，被辨认的人数不得少于七人，对犯罪嫌疑人照片进行辨认的，不得少于十人的照片。辨认物品时，同类物品不得少于五件，照片不得少于五张。

主持辨认的侦查人员不得少于二人，辨认笔录应当由侦查人员、辨认人、见证人、记录人签名或盖章。辨认笔录应全面反映辨认过程，尤其应当记明辨认人对辨认对象隐蔽特征的描述。

没有目击证人的故意杀人案件且侦查机关具备条件的，应当对犯罪嫌疑人指认犯罪现场、抛尸现场、辨认情况进行全程录像。

第二十九条【破案报告】侦查机关将案件移送人民检察院审查起诉时，应当将包括第一次讯问笔录及勘验、检查、搜查笔录在内的证明犯罪嫌疑人有罪或者无罪、罪重或者罪轻等涉及案件事实的所有证据等材料一并移送。人民检察院、人民法院认为有必要时，可协商侦查机关将破案经过报告一并移送。

破案经过报告应当详细写明：侦查机关所采取的侦查措施、侦破具体经过、抓获犯罪嫌疑人或者犯罪嫌疑人投案的具体情形等，必要时还应包括排查、确定嫌疑对象情况，根据技术人员侦查手段及结论对嫌疑对象、犯罪嫌疑人进行盘问、讯问的具体情况等。侦查机关提供的破案经过报告中涉及保密事项的，人民检察院、人民法院应当装入副卷，妥善保管。

三、证据的审查、判断和运用工作

第三十条【查明内容】人民检察院审查起诉，应当查明：

（一）证据材料是否随案移送，不宜移送的证据是否列入清单或者移送了复制件、照片或者其他证明文件；

（二）证据是否合法，包括取证主体、证据形式、取证程序是否符合法律规定，是否属于证据排除的范围；

（三）据以定案的各个证据是否真实可靠；

（四）犯罪事实是否清楚，证据是否确实、充分。

第三十一条【听取意见】 人民检察院审查案件，应当讯问犯罪嫌疑人，听取被害人和犯罪嫌疑人、被害人委托的人的意见，并制作笔录附卷。人民检察院对证人证言笔录存在疑问或者认为对证人的询问不具体或者有遗漏的，可以对证人进行询问并制作笔录。

第三十二条【证据核实】 人民检察院讯问犯罪嫌疑人时，应全面听取犯罪嫌疑人的有罪供述或者无罪、罪轻的辩解。

犯罪嫌疑人、证人提出其受到刑讯逼供、暴力取证的，并提供了刑讯逼供、暴力取证的人员、时间、地点，检察机关不能排除刑讯逼供、暴力取证可能的，应当调查核实有关情况；或者要求侦查机关对取证行为的合法性予以证明，并提供符合法律规定的形式、种类的证据，不能仅提交书面说明材料。

人民检察院对侦查机关的勘验、检查，认为需要复验、复查的，应当要求侦查机关复验、复查，人民检察院可以派员参加；也可自行复验、复查，商请侦查机关派员参加，必要时也可以聘请专门技术人员参加。

人民检察院对物证、书证、视听资料、勘验、检查笔录存在疑问的，可以要求侦查人员提供获取、制作的有关情况。必要时可以询问提供物证、书证、视听资料的人员，对物证、书证、视听资料委托进行技术鉴定。询问过程及鉴定的情况应当附卷。

第三十三条【退侦】 人民检察院审查案件的时候，认为事实不清、证据不足或者遗漏罪行、遗漏同案犯罪嫌疑人等情形，需要补充侦查的，应当提出需要补充侦查的具体意见，连同案卷材料一并退回侦查机关补充侦查。侦查机关应当在一个月内补充侦查完毕。人民检察院也可以自行侦查，必要时要求侦查机关提供协助。补充侦查以两次为限。

第三十四条【事实已经查清】 人民检察院对案件进行审查后，认为犯罪嫌疑人的犯罪事实已经查清，证据确实、充分，依法应当追究刑事责任的，应当作出起诉决定。具有下列情形之一的，可以确认犯罪事实已经查清：

（一）属于单一罪行的案件，查清的事实足以定罪量刑或者与定罪量刑有关的事实已经查清，不影响定罪量刑的事实无法查清的；

（二）属于数个罪行的案件，部分罪行已经查清并符合起诉条件，其他罪行无法查清的；

（三）作案工具无法获取，但有其他证据足以对犯罪嫌疑人定罪量刑的；

（四）证人证言、犯罪嫌疑人的供述和辩解、被害人陈述的内容中主要情节一致，只有个别情节不一致且不影响定罪的。

对于符合第（一）项情形的，应当以已经查清的罪行起诉。

第三十五条【不起诉】 人民检察院对于退回补充侦查的案件，经审查仍然认为不符合起诉条件的，可以作出不起诉决定。

第三十六条【申请调证】 被告人及其辩护律师申请收集、调取证据的，人民法院认为确有必要的，可依法向有关单位和个人收集、调取。人民法院收集、调取证据时，应通知检察人员、辩护人到场。收集、调取的证据材料，由辩护律师向法庭出示，并经控辩双方质证。

第三十七条【出庭作证】 具有下列情形之一的，应当通知证人、鉴定人、被害人出庭作证：

（一）人民检察院、被告人及其辩护人对鉴定结论有异议、鉴定程序违反规定或者鉴定结论明显存在疑点的；

（二）人民检察院、被告人及其辩护人对证人证言、被害人陈述有异议，该证人证言、被害人陈述对定罪量刑有重大影响的；

（三）人民法院认为其他应当出庭作证的。

经人民法院依法通知，上述证人、鉴定人、被害人应当出庭作证；不出庭作证的证人、鉴定人、被害人的书面证言、鉴定结论、书面陈述经质证无法确认的，不能作为定案的根据。

第三十八条【警察出庭】 具有下列情形之一的，人民法院应当通过与侦查人员沟通、座谈，由侦查机关及侦查人员出具相关证明、说明书面材料等方式，对相关证据进行核实，必要时通知负责抓获犯罪嫌疑人的侦查人员、负责检查、搜查、勘验、扣押的侦查人员、负责询问、讯问的侦查人员出庭作证：

（一）控、辩双方或一方对侦查人员制作的抓获经过说明材料有重大疑问的；

（二）控、辩双方或一方对侦查人员制作的检查、勘验笔录、搜查、提取、扣押笔录有重大疑问，导致某一物证、书证来源不明，且该证据对定罪

量刑有重大影响的;

(三)被告人及其辩护人、证人提出侦查人员存在刑讯逼供、暴力取证并提供了刑讯逼供、暴力取证的人员、时间、地点的,人民法院经审查不能排除刑讯逼供、暴力取证可能的。

经人民法院依法通知,上述侦查人员非因法定事由及其他正当理由,不得拒绝出庭作证。

第三十九条【实物证据收集人出庭】 控、辩一方对当庭出示的物证、书证、视听资料等证据的来源、提取、制作过程、制作手段、技术条件提出合理怀疑的,出示证据的一方应就对方的质询作出必要的说明。控、辩一方申请收集人、制作人、见证人出庭作证时,人民法院审查认为必要的,可以通知制作人、收集人、见证人出庭接受询问。

第四十条【合法性审查】 人民法院在认定证据时,应当审查证据材料是否具备法定形式,收集的程序和方法是否符合法律规定。

第四十一条【实物证据审查】 物证、书证一般应为原物、原件,且应当通过合法、规范的勘验、检查、搜查、调取等方式取得。原物、原件未随案移送,只有物证照片、录像和书证复制件的,应注意审查其客观真实性和有效性。物证的照片、录像和书证的复制件,经与原物、原件核实无误或者经鉴定证明为真实的,具有同等的证明力。

具有下列情形之一的物证和书证,不能作为定案的根据:

(一)对物证、书证的来源及取证活动合法性有异议,公诉机关未作出合理解释或提供必要证明的;

(二)经勘验、检查、搜查取得的物证、书证,未附有搜查笔录、勘验笔录和检查笔录,或者笔录记载的内容与物证、书证不一致的;

(三)书证被更改或有更改迹象,公诉机关未作出合理解释或提供必要证明的;

(四)原物的照片、录像不能反映原物的外形和特征,书证复制件不能反映书证原件内容的。

第四十二条【证言审查】 证言应为自然人所提供。以单位名义出具的证明材料必须由制作人签名并加盖单位公章。对证人证言,应当通过审查与其他证据的相互印证情况,判断其客观真实性。

具有下列情形之一的证人证言,不能作为定案的根据:

（一）生理上、精神上有缺陷或者年幼，不能辨别是非、不能正确表达的人所作的证言；

（二）证人的个人主观意见和主观推测；

（三）证人所作的一次证言前后矛盾，或者多次证言之间相互矛盾，不能作出合理解释的。

第四十三条【排除鉴定意见情形】 具有下列情形之一的鉴定结论，不能作为定案的根据：

（一）鉴定人不具备相关鉴定资格的；

（二）鉴定程序不符合法律规定的；

（三）鉴定材料有虚假，或者原鉴定方法有缺陷的；

（四）鉴定人应当回避没有回避，而对其鉴定结论有持不同意见的；

（五）有证据证明存在影响鉴定人准确鉴定因素的；

（六）存在其他影响鉴定结论客观性的情形。

经审查，鉴定结论具有以上情形之一的，应当重新鉴定。

鉴定结论与其他证据相矛盾以及同一案件具有多个不同鉴定结论的，可以就相关问题向专业机构、专业人士进行咨询，或者作补充鉴定。

第四十四条【视听资料排除情形】 具有下列情形之一的视听资料，不能作为定案的根据：

（一）视听资料经审查或鉴定无法确定真伪的；

（二）对视听资料的制作、取得的时间、地点、方式等有异议，公诉机关未作出合理解释或提供必要证明的。

以有形载体固定或者显示的电子数据交换、电子邮件以及其他数据资料，能证明案件事实，且其制作情况和真实性经有关部门确认，被告人及其辩护人未提出异议的，可以作为证据使用。

第四十五条【调查核实】 人民法院对控辩双方提供的证据有疑问的，可以要求举证方补充证据；确有必要的，可以对该证据进行调查核实。

调查核实证据主要针对控辩双方出示的证据材料。必要时，可以向检察机关、侦查机关调取需要核实的证据材料。也可以依据被告人及其辩护人的申请，调取有关证据材料。在调查核实中又发现新证据的，应当及时通知或移交控辩双方。

控辩双方补充的证据和调查核实取得的新证据，须经再次开庭出示、辨认和质证，才能作为定案的证据。

第四十六条【自首立功情节查证】 被告人及其辩护人在案件审理过程中提出有自首情节的，人民法院应当要求有关机关提供证明材料或者要求相关人员作证，并结合其他证据判断自首是否成立。

被告人在案件审理过程中检举揭发他人犯罪，或者在审理过程中发现被告人在侦查、审查起诉阶段曾经提出过检举揭发，但尚未查证的，人民法院应当要求公诉机关、侦查机关及时查证。

第四十七条【法定年龄认定】 没有充分证据证明犯罪嫌疑人、被告人实施被指控的犯罪时已经达到法定刑事责任年龄且确实无法查明的，应当推定其没有达到相应法定刑事责任年龄。

相关证据足以证明犯罪嫌疑人、被告人实施被指控的犯罪时已经达到法定刑事责任年龄，但是无法准确查明被告人具体出生日期的，应当认定其达到相应法定刑事责任年龄。

第四十八条【证明标准】 办理死刑案件必须坚持证据裁判原则，做到事实清楚，证据确实、充分，并排除合理怀疑。事实清楚，证据确实、充分，主要是指：

（一）犯罪构成要件事实和量刑情节事实已经查清；
（二）据以定案的全部证据能够相互印证；
（三）证据之间、证据与案件事实之间的矛盾已得到合理排除；
（四）依据证据得出的结论是唯一的，排除了其他可能性。

第四十九条【间接证据定案】 没有直接证据证明犯罪行为系被告人实施，但如果间接证据符合下列条件的可认定被告人有罪：

（一）据以定案的间接证据已经查证属实；
（二）据以定案的间接证据形成完整的证明体系；
（三）据以定案的间接证据之间能够相互印证，不存在无法排除的矛盾和无法解释的疑问；
（四）依据间接证据得出的结论是唯一的，足以排除其他可能性；
（五）运用间接证据进行的推理必须符合逻辑、合乎情理。

第五十条【证据不足】 公安机关、人民检察院、人民法院对于事实不清，证据不足，不足以证明被告人有罪的，应依法作出撤销案件，不起诉的决定或者证据不足、指控的犯罪不能成立的判决。

事实不清，证据不足，主要是指：

（一）指控的犯罪构成要件事实缺乏相应的、必要的证据证明；

（二）据以定案的基本证据不确实；

（三）各证据之间、证据与案件事实之间有明显矛盾，且无法查清与排除；

（四）依据证据得出的结论不具备排他性，尚存在得出其他结论的可能性。

第五十一条【矛盾有利被告】 有罪证据和无罪证据之间、罪重证据和罪轻证据之间存在矛盾和疑问时，如果不能得以排除和作出合理解释，应当作出有利于被告人的认定。

四、其他规定

第五十二条【渎职处理】 侦查、检察、审判人员在刑事证据工作中不履行法定职责或者违法履行法定职责，造成严重后果的，对于直接责任人员和直接负责的主管人员依照有关规定进行处理。

第五十三条 本意见自下发之日试行。最高人民法院、最高人民检察院、公安部有新规定的，按新规定执行。

参考文献

1. 龙宗智等：《司法改革与中国刑事证据制度的完善》，中国民主法制出版社2016年版。
2. 何家弘：《司法证明方法与推定规则》，法律出版社2018年版。
3. 刘静坤：《证据审查规则与分析方法：原理·规范·实例》，法律出版社2018年版。
4. 陈瑞华：《刑事证据法》（第3版），北京大学出版社2018年版。
5. 龙宗智："印证证明：学理、规则与革新"，载《检察日报》2019年4月8日。
6. 曲翔："在间接证据审查判断中排除合理怀疑的适用"，载《人民司法》2019年第29期。

附 录 本书所涉法律法规索引

最高人民法院关于适用《中华人民共和国刑事诉讼法》的解释/005，041，058，110，148，200，240，254，297

人民检察院刑事诉讼规则/006，043，059，111，149，241，257，298

公安机关办理刑事案件程序规定/007，044，064，113，152，202，242，260

最高人民法院关于全面推进以审判为中心的刑事诉讼制度改革的实施意见/008，046，275，301

最高人民法院、最高人民检察院、公安部办理毒品犯罪案件毒品提取、扣押、称量、取样和送检程序若干问题的规定/009

公安机关办理刑事案件适用查封、冻结措施有关规定/017

最高人民法院关于建立健全防范刑事冤假错案工作机制的意见/023

最高人民检察院关于适用《关于办理死刑案件审查判断证据若干问题的规定》和《关于办理刑事案件排除非法证据若干问题的规定》的指导意见/023，048

最高人民法院、最高人民检察院、公安部、司法部关于进一步严格依法办案确保办理死刑案件质量的意见/024

浙江省高级人民法院、浙江省人民检察院、浙江省公安厅印发《重大毒品犯罪案件证据收集审查判断工作指引》的通知/025

安徽省高级人民法院、安徽省人民检察院、安徽省公安厅关于印发《毒品案件证据收集审查判断规则》的通知/026

中华人民共和国刑事诉讼法/039，146，238，253，296

最高人民法院、最高人民检察院、公安部、国家安全部、司法部关于办理死刑案件审查判断证据若干问题的规定/047，168

最高人民检察院关于转发《浙江省人民检察院关于公诉环节口供审查工作指引》的通知/68

公安机关讯问犯罪嫌疑人录音录像工作规定/083

全国人民代表大会常务委员会关于司法鉴定管理问题的决定/107

附　录　本书所涉法律法规索引

司法鉴定程序通则/115

公安机关鉴定规则/119

公安机关办理伤害案件规定/125

公安机关刑事案件现场勘验检查规则/157

公安机关勘验检查及处置制造毒品案件现场规定/169

计算机犯罪现场勘验与电子证据检查规则/174

浙江省人民检察院公诉环节现场勘查材料审查运用工作指引/180

人民检察院办理网络犯罪案件规定/203

最高人民法院、最高人民检察院、公安部办理跨境赌博犯罪案件若干问题的意见/215

公安机关办理刑事案件电子数据取证规则/216

最高人民法院、最高人民检察院、公安部办理刑事案件收集提取和审查判断电子数据若干问题的规定/227

最高人民法院、最高人民检察院、公安部关于办理网络犯罪案件适用刑事诉讼程序若干问题的意见/234

浙江省高级人民法院关于重视对依法采取技术侦查措施收集的材料作为证据使用工作的通知/245

人民法院办理刑事案件庭前会议规程（试行）/260

人民法院办理刑事案件排除非法证据规程（试行）/261

最高人民法院、最高人民检察院、公安部、国家安全部、司法部关于办理刑事案件严格排除非法证据若干问题的规定/268

人民法院办理刑事案件第一审普通程序法庭调查规程（试行）/299

江苏省检察机关刑事案件证据审查指引（试行）/301

江西省高级人民法院、江西省人民检察院、江西省公安厅关于规范故意杀人死刑案件证据工作的意见（试行）/321